Hans Pleschinski

Am
Götterbaum

Hans Pleschinski

Am Götterbaum

Roman

C.H.Beck

© Verlag C.H.Beck oHG, München 2021
www.chbeck.de
Zur Textgestaltung:
Passagen, in denen Paul Heyse aus dem eigenen Werk zitiert,
sind nicht kursiv hervorgehoben.
Umschlaggestaltung: Kunst oder Reklame, München
Umschlagabbildung: Münchner Innenstadt mit der Frauenkirche,
iStock/Getty Images, © Melanie Maya
Satz: Fotosatz Amann, Memmingen
Druck und Bindung: Druckerei C.H.Beck, Nördlingen
Gedruckt auf säurefreiem, alterungsbeständigem Papier
(hergestellt aus chlorfrei gebleichtem Zellstoff)
Printed in Germany
ISBN 978 3 406 76631 2

myclimate

klimaneutral produziert
www.chbeck.de/nachhaltig

Im Tor

Der Wind frischte auf.

Pappbecher rollten über das Pflaster.

Das Gold der Mariensäule leuchtete im Abendschein.

Aus den Passantenscharen blitzten Lichter der Smartphones.

Chinesische und japanische Touristen konnte ein Einheimischer kaum unterscheiden. Gewiss waren auch Koreaner darunter. Selfiestangen drohten sich zu verhaken. Das neugotische Rathaus hielten offenbar viele Angereiste für mittelalterlich und knipsten den Trugbau von früh bis in die Nacht. Was erzählten sie in Shanghai oder in Sapporo zu ihren Schnappschüssen? Nein, das ist nicht Versailles, das war, glaube ich, in Kopenhagen. Aber welche Freunde und Verwandten in Fernost wollten sich überhaupt Dutzende, Hunderte von abgelichteten Bauten Europas anschauen? Vielleicht nur die Großmutter, bis sie auf der Reismatte einschliefe.

Von vornherein Bildmüll.

Zeitalter des Mülls.

Überall, bis in die Bergwerksschächte und in die Tiefsee.

Späte Tage der Menschheit.

Verwüstung des Planeten, steigende Temperaturen, längst Wassermangel im übervölkerten Nildelta, Ressourcen verbraucht, vor der Versteppung und Entvölkerung wüchse in der Holledau Büffelgras; was bereits kräftiger wucherte, war Fanatismus jedweder Art; vielleicht fühlte sich mancher nur noch so lebendig: Ich hasse, also bin ich, ich hasse den Nachbarn, die anderen, den Kompromiss, die

Demokratie, das Unklare, Europa, in dem es mir nie gut genug gehen kann, einfach dreinschlagen – dann hört man etwas –, Liebe und Zuversicht hatten wir, jetzt haben wir Grimm und Hass. Wirkliche Unvorstellbarkeit, die Menschheit zerstörte sich selbst und ihr Zuhause.

Es lag am Föhn.

Bei den alpinen Fallwinden, die schlagartig eine perverse Wärme ins Voralpenland und in den Winter drückten, Märzstaub aufwirbelten, den möglicherweise tödlichen Feinstaub. Abgase, Reifenabrieb, das karzinogene Vanadium. Von Amts wegen kannte sie sich mit Schadstoffen und den städtischen Maßnahmen dagegen aus. Hoffentlich drohten nicht weitere Heimsuchungen.

Bei diesen Warmwindattacken wachte man morgens zerrüttet auf, wie in einem Waffeleisen, sah schwarz, kämpfte sich den Tag lang durch Zerfall, schluckte lustlos Pasta, sah Extremisten vereint mit Fundamentalisten, hinter ihnen die diversen Nationalisten, die Dauerwütenden mittendrin, in Straßburg das Europa-Parlament stürmen und das Gestühl zertrümmern.

Dann wäre alles kaputt.

Am Föhn lag es, wenn sie mit Kopfweh an so etwas dachte.

Antonia Silberstein strich sich das Haar aus der Stirn. Hamburgerinnen hatten mit dem dortigen Wetter vielleicht noch mehr Pech. In der böenreichen Feuchte im Norden klebte bald jede Frisur am Kopf. Eine Goldgrube für die Hairstylisten an der Alster, Binnen und Außen.

Chinesen trugen meist schlechtere Kleidung als Japaner und Koreaner und benahmen sich ruppiger. Vielleicht freundeten sich heute Abend an einem Wirtshaustisch Amerikaner und Neuseeländer miteinander an.

Eigentlich war ja rundum alles in Ordnung.

Volle Taschen, junge Leute. Büroangestellte erledigten nach Feierabend ihre Einkäufe. Die Schaufenster der Parfümerien und Telefonshops leuchteten. Zischlaute in der Nähe, wie Messerspitzen in der Luft; Spanier tauschten sich aus, wiesen auf das Glockenspiel am Rathausturm und knipsten es.

Ein paar Radfahrer, sogar ein rasender, kreuzten die Fußgängerzone. Polizei war ehedem sichtbarer oder furchtloser gewesen. Dagegen schickten sich die Bronzeputten der Mariensäule seit einer Pest energisch an, die empörten Drachen zu ihren Füßen mit dem Schwert zu durchbohren. Bei den Himmelsboten hatten Päpste gekniet, zumindest einer, und zur Mater Bavariae gebetet. Beim bis dato letzten Besuch des römischen Oberhirten hatten TV-Kameraleute fast verzweifelt nach dichten Haufen von jubelnden Gläubigen gespäht. Der Zuspruch für die alleinseligmachende Kirche ließ immer deutlicher nach.

Dabei war es wichtig, dass sie an *Liebe deinen Nächsten wie dich selbst* erinnerte, denn er ist dir gleich.

Doch Gott und Götter waren tot, hieß es, es existierte kein magischer Raum mehr.

Antonia Silberstein trat vom windigen Platz ein paar Schritte zurück ins Eingangsgewölbe. Steinernes Rankenwerk, hinter einer schmiedeeisernen Gitterpforte der pompöse Aufgang zum Ratssaal. Der Prunk des Bürgertums von vor gut einhundert Jahren. Welche Selbstgewissheit der Ahnen und was für immense Summen sie in die Darbietung ihrer Fähigkeiten, ihrer Macht, ihres Seins investiert hatten. Und dennoch waren an der Schauseite dieses Rathauses keine Bürgermeister, sondern so viele Fürsten wie sonst nirgendwo im Lande verewigt. Damit war klar, wer das letzte Wort gehabt hatte. – Alles, der Pomp, die Statuen aus der Zeit vor den Kriegen, die Blutbäder, Hunger, Tod, Chaos und Neufindung gebracht hatten. Einige Inschriften im Gemäuer hatte Silberstein und hatten gewiss auch Kollegen aus den anderen Fraktionen noch nie eingehend wahrgenommen. *Für deutsches Volksthum, deutsche Einheit, Ehre und Freiheit. Zur Erinnerung an das 13. deutsche Turnerfest im Jahre 1923.* Auf der gegenüberliegenden Gewölbewand: *Den Mitgliedern der US-Streitkräfte, die München am 30. April 1945 von der nationalsozialistischen Gewaltherrschaft befreiten.* Dafür ließ sich gar nicht genug danken, doch ungewöhnlich, dass Soldaten als Mitglieder bezeichnet wurden. Waren Mitglieder gefallen? Vielleicht zählte Zivilpersonal dazu. Egal, man wusste, was gemeint war. Und wieder linker Hand schwarz und in grauen Stein gemeißelt: *Spiele der XX. Olympiade München 26. August bis 11. September 1972.* Das große, bunte Weltfest. Dann das Attentat. Der stille Ausklang. – Seit dem Sportereignis gab es die U-Bahn und in Schweden eine Königin, die Gästebetreuerin gewesen war. *IX. EuroGames München 2004.* Gelockertere Zeiten, die Gegner dieser Inschrift an prominenter Stelle im Rathauseingang waren deutlich überstimmt worden. Das vielleicht beschwingteste Fest seit Menschengedenken, dreißigtausend Schwule und Lesben waren zu Volleyball, Ringen und Staffellauf angereist, Kaufhäuser durften erstmals nachts geöffnet haben, die Gäste galten als shoppingfreudig. – Nun, München spielte immer mit auf der Welt, wenn auch nicht stets in vorderster oder auch nur zweiter Reihe – Mailand, Budapest, Barcelona boten sich opulenter dar –, aber es war unverwechselbar vorhanden, auch mit allerlei Überraschungen und Besonderheiten. Das traditionelle Waschen von Geldbörsen am Aschermittwoch im Fischbrunnen, Madame de Pompadour und Dürers Apostel in der Pinakothek, ozapft is, auf einem Hügel ein Tempel im größten Stadtpark weltweit, Surfer auf Innenstadtbächen, Fußball, Autos und marmorne Promenadesäle in der Oper.

Die Stadträtin schaute auf ihre Uhr.

Wie immer zu früh.

Bereits als Schülerin hatte sie oft als Erste und allein im Klassenzimmer gesessen. Nicht aus Lerneifer, sondern aus Angst, zu spät zu kommen. Wie dumm. Urlaubsflüge hätte sie am liebsten einen Tag zuvor angetreten, um ganz sicher das Hotel auf Zakinthos zu erreichen. Ein bisschen verspannt das alles. Und beim Verlieben hatte sie gemeint, man müsse sich sofort küssen, ein Zögern würde Desinteresse signalisieren. Wahrscheinlich ein frühes Leistungssyndrom. Das steigerte sich mit dem Alter oder verlagerte sich. Zum Beispiel in die Schultermuskulatur.

«Du Arsch.»

Die Stadträtin schrak zusammen, erbleichte, was hatte sie verbrochen?

«Tomaten sind noch in der Schüssel!» Die junge Frau, die jetzt unters Gewölbe trat, sprach nicht sie an. «Scheiße, ich hab die Anchovis vergessen.»

«Typisch, Scheiße», antwortete leicht verzerrt eine Männerstimme aus dem Phone.

«Dann besorg du sie, fauler Sack.»

«Selber Sack», sagte er.

«Bin um sieben zurück. Hoffe, du hast dann alles.»

Natürlich kein Ohrschmuck, sondern ein weißer Stöpsel. Die vielleicht Dreißigjährige mit flauschigem Schal ging mit ihrem Open-air-Telefonset wieder fort. – Ein ungezwungenes Benehmen. Der neue Tonfall auch des jungen Mittelstands? Emanzipation gärte und spielte sich in vielen Bereichen und Variationen ab. Mindestens im Vulgären, das den Männern vorgeworfen wurde, hatte die Passantin mit ihrem Gefährten gleichgezogen. Menschliche Impulse änderten sich kaum. Bei viel verlangter und gebotener Korrektheit mochte es plötzlich umso rabiater zugehen. Gefährlich ... Möglicherweise war die Telefoniererin in ihrem Umfeld sogar von Anfang an brutaler gewesen als er, sogar heimtückisch. Wer benutzte dieses Wort noch und kannte die Zuspitzung von bösartig, und wie viel Leid die Heimtücke hervorbrachte, durch Geltungssucht, das Wegbeißen von Konkurrenten? Widerwärtigst, gleich wann, gleich wo, gleich, durch wen.

Les jeux sont faits.

Warum fiel ihr jetzt ein Ruf vom Roulette ein? Französisch verstand, durch die Machtverschiebungen in der Geschichte, auch kaum jemand mehr.

Gelegentlich fauchte der Wind in der Zufahrt heftiger als draußen.

Eine Papierschlange, ein Faschingsüberbleibsel schlängelte sich wie lebendig herein, hielt inne, rollte tänzelnd weiter. Ein aparter Slowfox. Die einsame Schlange wollte wohl noch nicht aufgeben.

Die dreiundsechzigjährige Kommunalpolitikerin schlug den Kragen hoch. Den dunklen Mantel trug sie seit fast zehn Jahren. War es nur Unlust, dass sie sich so wenig Neues kaufte, oder schlich sich bei ihr schon der Altersgeiz ein? Immer öfter spürte sie in sich diese Regung: Das brauche ich nicht, oder sogar: Das brauche ich nicht mehr. Damit begann man, die eigene Lebensflamme zu löschen. Würde sie sich in ein paar Jahren abends nur noch einen Apfel schälen und ein paar Schritte ums Haus machen? Jedoch weiterhin sparen. Ihre Nichte würde sich über das Erbe freuen.

Es brauchte nach der Verrentung einen Neubeginn. Den durfte sie nicht verpassen, den musste sie selbst einleiten. Sonst begänne das Schrumpfen. Reisen! Ja. Alle reisten. Sie könnte nach Dalmatien fahren, offenbar herrliche Küstenorte, durch Kastilien und Aragon, nach Turku, einfach so. Und hier in der Stadt Konzertabonnements, einmal im Monat ins Lenbachhaus, um sich immer nur in ein Bild zu vertiefen, genau dafür hatten Gabriele Münter und Kandinsky doch gemalt. Kino. Oder ein erfreuliches Ehrenamt. Ja, weiter gebraucht werden, zumindest ein wenig.

Aber würde sie gesundheitlich noch lange durchhalten? Im Grunde fehlte ihr wohl nichts Ernstliches. Zwei Implantate saßen erfreulich fest, ein Unterschied zu den eigenen Zähnen war nicht zu bemerken. Beim Blick vom Monitor ins Büro hinein verschwamm manchmal zunächst alles. Star wurde ambulant operiert. Star auf beiden Augen? Doch dieses Zittern. Versiert in Symptomen legte sie ihre Hand flach auf den Schreibtisch und harrte, ob sich der Tremor zeigte oder nicht. Auf ihren geheimen, mehrmals täglich praktizierten Parkinsontest hatte sie sich mittlerweile derartig versteift, dass der mögliche Zuckwahn irgendwann das krankhafte Beben tatsächlich auslösen könnte. Manchmal, wenn es niemand sah, schlug sie sich sogar auf die Hand und befahl sich: Lass das, sie zittert nicht.

Man durfte sich über nichts lustig machen. Alles hatte einen tragischen Ursprung und endete bitterlich. Wenn auch vornehmlich in Deutschland. Nur in den slawischen Ländern – und im bekanntermaßen freitodgesättigten Ungarn – sah es man es aus nachvollziehbaren oder unklaren Gründen noch finsterer.

Als geübte Hypochonderin würde sie ein Wrack werden, ein geiziges, im braunen Mantel, bevor sie unwiderruflich organisch eines würde. Dabei lebten Hypochonder, eben wegen ihrer Umsicht, oft länger als weniger alarmierte, lustige Menschen, bis sie allerdings auch stürben. Endlich, dann hätte alles eine Ruh. Um Gottes willen, nur das nicht vor einem vielleicht erfreulichen Ereignis, das man verpassen würde. Und der Ruhe ginge das Ableben voraus.

«Basta», sagte Antonia Silberstein, «in Gottes Hand.» Sie hätte gut und gerne noch eine halbe Stunde im Baureferat arbeiten können, anstatt hier verfrüht zu harren. Zwei Anträge für die Sanierung von Turnhallen lagen noch auf dem Tisch. Vergeudete Zeit am Gewölbeportal, aber es gab keine vergeudete Zeit, jeder Moment besaß seine Fülle.

«Is this the Ratskeller?»

«No, next door … entrance to the left. Down into the basement, there you will find it.»

Das angelsächsische Paar dankte und entschwand. Der Mann trug noch eine traditionelle Kamera, womöglich also ein teures Gerät, an orangefarbenem Gurt um den Hals. Geradezu ein Ereignis, einmal nicht nach dem Weg zum Hofbräuhaus gefragt worden zu sein.

Wann kämen endlich die anderen?

Antonia Silberstein spähte über den Platz. Dort formierte sich eine Gruppe mit Transparenten im Halbkreis. Ältere Damen und junge Frauen, Hüte, Windjacken und bunte Strumpfhosen. Dazu einige orientalisch wirkende Herrn mit und ohne Bart, deren Begleiterinnen, Frauen, Töchter, Schwestern mit Hijab, teils schwarz, teils in schönen Farben. Ein Polizeiwagen hielt in der Nähe und blieb wie eingeschlafen stehen. Auf roter Stoffbahn flatterte das Anliegen der Demonstranten im Föhn: *Mehr Wohnraum für Flüchtinge! – Seid barmherzig. – Stell Dir vor, Du bist auf der Flucht und keiner lässt Dich rein! –* Das erdrückende Thema. Die Barmherzigkeit ging großteils zur Neige oder war schon ins Gegenteil umgeschlagen, in Wut auf den Zustrom. Manche Beobachter des kleinen Aufmarsches mochten sich daran erinnern, wie vor Jahren zahllose Münchner zum Bahnhof geströmt waren, um tagelang die Kriegsflüchtlinge aus Syrien, aus dem Irak und andere, die Rettung suchten, mit Kuchen, Kleidung und Spielzeug für die Kinder zu empfangen. Eine euphorische Hilfsbereitschaft. Eine innere massenhafte Aufwallung, endlich spürbar Sinnvolles zu tun, Menschen in Not beizustehen. In Zügen, in Bussen aus dem Süden trafen sie Tag und Nacht ein, die Grenzen blieben offen, es wurde nicht kontrolliert. Ein nie dagewesener Vorgang in einem Staat. Und das im strikten Deutschland. Gewiss, manche Jacke, mancher Pullover aus Schwabing waren herzlich an die Fremden verschenkt worden, um zwischendurch auch radikal den eigenen Kleiderschrank auszumisten. Wochen in einem schwindelerregenden Ausnahmezustand. Das Baureferat organisierte Containersiedlungen, Hallen wurden requiriert und in Unterkünfte mit Schlafabteilungen und Essensausgaben umfunktioniert. Berufstätige und pensionierte Lehrer meldeten sich zum Sprachunterricht für die Gestrandeten, die Überlebenden ferner, gar nicht so ferner Höllen. Sportvereine boten für Menschen, die wochenlange Fußmärsche, Durst, Hunger, Kälte, lebensgefährliche Seeüberquerungen hinter sich hatten, bald leichtes Jogging, Fußballtraining und sogar Yoga an. Gemeinschaftliche Übungen, Spiel und das behutsame Mitmachen bei einheimischen Verbindungen waren die besten Mittel, um Kriegstraumata zu dämpfen und das Einleben zu erleichtern. Es ging alles holterdiepolter und ins Ungewisse hinein. Aus welchem Grunde auch immer, Afghanen erwiesen sich als besonders sprachbegabt und beherrschten nach einigen Monaten recht gut Deutsch. Schlaksige Jungen aus Eritrea bummelten durch die Bahnhofsgegend, lachten, hatten herrliche Zähne, und deutsche Passanten legten ihre Furcht ab. Ja, arabische Flüchtlinge, sobald sie innerlich etwas zur Ruhe gekommen waren, sich im neuen Land und mit seinen Anforderungen zurechtzufinden schienen, setzten neue Maßstäbe in puncto Erscheinung. Im Vergleich zu einem perfekt frisierten Syrer mit feinmuskulösen Händen, einem Gesicht wie von einem assyrischen Relief, erschien so mancher Deutscher eher verwahrlost, ohne Stil, ohne dreitausend Jahre Kultur im Hintergrund. Wie das alles ausginge, der Zustrom, die Eingliederung, die Vermischung – das waghalsige, aber auch erfrischende Miteinander –, war noch offen, hing von jedem Einzelnen ab. Vom friedfertigen Willen, von der Offenheit. Mit vielen neuen Menschen konnte Deutschland eines der blühendsten und vielfältigsten Länder werden, produktiv.

Doch vieles war umgeschlagen. Niemand beschenkte mehr Zuwanderer.

Jetzt kümmerte sich anonymer der Staat. Korrekt, aber mit Unwillen. Einerseits war es sehr schmeichelhaft, dass Deutschland – das oft verrufene, harte Land – weltweit so verlockend war, dass fast ganze Völkerschaften sich für ein besseres Leben hierher aufmachen wollten, andererseits: Wann beruhigten sich die Krisenregionen und blieben die Menschen dort, um funktionierende Staaten aufzubauen oder wiederherzustellen?

Europäische Regierungen, welche die unkontrollierte Einwanderung durch Hindernisse, Zäune abwehren wollten, waren vor Jahren als inhuman abgestempelt worden; mittlerweile erwarteten wohl die meisten sichere, kontrollierte europäische Grenzen zu Lande und zu Wasser. Doch was hieße das im äußersten Fall? Schießen?

Antonia Silberstein hätte einige der Demonstranten gerne beraten. In einem Land mit Wohnungsnot mehr Wohnraum für Flüchtlinge zu fordern, mochte berechtigt sein, beschwor aber vielleicht auch Unverständnis und Ärger herauf.

In Ostdeutschland leerten sich Dörfer, ganze Regionen. Aber wer hatte den Mut und den Schwung, in Brandenburg ein kleines, alsbald vielleicht florierendes Neu-Damaskus ins Leben zu rufen, natürlich mit deutscher Gerichtsbarkeit und nicht mit der Scharia?

Es könnte ein Ausflugsziel mit Spezialitätenrestaurants und Hamams werden. – Gingen alle Fremden wieder fort, in ihre irgendwann wieder beruhigten Heimatländer, welche vergreiste Öde würde sich in Deutschland ausbreiten.

Sie selbst hatte an Heiligabend Kriegsflüchtlinge eingeladen, über Religion, Politik und Erotisches war nicht gesprochen worden, sie hatten gemeinsam gekocht, erstaunlich viel gelacht, einer war Ingenieur aus Aleppo, ein anderer Student aus Mossul mit seiner Schwester. Über Beruf, Speisen und Gewürze hatten sie geredet, sich die Wohnung angeschaut, hatten allesamt ein hervorragendes, warmes Essen genossen, ohne Schwein. Als kleines kulturelles und angenehmes Statement hatte Antonia Silberstein Wein getrunken und nach dem Lamm einen Sliwowitz. Wer aus heimisch-religiöser Prägung mit Fanta und Wasser glücklich werden wollte, sollte es. Als die Gäste zu einer späten U-Bahn und in ihre Sammelunterkünfte aufbrachen, hatte sie in Kuverts ihre Gaben verteilt. So ging es, so war man sich nähergekommen, der Iraker hatte sich wieder gemeldet und studierte jetzt in Erfurt. Die Schwester hatte Krankenpflegerin werden wollen. Sie wurden gebraucht. Doch welche Lebensformen handelte man sich ein.

Das erdrückende Thema.

Keiner wurde ihm gerecht.

Reisen. Raus! Dalmatien … Kärnten.

Um Beklemmendes ging es heute Abend gottlob nicht. Ganz und gar nicht. Und im Büro hätte sie an anderes gedacht.

Schönes lockte.

Wunderbar Erregendes kündigte sich an. Animierendes. Strahlendes. Großes stand bevor, aber es begann klein und zugig.

Ja, ein historischer Abend konnte es werden.

Ließ man sie warten?

Der Wind schien abzuflauen.

«Noch im Amt, Frau Stadträtin?»

Die Frage klang desinteressiert. Der Mann, der hinter ihr aus dem Rathaus eilte, war einer der Pförtner und hatte wohl Dienstschluss. «Immer», rief sie ihm nach. Er winkte, was wohl Noch einen schönen Abend bedeuten sollte.

Bei einer kleinen Drehung ins Dunklere zog sie rasch den Fettstift über die Lippen.

Die Sache war verfahren.

Im Grunde hätte der Kulturreferent hier warten müssen. Der war jedoch zu einer Kulturreferentenkonferenz nach Greifswald gefahren. *Da große Baumaßnahmen anstehen könnten, nicht nur Renovierung und Umbau, sondern etwas ganz Neues, das dann auch Ihr Ressort betreffen würde, könnten Sie doch gleich für mich hingehen,* hatte der Kollege gebeten. *Ich schalte mich später ein.*

Hilfsbereit und neugierig, wie sie zumeist war, hatte sie gesagt: *Gut, für eine erste Erkundung.*

Der Fettstift verschwand wieder in der Tasche.

Da stand sie nun und hatte eigentlich wenig Fachkenntnis im Kulturellen.

Und den Termin hatte ein Mitarbeiter organisiert, der nicht recht bei Troste war.

Drei Damen – sie eingeschlossen – würden sich hier am Tor treffen. Zwei fehlten noch. Der auswärtige Experte, eine Koryphäe, wie es hieß, würde später dazustoßen. Doch wo? Sie spähte. Therese Flößer kannte sie vom Sehen und vom flüchtigen Gespräch auf einem Empfang. Schon länger her.

Vor ihr auf der Weite des Platzes öffneten sich Schirme, Regen konnte man dies zarte Sprühen wie aus einem Flakon nicht nennen. Der feuchte Hauch erfrischte dennoch.

Obwohl das Warten einen Rest altertümlicher Amtsehre berührte, wollte sie wegen ein paar Minuten Verspätung anderer auf den Termin nicht verzichten. Vielleicht würde sie sogar während ihrer letzten Arbeitsjahre mit dem Projekt befasst sein, es an ihren Nachfolger übergeben, aber namentlich für immer verbunden bleiben mit dieser Sensation. Nicht schlecht, für alle Zeit eine Genugtuung und Freude ... *Bauliche Planung und Koordination Stadträtin Antonia Silberstein* ... Irgendwo würde das vermerkt bleiben, wenn auch wohl nicht auf einer Gewölbewand. Abermals und deutlich verdient gemacht um die Stadt, ihr Flair, ihre Geltung.

Und der Termin konnte sogar noch gewichtiger, epochaler werden, als es ihr schwante.

Gegen Berlin hätte man etwas Neues aufzubieten. Der Moloch an der Spree verschlang eigentlich seit seiner Gründung endlos Fördergelder und brüstete sich damit, die Zentrifuge von Geist, Macht und Tat zu sein. Auf Pump. Regensburg war die historische Hauptstadt Deutschlands, dort hatte sich dreihundert Jahre lang der Reichstag versammelt, oder Frankfurt, wo noch länger die Kaiser gekrönt worden waren. Aber es wussten ja nur wenige etwas.

Mehr internationale Gäste konnten an die Isar gelockt werden. Nicht nur Pauschaltouristen und Oktoberfestbesucher, sondern geistige Eliten. Großzügig musste geplant werden, mit Grandezza und Aplomb. Für die Mit- und die Nachwelt. Wie es einst die Wittelsbacher mit ihren Prachtavenuen vorgemacht hatten. München, ein neuer, reger Brückenkopf zwischen den Völkern und Kontinenten. Ein hochmodernes Tagungszentrum, Suiten für Nobelpreisträger, ein Wohntrakt für Stipendiaten, etwas Gleißendes, Offenes, in bester abendländischer Lage, ein Kreativzentrum für die Zukunft.

Herrlich. Glorreich.

Der Oberbürgermeister hatte sich verhalten geäußert, aber schien sich mit dem Projekt zu beschäftigen.

Im Stadtrat wäre Überzeugungsarbeit zu leisten, doch mit sozialen Kulturinitiativen allein, Clowns in Kindertagesstätten, Schachecken in den Krankenhäusern, der ambulanten Töpferei – alles wichtig – konnte München nicht magnetischer werden.

Und etwas Großes strahlte in alle Richtungen aus.

Wo die Konzerte bester Orchester fast allabendlich ausverkauft waren, hier, fanden mehr Menschen zur Musik, zum Intensiven, Schönen, zum irdischen Glück.

Das war auch jetzt die Leitidee.

Mehr brauchte es nicht. Förderlicheres für Mensch, Geist und Wohlbefinden konnte eine Verwaltung in Friedenszeiten nicht leisten.

Nein, sie wartete gerne noch ein paar Minuten.

Es waren Überstunden mit Sinn.

Ein Dienst am Kommenden.

Das Glockenspiel, das Drehen und Wenden der Figuren am Turm, das sich hinzog und die Schaulustigen schließlich langweilte, klang aus. Zehn nach fünf. Die Demonstranten im Halbkreis, wodurch sich etliche mehr oder weniger gegenseitig anblickten, forderten still Wohnraum. Eine hochgewachsene Passantin mit puppenhaftem, ja übermodelliertem Gesicht griff sich an ihren High Heel, aber der Absatz hing schon in einer Pflasterritze. Für Lipofilling und Straffung musste sie einiges berappt haben. Die späte Rechnung folgte wohl noch. Hörbar italienische Schüler torkelten atemlos und lachend aus einem U-Bahn-Zugang. Sie waren die Rolltreppe, die hinabglitt, heraufgestürmt. Egal, in welche Richtung, die vielen Fahrtreppen, die meistens intakt waren, schienen mediterrane Gäste besonders zu begeistern. An einem Kiosk wurden die Zeitungsständer bereits ins Innere geschoben. Provinz.

Aufbruch

«Frau Silberstein?»

«Bin ich.»

«Ortrud Vandervelt. Ich komme gerade aus Sibirien.»

«Ach –»

«Entschuldigen Sie die Verspätung.»

«War es schön? Aufregend sicher.»

«Lesereise. Goethe-Institut. Termine, Termine. Omsk, Nowosibirsk, Krasnojarsk. Das heißt Schöner Hügel.»

«Nein, wirklich?»

«Ja. Aber ich hatte mich auf heute natürlich schon vorbereitet.» Die Schriftstellerin kam wieder zu Atem. Grazil, hübsch war sie und musste eine Schönheit gewesen sein. Feine Gesichtszüge, fast knabenhaft, mit den Spinnweben reiferer Jahre vor allem um die Augen. Rot getöntes Haar lugte unter der roten Mütze, fast einem Turban, hervor.

«Ich bin ja als Sachverständige geladen», lachte sie ein wenig krampfhaft. Bei einem derartig reizvollen Gesicht ohne jedwede Fettmembran wirkte die Mimik schnell angespannt und forciert, ruhelos. Die Schauspielerinnen Corinna Harfouch, Maren Kroymann kamen einem in den Sinn. Kleine Pölsterchen zahlten sich im Alter mitunter aus.

«Als Ratgeberin», versuchte Antonia Silberstein eine mögliche Überforderung abzumildern, «als versierte literarische Stimme der Stadt. – Können Sie denn Russisch?»

«Nein, kaum. Es fand alles mit Dolmetscher statt. Auch der Auftritt im Mittelsibirischen Fernsehen. Wir haben weniger Zuschauer als Schweden, begrüßte mich der Moderator, dafür ist unser Sendegebiet größer als die Europäische Union.»

«Dimensionen.»

«Vom Matsch auf einem Trampelpfad zum Studio hatte ich bis obenhin verdreckte Stiefel und er klebrige Hosenbeine. Wir lachten. Sieht bei der Übertragung ja keiner. Sdrastwujte i dobro pashalowatj, und schon waren wir auf Sendung ... Er sah übrigens blendend aus, blond, ein Sonnyboy, bis auf die verschlammten Beine. – Ratgeberin? Ja, das ist harmloser. Doch was soll ich raten, Frau Silberstein?»

«Das Richtige, Frau Vandervelt, es handelt sich um eine Millioneninvestition.»

Die Schriftstellerin wühlte in ihrer Umhängetasche, Gucci, kein Imitat, und zog eine Klarsichtfolie voller Blätter heraus, fand auch ihre Brille.

«Allein diese schnörkelige Schrifttype», ächzte Ortrud-Karen Vandervelt.

Die Stadträtin erkannte im Laternenschein altmodische Buchstaben, Verse auf dem Papier in den Händen der Beraterin.

«Das ist unmöglich. Von vornherein. Da hat man noch den Moskauer Flughafen im Kopf, Polen unter sich, unsere S-Bahn, die sogar fuhr, und nun dies:

Ich hab' in strengem Musendienst mich redlich müd' und
heiß gelebt
Und andachtsvoll mein Leben lang in hoher Meister Kreis
gelebt ...»

«Zweimal gelebt hintereinander?» Die Stadträtin stutzte.

21

«Das sind Ghaselen, altpersisches Versmaß, die haben ein seltsames Reimschema», und die Schriftstellerin fuhr fort:

«Dem Wettlauf, dem banausischen, nach Gold und Ehren
blieb ich fern ... »

«Das ist lobenswert.»
Ortrud Vandervelt blickte unwirsch:

«Und hab' im Stillen, lauschend, auf des Genius Geheiß,
gelebt.
Der Schöpfung tausendstimm'gen Chor, in meiner Klause
hört ich ihn ...»

«Klause?» Antonia Silberstein im braunen Mantel wunderte sich abermals: «Zwei Villen, soweit ich weiß, eine hier, die andere in Italien. Das nannte man auch früher schon nicht Klause.»
Ortrud Vandervelt hielt ihre Kopie mehr ins Licht:

«Und glaubte, wenn ich niederschrieb, was in mir klang,
so sei's gelebt.
Doch jetzt, am Ziel der langen Bahn, beschleicht mich Sorge:
nicht genug
Hätt' ich in freier Gotteswelt, zu viel nur schwarz auf
weiß gelebt.»

Die Schriftstellerin blickte auf und sah die Beamtin an: «Das ist Plunder, Frau Stadträtin. Ghaselischer Quark. Eine Banalität. Alter Dichter war von den Musen geküsst, aber möchte sich nachträglich furioser ausgelebt haben.»

«Dagegen ist doch nichts einzuwenden, Frau Vandervelte.»

«Ohne *e*, einfach -velt. – Verschmockt. Larmoyant. Formvollendete Leere. Ungefähr zur gleichen Zeit qualmte ein Fabrikschlot neben dem anderen, füllten Autos die Straßen, kämpfte Rosa Luxemburg für die Rechte der Arbeiterinnen und Arbeiter, goss Krupp Kanonen für den Ersten Weltkrieg, erfasste Gottfried Benn die harte Wirklichkeit: *Ein ersoffener Bierfahrer wurde auf den Tisch gestemmt. Irgendeiner hatte ihm eine dunkelhellila Aster zwischen die Zähne geklemmt.* – Und hier», sie tippte auf ihr Blatt, «*andachtsvoll, Musendienst ... hoher Meister Kreis* und fünf Mal *gelebt.* Das ist ausgewrungener Goethe, knapp hundert Jahre, nachdem der tot war. Dichtung wie stockige Wäsche.»

«Sie sind von der Reise strapaziert.»

«Ich bin nie gestresst, beziehungsweise immer. Das ist mein Beruf.»

«Sie klingen nicht so begeistert.»

Die Russlandreisende mit altpersischem Reim in der Hand blickte fast verstört.

«Das Zentrum soll großartig werden», fuhr die Stadträtin fort, «ein Leuchtturm, wie man heute sagt. Da müssen wir behutsam urteilen.»

«Ein Leuchtturm, aus dem Müll plumpst. Sie können, verzeihen Sie mir, nicht Millionen von Steuergeldern für solch einen Leuchtturm verpulvern, Frau Silberstein. Lieber neue Fahrradwege. Mehr Zebrastreifen. Meinetwegen sogar ein Thomas-Mann-Zentrum.»

«Geht nicht. Das Grundstück seines ehemaligen Hauses ist zu klein. Außerdem hat München ihn 1936 ausgebürgert.»

«Höchste Zeit, ihm einen Leuchtturm zu widmen.»

«Verstehen Sie mich nicht falsch. Natürlich ist er unser namhaftester Nobelpreisträger.»

«Oder, wenn's denn sein muss, ein Stefan-George-Zentrum.»

«Der hatte, soweit ich weiß, Frau Vandervelt, nur eine Wohnung. Außerdem gibt's irgendwo in der Stadt wohl dieses GeCe, die George-Centrale, eine schwule Bar, man weiß nie, das könnte zu Verwechslungen führen.»

«Lenin. Der war bedeutend genug. Der hatte lange genug hier gebrütet und Bier im Hofbräuhaus genossen. Nennen Sie was nach dem.»

«Lenintreff, absurd. Wir können den Linksparteien doch keine Arena verschaffen, die Stadt muss neutral bleiben. Außerdem wurde der Mann zum Schlächter. Aber doch interessant, wer alles in unseren Mauern nachsann, sich regte und schlief.»

«Karl-Valentin- oder, wenn denn etwas gegründet werden soll, Enzensberger-Zentrum», erklärte gereizt die Autorin.

«Valentin ist mehr Film. Der andere ist noch zu frisch. Man muss sich am Nachruhm orientieren.»

«Oder nennen Sie's nach mir. Ich hab schließlich vor Dutzenden von Zuhörern und Goethe-Angestellten in Krasnorjarsk gelesen.»

«Später einmal, gewiss, eine Vandervelt-Straße. Im Speckgürtel wird noch viel gebaut werden.»

«Aber nicht nach einem Mann, der im Musenkreis andächtig die Welt verpasste und mit was weiß ich noch die Sprache und das Denken verklebte.»

Die Münchner Literaturpreisträgerin war heftig geworden. Ein Plakatträger aus einer anderen Weltgegend wandte sich zu ihr um. Aber es konnte vielleicht nicht schaden, dass er mitbekam – falls er etwas verstand –, wie neben den subtilen und endlosen Koranauslegungen auch scharf und immerwährend um hiesige Kulturtraditionen gerungen wurde. Falls er sich auch nur mit «Reden immer gut» einschalten würde, wäre er ein löblicher Landsmann.

«Es wird ja noch ein Experte, ein Kenner kommen», erklärte die Stadträtin und bot der Schriftstellerin ein Pfefferminz an: «Los?», fragte sie, «man bekommt hier Käsefüße. Dann eben nur zu zweit.» «Also gut. Los. Ich will's sehen», Ortrud Vandervelt war einverstanden: «Taxi?»

«Ein paar Schritte täten mir gut. Ich hatte den ganzen Tag Sitzungen.» Antonia Silberstein ließ den Blick kurz über ihre Begleiterin streifen. Hüftlange Jacke aus geschmeidigstem Leder, passgenauer Rock um schmale Hüften, dunkle, kaum sichtbar gemusterte Strumpfhose. Einschließlich des schmalen Schuhs Eleganz ohne Übertreibung. Dabei umgab eine Tragödie die Schriftstellerin und durchdrang möglicherweise noch immer ihr Leben. Auch Zeitungen hatten den Sachverhalt angedeutet. Vor etlichen Jahren hatte Frau Vandervelt ihren Mann angerufen, wohl wegen eines schulischen Problems der Tochter. Der Mann, irgendwie gut in der Finanzbranche tätig, hatte sich auf der Rückfahrt von Frankfurt befunden. Er musste die Nummer seiner Frau erkannt haben, hatte sich am Handy gemeldet und binnen Sekunden im Platzregen auf der A 9 die Kontrolle über seinen Wagen verloren. Als er ins Schleudern geriet, verkeilten sich hinter ihm mehrere Autos zur Massenkarambolage, die für ihn tödlich endete. Das pure Grauen, das gewiss nicht verjährte.

Es schlug viertel nach von den Turmuhren.

Sie bogen in die volle Theatinerstraße.

Keinen Geistlichen, auch in einem Menschenstrom, gewahrte man mehr ohne Nebengedanken an die enthüllten Übergriffe von Klerikern.

Im Sportgeschäft wurden Fenster mit Footballzubehör dekoriert.

Sogar mehrere Meter vor einer Parfümerie duftete es.

«He! Hallo! Die Heyse-Fans? … Wartet!»

Antonia Silberstein und Ortrud Vandervelt gingen weiter. Schirm ja oder nein, das war die Frage. Aber die Tröpfchen im Wind waren zu minimal. Allerdings mussten sie sich vor den Schirmen anderer in Acht nehmen, manche Weichlinge spannten ihn bereits beim Anblick einer Wolke auf.

«Heyse!», hallte es hinter ihnen.

Beide setzten ihren Weg fort.

«Mein Gott, Paul Heyse!» Die Stimme hatte längst ihr Ohr erreicht, aber erst jetzt erfassten beide, dass sie mit dem Namen gemeint sein mussten. Nie war eine von ihnen mit diesem Ausruf bedacht worden.

«Ortrud! … Frau …», klang es flehentlich und vertrauter.

Sie drehten sich um.

Therese Flößer. Atemlos, gehetzt schälte sie sich aus der Passantenschar. Wann war das passiert? Natürlich kürzlich. Zügig humpelte die Oberbayerin heran. Ihre Krücke handhabe die Diplom-Bibliothekarin und renommierte Mitarbeiterin des Münchner Literaturarchivs so gekonnt wie andere das Essstäbchen.

«Therese», bemerkte Ortrud Vandervelt anteilnehmend.

«Es ist doch Heyse-Tag», hechelte sie.

«Nur ein Ortstermin», fügte die Stadträtin an und streckte hilfreich die Hand aus, was instinktive Geste blieb.

«Dsie … habt lange gewartet. Dsu … müssen entschuldigen.»

Was haspelte die Flößer? Die Schriftstellerin hatte es im Nu entschlüsselt: Mit Therese duzte sie sich, mit der Stadträtin galt für beide das Sie. Eine Sammelanrede für Du und Sie gab es im Deutschen nicht, so war in der Hektik das Dsu oder Dsie oder sonst was über die Lippen gesprudelt. Interessant, spontan, sinnvoll erweiterte Grammatik. Die Tätigkeitswörter machten dabei allerdings nicht mit: *Dsie musst* ging nicht. *Dsu müssen* auch nicht. Eine Schwachstelle einer bewährten Sprache, einen nicht vorhandenen Sammelgruß aus Du und Sie nicht mit einem Verb im Singular oder Plural koppeln zu können. Wie verdammt einfach im Englischen: *you will…* oder im Französischen: Das *Vous* konnte *Sie* und *ihr beide* heißen und ließ Spielraum. Dagegen blieb das Deutsche in der prägnanten Begriffekomposition unübertrefflich. Russlandreisendememoiren.

«Ihr wisst, sonst bin ich pünktlich.»

«Darauf kommt es nicht mehr an», bekannte die Stadträtin.

«Und für Heyse schick i mi.»

Die Schriftstellerfreundin wirkte verstimmt: «Ich nicht. Ich renne auch nicht einer Kartoffel hinterher. Ein Tag länger in Moskau wäre noch schön gewesen.»

Therese Flößer stützte sich auf ihre Krücke und atmete durch. Merkwürdigerweise blickten alle drei zu dem Kunststoffklumpen um ihren Fuß hinunter. Trotz seines Umfangs wirkte der klobige Schutz nicht unmäßig schwer und schien durch die Perforierung sogar luftig. «Tja, so kommt's eben dann doch mal. Und nicht einmal bei der Abfahrt. Als ich den Liftbügel packte, plötzlich beide Ski übereinander, dann einer quer. Ein Höllenschmerz. Ich fiel einfach um.»

«Wo?», fragte die Stadträtin.

«Ascona.»

Man zeigte Bedauern, während Therese Flößer bereits weitermarschierte. Die eine Gehhilfe wirkte wie Wanderstab und Waffe zugleich. Und sie hatte eine Hand frei.

«Außenknöchelfraktur und ein paar Bänder. Wird schon wieder. Circa sechs Wochen.»

«Dann Reha?»

«Schau ma moi.» Die gebürtige Berchtesgadenerin war eine der

Nettesten in der Stadt, in deren geistigem Leben, wusste Ortrud Vandervelt und humpelte beinahe hinterher. Therese war geerdet, immer freundlich – zumindest im öffentlichen Bereich –, sie war kompetent in jedem geschriebenen Wort Bayerns, sie hatte sämtliche Klosterbibliotheken gesichtet, hatte im Literaturarchiv die Nachlässe von Klaus und Erika Mann geordnet, für das schöne, renovierte Haus, Monacensia genannt, am Isarhochufer Handschriften von Frank Wedekind und den Trachtenhut von Oskar Maria Graf erworben, mit dem das Originalgenie im New Yorker Exil aufgefallen war. *Verbrennt mich!* hatte der unbeugsame Menschenfreund den Nazibanden bei deren Büchereinäscherung zugerufen, *Verbrennt die Werke deutschen Geists! Er selber wird unauslöschlich sein wie eure Schmach!* Therese Flößers Stimme war meistens sanft, warm, in ihrem angenehmen, bairischen Tonfall klangen Jahrhunderte Eigenwelt von den Kelten über die Römer bis heute mit. Und Bairisch, fast schon einen Nachhall des Dialekts, vernahm man immer seltener, Zuzug von woandersher, Vermischung, Medien, die vereinheitlichten und uniformierten. Wie allerorten.

Sie, Ortrud-Karen Vandervelt, stammte aus Bad Harzburg.

Die Männerstimme von der Seite klang höflich, aber entschlossen: «Lassen Sie das bitte!»

An der Rückfront des Rathauses, weniger im Licht als vorne, war eine alte Frau beschäftigt. Ein Muttchen, mochte man sagen, in Stiefeletten und mit Kopftuch. Weitgehend unbeachtet schöpfte sie aus einer Plastiktüte und streute händeweise Mais, Krumen, Körner in ein graues Gewölk aus Dutzenden von Tauben, die manchmal kurz aufflatterten, sich dann wieder übers Futter hermachten. «Das ist verboten», insistierte der Herr. «Die haben Hunger», bekam er zur Antwort. «Die fressen überall den ganzen Tag, die sind sogar fett.» «Sind auch Menschen», die Alte fütterte unbeirrt weiter. «Das

sind Luftratten», wurde der Herr lauter, und weitere Tauben schwirrten dicht an seinem Gesicht vorbei zu dem Pulk ihrer Artgenossen.
«Hören Sie auf. Das ist strafbar. Die verdrecken alles. Die breiten
Milben aus. Das ganze Rathaus ist teuer mit Draht geschützt, und
Sie füttern den Dreck.» «Sie Unmensch.» Die Alte ließ sich nicht
irritieren. «Haben Sie nichts Besseres zu tun, als Ratten zu mästen?
Füttern Sie doch lieber Enten an der Isar.» Die Frau hörte scheinbar
gar nicht mehr hin und warf Körner ins Gurren. «Ich hole die Polizei, Sie werden Strafe zahlen. Die Babys in den Kinderwagen…
überall landen die Taubenmilben.» Keine Reaktion, die Unbeirr-
barkeit der Fütterin ließ den Mann sichtlich beben. «Wahrscheinlich pirschen Sie den ganzen Tag herum und verteilen Ihren Fraß.
Sonst wohl nichts mehr zu tun. Nur Unheil anrichten. Sie widerliche, alte Vettel.» «Sie fetter, alter Bock.» Der Streit nahm Fahrt
auf, wenige Passanten blieben stehen, andere eilten weiter. In der
Tat sah der Taubenhaufen wie der legendäre Rattenkönig aus, bei
dem sich die Nager wie zu einer Riesenratte ineinander verbissen.
«Ich hol die Polizei.» «Zu fett und alt, um noch einen hochzukrie-
gen…» Die Alte, die kurz aufblickte, ein nichtiges Gesicht, schien
trainiert darin, verärgerten Bürgern Paroli zu bieten. Das Gurren
und Picken war lebhaft. «Mit meinem Steuergeld sind die Tauben-
gitter bezahlt… Ich polier dir die Fresse, du Hexe.» Hier schien
nichts mehr zu fruchten, der Wortwechsel war längst justiziabel.
«Verreck bald.» «Verreck du.» Tobend vor Zorn, mit raschem Spähen nach einem Gegenstand, einer Stange zum Zuschlagen, entfernte sich der Mann zögerlich und wirkte in den Augen einiger
Fußgänger, die zugeschaut hatten, ebenso besessen wie das Muttchen. «Die rennt den ganzen Tag rum und verpestet alles, Ratten
füttern, auch so was bekommt Rente… Die hat wohl sogar Wahlrecht. Gnade Gott.» Es blieb unklar, ob der Mann sein Spektakel

gebraucht hatte, ob er sich, vielleicht auch aus Müßiggang, als privater Ordnungsdienst fühlte oder ob ihm arglos an der Stadthygiene gelegen war. «Hier sieht man's. Auch Scheiterhaufen waren nicht immer nur Unsinn!», rief er plötzlich nach hinten. Die Alte fixierte ihn so, als müsse er sich jetzt und in Zukunft tatsächlich vor ihrem Fluch fürchten. «Putti, putti, putt», sie warf Körner ins Geflatter.

Der Lack der Zivilisation war dünn.

«Tja, Heyse», merkte Therese Flößer an; es schien schwierig, zum Gehalt des Abends zurückzukehren. Doch das war es nicht. Mit Klumpfuß und dem unverletzten Bein mühte sich die exzellente Bibliothekarin durch die Menge. Dank ihrer Beeinträchtigung machten einige Passanten Platz. «Bisher ist nur eine große, hässliche Straße nach ihm benannt. Und die schlimmste Unterführung aller Zeiten. Eng, dunkel, gefährlich. Schon, wenn ich mich mit dem Fahrrad nähere, diesem Heyse-Tunnel unterm Bahnhof, krampft sich mir das Herz zusammen, ich denke, mich trifft in diesem Schlauch der Schlag oder der Verkehr überrollt mich.»

«Das passt zur Qualität des Namenspatrons», schob Ortrud Vandervelt ein, «düster und verstopft.»

«Was meinen Sie», fragte von der Seite die Baurätin, «wie viele Pläne es schon gab, diesen Engpass zu entzerren, zu erweitern, Verkehr umzuleiten? Aber unter sämtlichen Gleisen des Hauptbahnhofs können Sie nicht einfach graben und Platz schaffen. Dazu der gesamte Autoverkehr für ein, zwei Jahre über die Hackerbrücke. Unmöglich. Wir haben, aber das bitte unter uns, die Röhre verkehrstechnisch quasi aufgegeben. Wer dort hineinfährt, weiß ja, was ihm blüht. Vielleicht fällt einer nächsten Generation eine Lösung ein. Oder es gibt keine Autos mehr.»

«Aha.» Die Schriftstellerin, die sich unter Lebensgefahr mit dem Fahrrad auch öfter durch die zentrale Unterführung kämpfen musste, sah nun klarer. Sie ging in der Mitte zwischen Frau Silberstein und Therese. Deren Aircast-Knöchelschutz schien, wie ehedem das Schwungrad bei Lokomotiven, das Gehen sogar zu beschleunigen.

«An seinem Ehrengrab, das ich mal besucht habe, ist es ruhiger», sagte Flößer.

«Ist auf Friedhöfen so.»

«Immerhin mit Säulen.»

Linker Hand wenige Bauten, Fassaden aus dem Vorkrieg, viele schmucklose Geschäftshäuser aus den Jahren danach. Die Städte waren für immer verhässlicht. Wohl über zweihundertfünfzig Mal waren Bombenteppiche auf München niedergegangen, als Antwort auf die Verwüstungen durch Deutsche andernorts. Auf alten Fotos war zu erkennen, dass man von dieser Stelle aus an ein paar Ruinen vorbei kilometerweit bis nach Schwabing hatte schauen können. Dass in der Wüstenei überhaupt wieder Leben zu florieren begonnen hatte – ein Wunder. Man hätte sich auch vorstellen können, dass die überlebenden Deutschen über Jahre hinaus in Erdhöhlen gehaust hätten, dann nur in Baracken, um nach ihrem gescheiterten Überfall auf die Welt zu verkümmern.

Das Licht über den Uhren von Wempe strahlte in den Abend.

Luxusläden in dieser Gegend.

Die Türwache eines Juweliers begutachtete unmerklich Kunden, grüßte mit knappem Nicken. Was für ein Beruf. Natürlich viel besser als keiner.

Edle Schuhe, seidene Sakkos, Roben und Fantasietrachten für Festspiele. Dazwischen Filialen von Nobelmarken, die weltweit zu finden waren. Die gleichen Schals von Hermès auf Lanzarote, hier und in Taschkent.

«Bisher waren alle Deppen.» Die Begleiterinnen stutzten, der warmherzige Ton Therese Flößers milderte ihren Befund. Die Skifahrerin wies mit ihrer Krücke durch eine Seitengasse auf die illuminierte Kathedrale mit ihren massiven Türmen: «Frauenkirche, gut und schön. Auch wenn sie mein Herz nicht höher schlagen lässt. Ein Backsteinmonstrum, der Platz drum herum lieblos, öde. Man muss nur an eine Backsteinkirche in Venedig denken, die Frari-Kirche! Santi Giovanni e Paolo! Ebenso groß, wenn nicht größer, inmitten eines Gassengewimmels, bis unter die Dächer voll mit Schätzen ersten Ranges. Aber hier? Nackte Wände, geheimnisloses Licht. Bisher war jeder Tourist enttäuscht.»

«Wer war ein Depp?», fragte Frau Silberstein.

«Alle. Schauen Sie doch», die Krücke deutete hoch hinauf, «die berühmten Turmhauben.»

Ein Ehepaar war stehen geblieben und folgte der Blickrichtung und den Worten. «Halbrunde Zwiebelhauben. Wie zwei Brüste, wird gerne gesagt, eben Frauenkirche. Aber das sind keine Brüste. Die Hauben mitsamt den Türmen darunter sind – das sieht man doch – ein Doppelphallus! Über München, und bei klarem Wetter übers halbe Oberland, ragen zwei Penisse auf. Wo soll da Brust sein? Penis mit Eichel.» Unter Frauen konnte man sich offen äußern. «Ob die gotische Dombauhütte das extra gemacht hat?»

«Das wäre phallozentrisch hoch zwei», stellte Ortrud Vandervelt fest, und man spürte, wie ihr die patriarchale Turmdeutung tiefstes Unbehagen bereitete, sie diese nun aber nie wieder vergessen würde.

«Umbauen können wir da nichts mehr», merkte die Stadträtin an, die skeptisch zur Kathedrale blickte.

Das Paar, das gelauscht hatte, entfernte sich irritiert.

«Ja, zwei Penisse über München, seit Jahrhunderten. Passt ja auch zur Frauenkirche. Irgendwie. Mia san halt mia, immer etwas Besonderes.»

Im Weitergehen lag auf dem Gesicht von Ortrud Vandervelt ein Ausdruck wie *Abreißen*. Die Damen ließen rechter Hand die bunt aufgehübschten Schutzwände um die neue S-Bahn-Baustelle hinter sich. Nach jahrelangen Debatten wurde eine zweite unterirdische Linie in Angriff genommen, ein neues Tunnelsystem, das sich quer durch die gesamte Stadt ziehen würde. Ein Milliarden-Unterfangen. Bisher war es nur zu Protesten, gerichtlichen Eingaben gekommen. Tumulte und Handgreiflichkeiten waren noch ausgeblieben. Es handelte sich um das üblich gewordene Phänomen. Bürger wollten bessere und schnellere Verbindungen, irgendetwas Neues am Ort. Wenn es mit dem Ausschachten, dem Krach, einem Projekt losging, wurden sie zu zornigen Zeitgenossen, die alles bequem erreichbar, aber nicht zu nah haben wollten, Veränderungen ohne Veränderungen. Die Politik war machtlos gegen den launigen Volkswillen und rettete sich ängstlich in Phrasen. *Das Gemeinwohl steht obenan ... Jede Meinung wird gehört und nach Möglichkeit berücksichtigt.* Ein saturiertes, überfülltes Land bewegte sich nur mühsam, ja qualvoll. Die Flagge einer Baufirma auf einem Kran flatterte im Wind, hinter dem Sichtschutz lärmten Maschinen. Bauarbeiter von irgendwoher lotsten Lastwagen über das Gelände, luden Stahl von den Ladeflächen. Eine ganz eigene Welt in der Tiefe, Rotoren, wie Schiffsschrauben, bohrten im Schweinwerferlicht auch nachts haushohe Röhren durch Erdreich und Isarkiesel. In Containern am Stadtrand schliefen, aßen die Arbeiter aus Rumänien, Bulgarien, Moldawien. Über Jahre?

Krähen ließen sich nieder.

Neben der elegant ausschreitenden Schriftstellerin fühlte sich die Stadträtin in ihrem Mantel immer unwohler. Im abgewetzten Braun wurde sie noch unscheinbarer. Der Knausrigkeit musste sie entgegensteuern. Ein Mantel in Bleu. Gäste einladen, für alle kochen, es sich gemeinsam gut gehen lassen. Gehalt und Wohnung ließen das zu. Die durfte nicht zur Gruft werden.

Therese Flößer winkte mit der freien Hand einem munteren Säugling in seiner Karre zu. Die junge Mutter schien die Geste für übergriffig zu halten, blickte grimmig. Kinder waren unantastbare Schätze, die, vielleicht sogar bis nach der Schulzeit, unablässige Zuwendung, Obacht und Beschirmung brauchten. Dann lächelte die Mama geradezu erhaben. Sie fuhr Nachwuchs spazieren, der dermaleinst prominent, ein Star werden konnte; die Humpelnde hatte womöglich kein Kind und verebbte im Nirwana. Die Rangfrage schien geklärt.

Den Münchner Abfalltonnen da und dort fehlten Öffnungen für Zigarettenasche und Kippen, sie waren ein billigeres Modell als in Zürich oder in polnischen Innenstädten, wohin europäische Fördermittel flossen.

Auf alles sank, laut Hörensagen, der Feinstaub.

Ins Abseits

Das Zwielicht dunkelte.

Sie überquerten die Trambahngleise, die im Bogen durch die Fußgängerzone verliefen.

Gefährlich. War man unachtsam, konnte man zwischen zwei wild klingelnde Straßenbahnen geraten.

Drei schöne und eindeutig orientalische Kellner mit schwarzem Lockenhaar und dem Logo der Franziskaner-Gaststätte auf dem Brustlatz ihrer Krachledernen lehnten für ein gemeinsames und wohl rasches Bier an der Hauswand. Dem Trio gäbe man gerne Trinkgeld.

Ruckartig zog Therese Flößer den Gummipropf ihrer Krücke aus einer Schiene. Der Gedanke war wirr, noch ohne Anlass. Was wäre, wenn die Chose mit dem Ortstermin verhängnisvoll endete? Nicht nur mit einem Unglück. – Sondern mit einem Mord. Solche Bluttaten brachen unversehens herein. Ursachen gab es mitunter mehr als genug. – Solange sie nicht das Opfer wäre. Später aber als Zeugin aussagen konnte. Auch dadurch ein Einschnitt ins Leben. Sie verscheuchte die kranke Vorstellung. Mord am Königsplatz.

«Und der Oberbürgermeister kommt auch?», fragte sie, umgewandt.

«Der wird auf dem Laufenden gehalten.»

«Und der Experte?»

«Stößt noch dazu.»

Die Fassade des ehemaligen Theatinerklosters erstreckte sich gelb und schön.

«Stimmt es, dass Johannes Brahms ihn oft besuchte und beide eine Oper planten? Brahms die Musik, von Heyse der Text?», erkundigte sich die Stadträtin.

«Wer besuchte ihn nicht? Theodor Fontane. Adolf Menzel, Nachbar Franz von Lenbach. Komponisten, Sängerinnen, Schauspieler. Wir nun auch», freute sich Therese Flößer. «Sein Haus, ein Nabel der geistigen Welt. München wäre fad ohne ihn geblieben. Er mischte die Bierbrauer und Ackerbürger auf. Sein Vermächtnis ist gewaltig. Und ein Auftrag für uns.»

Die Stadträtin nickte zufrieden. Der Lobpreis lieferte Argumente, um den Stadtkämmerer so lange in die Zange zu nehmen, bis er die Millionen lockermachte. Ein Nabel der Welt durfte einiges kosten. Kulturelle Investitionen lohnten sich immer. Erstens für das Gemüt und die Intelligenz der Menschen. Zweitens für den Lebensstil der Stadt, für ihr Renommee, das nicht von selbst frisch blieb oder wuchs. Auch jede Mindermetropole setzte auf spektakuläre Kulturprojekte, am besten von einem der drei, vier Stararchitekten entworfen, die weltweit im Rennen waren: das gezackte Museum von Bilbao, der neue Louvre bei den Ölscheichs, das imposante Weltkriegsmuseum in Danzig. Gegen die über dem Wasser schwebende Elbphilharmonie in Hamburg, die offenbar jahrweise ausgebucht war, hatte München nichts ins Feld zu führen. Den neuen Schuhkarton für Konzerte, der in einem Industriegebiet geplant war, könnten Touristen mit einem Baumarkt verwechseln. Touristen! Übernachtungen. Blühende Gastronomie. Anschwellende Gewerbesteuer, die zum Kämmerer zurückflösse. Nichts im Lande hatte Kulturbanausen so dauerhaft und wundervoll verunsichert wie die nutzlos herrlichen Schlösser

Ludwigs II. Ehedem hatten Neuschwanstein und Herrenchiem-see den Staat an den Rand des Bankrotts manövriert, Minister an Pläne zur Vergiftung oder zum Ertränken des Märchenkönigs gewöhnt – mit tränendem Auge –, nun schenkten Fantasie, ja Irr-sinn des splendiden Monarchen dem Freistaat jährlich Schätze. Wer klein dachte, kam im Kleinen um. Das konnte und durfte nicht die Richtschnur sein. Lieber auf den Putz hauen und Gold-staub aufwirbeln. Nicht the talk of the town, sondern the talk of everybody sein. München!

«Ich kenne keine Oper von Brahms», maulte in der Mitte die Schriftstellerin, «und das wäre was geworden! Tragische Ouvertüre, tragische Arie, schwermütiges Ballett. Und der Text von Heyse? ... mit Herz und Schmerz, doch kühn voran ... Gut, dass manches nicht entstand.»

«Aber Gedichte von Paul Heyse hat Brahms vertont. Roman-tische Klassiker. Werden überall gesungen», entgegnete Therese Flößer, «erst neulich von der Netrebko im Herkulessaal, sofort aus-verkauft. Kam noch über eine Freundin rein. Heyse und Brahms. Klang und Worte kennt irgendwie jeder, der mal Musik hört –» Mit Krücke in der Linken und prallem Rucksack blieb die Bayerin vor der Klosterfassade stehen:

«Waldesnacht, du wunderkühle,
Die ich tausend Male grüß',
Nach dem lauten Weltgewühle
O wie ist dein Rauschen süß!

Singen kann ich natürlich nicht, schon gar nicht wie die Ne-trebko ...

Träumerisch die müden Glieder
Berg' ich weich ins Moos,
Und mir ist, als würd' ich wieder
All der irren Qualen los.»

«O wie schön», staunte die Stadträtin, «wie anrührend. Solche Sprache hört man heut gar nicht mehr.»
«Weil sie von früher ist.» Ortrud Vandervelt blieb verstimmt.
«Und wie wahr ... die irren Qualen ... Und es ist von Heyse? Und Brahms?»

«Fernes Flötenlied, vertöne,
Das ein weites Sehnen rührt,
Die Gedanken in die schöne,
Ach! mißgönnte Ferne führt.
Laß die Waldesnacht mich wiegen,
Stillen jede Pein!
Und ein seliges Genügen
Saug' ich mit den Düften ein.

In den heimlichen engen Kreisen
Wird dir wohl, du wildes Herz,
Und ein Friede schwebt mit leisen
Flügelschlägen niederwärts.
Singet, holde Vögellieder,
Mich in Schlummer sacht!
Irre Qualen, lös't euch wieder;
Wildes Herz, nun gute Nacht!»

Eine Dame mit einem Pudel applaudierte.

«Therese kann das ganze Rheingold-Libretto auswendig», erklärte Ortrud Vandervelt der äußerst verblüfften Stadträtin, «und Orffs Carmina Burana, Latein.»

«O Fortuna, Velut luna. Heimisches Liedgut», erklärte die Bayerin, «spiele ja auch selbst Harfe und summ dazu.»

«Ach?»

«So ist sie», ergänzte die Vandervelt, «weiß jeder, der mit der Theres zu tun hat.»

«Ich glaube, *Waldesnacht* wurde sechzehn oder vierundzwanzig Mal vertont», erklärte Flößer, «natürlich nicht immer von Brahms. Ein Dauerbrenner.»

«Fernes Flötenlied vertöne …», mit entzücktem Gesicht und einem Kopfschütteln ließ sich die Dame, die gelauscht hatte, von ihrem Pudel weiterziehen, «wildes Herz, ja, ja, stille jede Pein.»

Man blickte ihr und noch mehr ihrem tellerartigen Hut nach. Welches Schicksal, welche Lebensgeschichte waren hier soeben zugegen gewesen? Eine Diva von ehedem, eine greise femme fatale? Eine bedrängte, eine ermüdete Seele? Und es gab ja auch immer mehr einsame Menschen, die mit sich selbst sprachen.

«Sie hat sich jetzt gefreut», bemerkte Antonia Silberstein.

«Durch Heyse.» Die Bibliothekarin zuckte die Achseln.

«Und durch Sie.»

«Wollen wir heute noch ankommen?», fragte Ortrud Vandervelt. Dass die schmale, zierliche Literaturpreisträgerin von 2014 verwitwet war und ein Kind großgezogen hatte, verwunderte fast. Sie wirkte mondän, wenn auch ihr Gesicht immer wieder, vielleicht schon seit Mädchenzeiten, einen Anflug von Trauer zeigte. Sie galt als ernst zu nehmende Stimme der deutschsprachigen Literatur, und es war richtig, sie zum Termin gebeten zu haben.

Drei deutsche Frauen auf dem Weg zur Arbeit.

Das war schön.

Vor ihnen öffnete sich der Odeonsplatz mit seiner prächtig klassizistischen Bebauung, ehemaligen Palais, nun Ministerien. Das Café Tambosi am Zugang zum Hofgarten. Der Verkehr der Ludwigstraße floss dem Siegestor entgegen, von dessen schlicht rekonstruiertem Bogen Kupferlettern verkündeten: DEM SIEG GEWEIHT VOM KRIEG ZERSTÖRT ZUM FRIEDEN MAHNEND.

Wer nun was exakt wahrnahm, war wohl nicht entscheidend.

Über Antonia Silberstein erhoben sich in der Feldherrnhalle bronzene, bayerische Heerführer auf ihren Sockeln. Johann T'Serclaes von Tilly, der gebürtige Flame in der Mitte, hatte im Dreißigjährigen Krieg das protestantische Magdeburg eingeäschert, eine der blutigsten Katastrophen. Fürst von Wrede, ihm zur Seite, war auch als Statue nur eine Notlösung. Die meisten bayerischen Generäle hatten im Laufe der Jahrhunderte fast jedes Gefecht verloren – was natürlich auf ihren mangelnden Militarismus schließen lassen konnte –, und Wrede mit seinen Truppen war 1813 nach der Völkerschlacht von Leipzig sogar von den fliehenden Franzosen Napoleons überrannt und besiegt worden. Trotz dieses Fiaskos ersetzte der Fürst auf dem folgenden Wiener Kongress den versierten, aber offenbar zu liberalen Minister Montgelas – der Bayern die freiheitlichste Verfassung Europas gegeben hatte –, und wurde in Wien wegen seiner Tollpatschigkeit berüchtigt. Eine lange, tiefe, in viele Richtungen weiter wirkende Geschichte. Denn was Geschichte war, hört nie auf.

Leicht seitlich versetzt, krönte die Feldherrnhalle den Platz und die Prachtstraße davor. Da diese Loggia mit ihren Statuen aus irgendwelchen architektonischen Zwängen nicht mittig erbaut worden war, anders als Monumente in Paris, wohnte dem aufwendigen Prunken etwas durchaus sympathisch Schiefes inne. Die steinernen Löwen neben den Stufen schlichen stolz, aber schräg dem entfernten Siegestor entgegen. Manche mochten dies als unfreiwilliges Symbol der bayerischen Geschichte deuten. Immerhin, es waren Löwen da.

Einige der überraschend vielen Bettler in der Stadt hatten unweit der Militärs zu Füßen der Theatinerkirche Posten bezogen. Die Rumänen, Bulgaren, Sinti?, Roma?, die sich für Almosen fast traditionsbewusst vor einem Gotteshaus niedergelassen hatten, ahnten nicht im Entferntesten, und warum sollten sie auch?, dass für das Begräbnis der ersten protestantischen Königin Bayerns, Therese – nach der immerhin die Theresienwiese mit dem Oktoberfest benannt worden war –, eine Bresche in die Mauern der Kirche geschlagen werden musste. Sogar als Tote hatte die Gattin König Ludwigs I. und Lutheranerin in ihrem Sarg und auf dem Weg zum Grabgelege der Wittelsbacher nicht das Portal der römisch-katholischen Kirche passieren dürfen. Anderthalb Jahrhunderte später war die Erzdiözese über jeden Gottesdienstbesucher froh.

Die drei Damen achteten kaum mehr auf die allgegenwärtigen Bettler, oft mit liebenswerten Hunden auf einer Pappe oder in einem Karton neben sich. Hier war, hieß es, Chemie im Einsatz. Die Hunde bekämen morgens oder zwischendurch Schlafmittel, eine Spritze, um nicht zu kläffen, keinen Radau zu machen, sondern struppig und mitleiderregend zu dösen und zu blinzeln. Überhaupt wirkte manches Betteln und Flehen nur mäßig herzanrührend. Der junge Mann mit dem Schild *Ich habe Hunger. Danke* hatte ein Sandwich neben sich liegen und wirkte sehr kräftig. Vielleicht hätte man ihm daheim oder hier eine Arbeit vermitteln können. Ein füllige Frau, die wahrscheinlich erheblich älter aussah, als sie war, erst dreißig?, hob die offene Hand und summte von früh bis spät eine Melodie, wobei sich nie ausschließen ließ, dass es sich um einen kaukasischen Schlager handelte, Küss mich, Schatz, sonst holt der Adler unsere Liebe ... Was wusste man? Wer ihr nichts gab, dem schien sie eine Verdammung hinterher zu munkeln; ein Herr fluchte zurück: «Selbst. Du mich auch.» Das Gros des Bettelwesens war in Verruf geraten, schien zu durchgeplant zu sein. Mit den Almosen kauften sich Chefs, die man nie sah, in Bukarest ihren dritten Mercedes. Das Nachsehen hatte ein Invalide mit roten, verkrusteten Beinstümpfen – vermutlich das wahre Opfer eines Krieges –, der eine Mütze vor sich liegen hatte. Doch ein wenig Geld hatte sich darin gesammelt. Welche Existenzen, Schicksale, an denen man, im Wechsel ergrimmt über manche Dreistigkeit und erschüttert über fremde Menschennot, vorbeiging. Wie konnte es hier auf dem Straßenpflaster offenbar immer noch besser sein als in unerträglichen Zuständen daheim?

Gut, wenn sie hier zumindest sicher lebten.

«Sollen wir abkürzen?»

«Wie denn? Über Ingolstadt? Dies ist der kürzeste Weg.»

«Gehen tut gut.»

Therese Flößer bekam ihre Zweifel, hielt aber tapfer durch.

«Der Mensch bleibt Nomade.»

«Alle Gebäude sind nur aufgeputzte Höhlen während der Wanderschaft, der einmaligen eines Lebens.»

«Wir leben jetzt und hier.»

«Auch das ist bemerkenswert. Wunderbar und erschreckend, nur in dieser Zeit, dann nicht mehr.»

«Man muss die Wunder genießen. Und das Schöne. Und die Begegnungen. Die Herausforderungen. Für die Nachwelt vieles meistern. Danach ist so was von Schluss.»

«Wie viel Mühe sich die Stadtgärtner gegeben haben. Schon die Tröge mit Stiefmütterchen bepflanzt.» Therese Flößer verharrte, auch um wegen ihres Fußgewichts Luft zu schnappen, vor der frischen Bepflanzung eines Metallkübels im Laternenlicht. «Auch diese kleinen Taten, alles ein wenig reizender zu machen, sollte man wertschätzen. Viel mehr wertschätzen. Statt einander oder uns auszurauben, totzuschlagen, schmücken fremde Hände unseren Weg mit Blümchen. Was für eine stille Übereinkunft, Zivilisation, den Lebenspfad auch anderer, denen man wahrscheinlich nie begegnen wird, angenehmer zu machen und zu dekorieren. Schaut, dort kommen die Osterglocken. Wer hat sie für mich gepflanzt? Dieser Blumentrog hier mitten im All rührt mich fast zu Tränen. Und wir sollten dankbarer sein. Für alles. Wir leben. Gott sei Dank werden wir im Tod nichts mehr wissen.»

Man merkte, dass die Angestellte des Literaturarchivs viel mit Poesie zu tun hatte. Das war ein Gewinn.

«Ja, man müsste demütiger sein.»

«Nicht passiver, aber demütiger.»

«Alle Welt rafft nur, will nur. Unruhe, Zerrissenheit sind der erste Tribut dafür. Die Welt wird aus Habgier verglühen. Und in Ewigkeit und in den tiefsten Höllen gehören jene gepeitscht, die die Schöpfung vernichten.»

«Narzissen mit roten Tulpen hab ich am liebsten.»

«Rosen. Falls unsereins welche geschenkt bekäme.»

«Bananenblüten sind in Mode. Aber auch ziemlich obszön.»

«Ich freunde mich wieder mit der verpönten Nelke an. Die alten Niederländer haben die herrlichsten Nelken gemalt.»

«Und Tulpen.»

«Das ist doch klar.»

Der Trog mit den Stiefmütterchen, den Vorboten üppigerer Blumengeschwister, strahlender Kelche lag bereits hinter ihnen. Im Sommer würden hier Farne gepflanzt sein, Blüten von Fuchsien und Exotisches über die Bottichränder fließen. Die Verwaltung tat ihr Mögliches, um mit einem Bruchteil der Steuergelder kleine bunte und abwechslungsreiche Freude in die Stadt zu tupfen.

Der Föhnwind war weiter abgeflaut.

Angesichts von Radfahrern hätte man als Einzelner, womöglich mitsamt Rollator, Slalom springen oder steuern müssen. Aber in eine Dreiergruppe wagten einige Behelmte dann doch nicht, hineinzufahren. Und es war auch Obacht wegen der Segways geboten. Fast lautlos näherten sich die Stehroller und oft in Kolonne. Ein Lenkerende streifte beinahe Antonia Silberstein. Sie wich einen Schritt zur Seite. Rundum eine Hast, wahrscheinlich von Nullität zu Nullität. Es gab viele Gründe, Menschen zu verabscheuen.

Alte Prunklaternen.

Die Damen bogen in die Brienner Straße ein.

Alter und neuer Luxus blickten sich quer über die Fahrbahn an. Im Stammgeschäft für Nymphenburger Porzellan drehten und wendeten sich die berühmten Figuren der Commedia dell'Arte, verneigten sich voreinander, warfen sich Kusshand zu, schienen ein Liebesabenteuer riskieren zu wollen, Columbine lüftete ihre Maske, Scaramouche wagte einen Tanzschritt, Leda winkte Adieu. Der Dottore in gestreiftem Gewand und mit großem Hut brüstete sich. Auf der gegenüberliegenden Straßenseite drehten sich in der Filiale in bester Lage Mercedes-Modelle langsam auf glitzernden Podesten. Die Delikatesse der Rokoko-Komödianten verkaufte sich, wie man hörte, zunehmend schlecht. Für die Limousinen schien es ähnlich zu werden.

Kein Streusplitt mehr vom letzten Wintereinbruch.

Nur noch die Vorratskästen vor einer Hauswand.

Die drei hielten den Atem an. Womöglich nicht nur sie. Jeder, der das Unheil kommen sah, der keinen Warnruf mehr herausbrachte. Es musste einmal geschehen, geschah gewiss öfter, als man es selbst erlebte. Ein junger Mann im Anzug hatte die Damen seitlich überholt, schaute, tippte auf sein Handy. Der Mann, der ihm entgegenkam, der fast sein Zwilling hätte sein können, tippte, schaute aufs Display … deswegen prallten die beiden Eiligen nicht Brust gegen Brust aufeinander, sondern Phone auf Phone, wobei es zuerst nicht krachte, allerdings eine Sekunde später, als das Gerät des ersten Zwillings aufs Pflaster fiel, nicht nur das, es musste eine dieser weichen Schutzhüllen haben, wodurch es wohl heil blieb, aber minimal vom Boden aufsprang, der Besitzer erwischte es nicht, tat einen hastigen Schritt, das Phone landete auf einem Gulligrill, wankte einen Moment – Herzen standen still – und ward nicht mehr gesehen, fort in die Tiefe. Welten stürzten zusammen, zumindest eine. Im eng geschnittenen, petrolfarbenen Anzug starrte der Zwilling hinab, stürzte auf die Knie, die Hände reichten kaum in den Abfluss. Wer zugegen war, wich einen Schritt zurück. Wahrscheinlich waren Billigtarife an allerlei Katastrophen mit schuld. Der andere Zwilling schien helfen oder weglaufen zu wollen. «Alles … alles!», schrie das Hauptopfer auf, stierte um sich, starrte ins Loch, «die Kontakte … die PINs! … der Chef … Melanie … die Bali-Buchung …» Man blickte den, nun ja, Täter an, «kann ich? … darf ich? …», brachte der hervor, Schweiß stand ihm auf der Stirn, er hielt schützend sein Handy umklammert. Eigentlich hätte man weitergehen müssen, es war der reine Voyeurismus. Beide jungen Geschäftsleute, das waren sie wohl, erinnerten an den schlanken, smarten, österreichischen Bundeskanzler Sebastian Kurz. «Bali! … E-Ticket.» Da war wohl nichts mehr zu machen. «Wenn ich vielleicht …?» Was wollte der zweite Zwilling wohl ausrichten? Seine Geheimzahlen und Codes ausleihen? Wie betrunken waren sie aufeinander zugelaufen. «Ja, das ist bedauerlich», erklärte er aufrichtig, ließ schnell sein Handy in der Jacketttasche verschwinden. «Ja, das ist bedauerlich!» Der andere blickte vom Gulli hoch. Das attraktive Gesicht war verzerrt, Tränen begannen zu rinnen, der Kniende schluchzte.

Es wäre schön gewesen, wenn beide sich als Brüder im Unglück, die nach einem Ausweg suchen würden, bei zwei, drei Flaschen in der nahen Pfälzer Weinstube in die Arme gesunken wären. Nichts da.

«Soll ich Ihnen meine Karte geben?»

«Wozu?»

«Eben. Dann, tja, alles Gute.»

Das klang unverfroren, war aber wohl nicht so gemeint. Zögerlich, vielleicht mit einem Anflug von Schuld und Sühne, entfernte sich der zweite Zwilling, versuchte, seine Haut zu retten, hinter der Straßenecke mochte er mit unerhörtem Schwung die Zeit zurückdrehen und sein Tippen, zunächst unendlich viel vorsichtiger, fortsetzen.

Wie leid tat einem der andere? Ziemlich. Sehr.

Er erhob sich, stand gebeugt, klopfte sich nicht die Knie ab.

Es gibt ein neues Handy. Das durfte man auch nicht einfach so sagen.

Wie ins Mark getroffen, schlurfte der schöne Mann davon. Gleichsam nackt, ohne jeden Kontakt zur Außenwelt, mittellos, ein armer Hund, der nichts mehr seines Innenlebens erreichte. Mit Kopf, aber geköpft.

Nun hatte sich das Phone in finsterer Tiefe bereits vollgesogen.

Jeder Augenzeuge nahm sich vor, bestens auf sein Zubehör aufzupassen.

Die Petrolfarbe verschwand in der Menge.

Ein Leben weniger, auf unbestimmte Zeit.

Hatte er nichts in der Cloud gespeichert?

Die Stadtbaurätin wusste nicht, ob es passend war. Aber sie bot ihren Begleiterinnen Gummibärchen an. Sie griffen zu.

«Von wann bis wann genau?», fragte Antonia Silberstein.

«Paul Heyse? Ziemlich einfach zu merken», antwortete an Ortrud Vandervelt vorbei die Bibliothekarin: «1830 bis April 1914, geboren in Berlin.»

«Das weiß ich.» Die Stadträtin nickte. «Über anderes will, muss ich mich ja informieren. Vor dem großen Startschuss.»

«Rohrkrepierer», kam es knapp von der Schriftstellerin in der Mitte.

Natürlich war es unbequem, sich zu dritt im Gehen zu unterhalten. Aber manchmal reichte es, beim Sprechen den Kopf ein wenig vorzurecken, bisweilen waren sie auch stehen geblieben, hatten dabei den Fußweg blockiert. Doch nicht immer konnte man sich die Lage, in der man sich befand, aussuchen. Ohne den orthopädischen Fußschutz der Skifahrerin wäre man gewiss schon weiter gewesen.

«Hast du nur eine Krücke?» Die Frage beschäftigte Ortrud Vandervelt schon länger.

«Die andere ist in der S-Bahn liegen geblieben. Gestern. Bin an die Dinger nicht gewöhnt.»

«Meine Güte.» Das Humpeln bekam einen tragischen Akzent mehr.

«Ein langes Leben. Vierundachtzig Jahre. Und wie ideal, vor dem Ersten Weltkrieg gestorben zu sein.» Die Stadträtin blieb bei der Sache. «Er musste den Untergang Europas nicht miterleben. Er konnte denken, Europa ist reich, mächtig, es kann sich allen friedlichen Entwicklungen widmen. Der Hygiene, der Psychoanalyse, der Ausschmückung. Ich möchte auch vor dem Ersten Weltkrieg gestorben sein, mit den Kurbädern, den schönen Hüten.»

«Er selbst» – Therese Flößer nickte konzentriert – «wurde schon früh als ein Kind des Glücks bezeichnet. Sein geselliges Wesen, Erfolg und ein langes Leben, all das trug vielleicht dazu bei, dass Theodor Fontane, sein Freund aus Berliner Tagen, nicht ohne Eifersucht vom Heyse'schen Zeitalter sprach.»

«Heyse'sches Zeitalter. Donnerwetter. Nie gehört.»

«Ist aber so, Frau Silberstein. Was vergessen ist, hat es trotzdem gegeben.»

«Eine Epoche, die von München ausging. Fabelhaft. Und wir werden erst jetzt aktiv? Eine Schande.»

«Ohne ihn wäre hier noch lange oder für immer eine geistige Brache gewesen. Architektur, Musik, ja, die gab es hier. Aber der freie kulturelle Austausch fehlte, das geistige Gespräch, er lockte Besucher von nah und fern nach München, im Heyse'schen Zeitalter erwachte die Stadt. Sie wurde zu einem Nabel des schöngeistigen Lebens, inspirierte ganz Deutschland, Teile Europas.»

«Jetzt reicht's aber bald!», fuhr aus der Mitte Ortrud Vandervelt dazwischen. «Ich bin nicht ganz ungebildet. Aber den Namen Paul Heyse habe ich die ersten fünfzig Jahre meines Lebens nie gehört. Ja, sein scheußlicher Bahnhofstunnel … Und nun soll es seine europäische Epoche gegeben haben! Welche Gehirnwäsche findet hier statt? Wer bezahlt euch?», fragte sie nach links und rechts.

«Er war ein Genie der Geselligkeit», reagierte Therese Flößer und blieb stehen, «in der Geselligkeit formt sich der Mensch. Und in seinem Hause führte er viele zusammen, die Maler Adolf Menzel, Arnold Böcklin, Franz von Lenbach, Italiener, Franzosen, er machte Dostojewski in Deutschland bekannt. Und Brahms kam wegen einer Oper. – Zieh das mal aus dem Rucksack», Therese Flößer wandte sich mit ihrem Gepäckstück der Freundin zu, «da ist an der Seite ein Reißverschluss.»

Ortrud Vandervelt schaute, öffnete, zog heraus: «Ein Buch. Viele Bücher.»

«Nur Bücher, für heute Abend. Und meine Wasserflasche. Gib oamoi her.»

Die Schriftstellerin reichte der Angestellten des städtischen Literaturarchivs den Band. Die blätterte trotz der Gehhilfe am Arm geschickt zu einer der Seiten vor, die mit Papierstreifen markiert waren. «Also, Fontane schreibt über Heyse: *Er ist in der That ein Liebling der Grazien, sein ganzes Wesen ist Reiz, wenn er spricht ist mirs als würden reizende Nippsachen von Gold und auch von Bronze, aber alle gleich zierlich gearbeitet, über den Tisch geschüttet. Man sieht hin, das Auge lacht über die bunten Farben und schönen Formen, und ein unwillkürliches Ah! ringt sich von der Lippe.*»

Sie prüfte die Wirkung ihres Zitats. Die Stadträtin war begeistert: «Eine UNESCO der Völkerverständigung.» Mit ihrem kritischen Wesen schien die Schriftstellerin in der Bredouille zu sein. Sie schürzte die Lippen. «Theodor Fontane schreibt natürlich großartig. – Aber da kommen *Nippsachen* vor. – Herr Paul Heyse sprach sozusagen Nippsachen.»

«Aus Gold.»

«Und aus Bronze.»

«Das ist egal, Ortrud-Karen. Wer ist schon unaufhörlich weise und profund. Eine grässliche Vorstellung. Immer dies Gemäkel. Heyse'sches Zeitalter! Es gehört verändert wiedererweckt. Freier Weltaustausch in München! Im Übrigen ist es auch wurscht, ob in seinem Haus stets auf höchstem Niveau parliert wurde. Immerhin sagte man dort dauernd Ah! – Er war zuerst Dichter. Wer einhundertachtzig Novellen verfasst hat, acht mehrbändige Romane, Gedichte, wer als Übersetzer italienische und spanische Dichtung in Deutschland heimischer gemacht hat, wer Dostojewski für uns entdeckte und sich mit Gott und der Welt, mit Theodor Storm, Gottfried Keller, mit Eduard Mörike, Fontane, Briefe schrieb, Tausende, der erschafft wie von selbst das Heyse'sche Zeitalter.»

«Materialschlacht», befand die Norddeutsche, «wenn ich dreißigtausend Steine zusammenkarre, hab ich noch nicht die Sainte-Chapelle erbaut.»

«Ich lese das nicht alles», bemerkte die Stadträtin vorsichtig, «aber es kommt ja noch ein Kenner.» Sie schaute auf ihr Handy, keine Nachricht von ihm oder von irgendwem. Das war ungewöhnlich.

«Überhaupt so eine obskure Ära», dachte Ortrud Vandervelt laut nach, «kulturell, literarisch, die zweite Hälfte des 19. Jahrhunderts. Die Wirtschaft brummte, Kriege, die deutschen Kleinstaaten wurden zum protzigen Kaiserreich. Die anderen Kulturen brachten bereits Charles Dickens, bald Gustave Flaubert, Lew Tolstoi … Dostojewski hervor … ewige Klassiker. Und hier – gewiss Fontane, ein paar feine andere … und Paul Heyse, den keiner mehr liest.»

«Man muss mit dem Pfund wuchern, das man hat.»

«Hierzulande schien durch Goethe schon alles gesagt zu sein, und zwar vollendet», wusste Therese Flößer. «Die Gehirne waren matt. Heinrich von Kleist und Georg Büchner waren noch nicht entdeckt. Nur noch Heinrich Heine regte sich unverwüstlich über die Welt, die Poesie und alles auf. Umso schöner, dass Paul Heyse unbeirrt weiterschrieb. Einer musste ja schreiben, und die Sprache, das Denken und die Gefühle am Leben erhalten. Auch darin war er ganz Idealist. Wo wenig blüht, blühe wenigstens ich.»

«Ich gehe nach Hause.» Ortrud Vandervelt schien kehrtmachen zu wollen. «Das ist mir alles zu blöd. Zu wirr. Zu abseitig …»

«Abseits schlummert das Interessanteste. Man erfährt, falls man das mag, Neues.»

«Und zu niederträchtig.»

«Niederträchtig?», fragte die Stadträtin.

«Ich werde hier für etwas eingespannt, das ich nicht will. Ich will mich nicht Paul Heyse und was hinter ihm stecken mag, opfern. Ich habe selbst zu schreiben. Und die Zeit ist immer knapp.»

«Ihr Name könnte auf der Bronzetafel mit den Gründern des Paul-Heyse-Zentrums stehen. Ein Stück Ewigkeit, Frau Vandervelt.»

Die Anmerkung der Stadträtin war geschickt. Die nicht durchwegs erfolgreiche Schriftstellerin schloss sich wieder an.

«Alles so improvisiert. Und abseitig», murmelte sie noch.

«Aber das ist doch das Reizvolle.»

«Man weiß nicht, wo's hingeht.»

«Doch, doch. Luisenstraße.»

«Ich bin die Einzige mit klarem Verstand.»

«Das ist auch eine Last.»

Das Buch war wieder im Sack. «Auswendiglernen beugt der Demenz vor.» Munter ließ die Berchtesgadenerin hören:

> «Immer wenn ich euch begegnet
> Zwischen Felsen, im Gebüsch,
> Ist die Stunde mir gesegnet
> Und die Laune leicht und frisch.
>
> Sonnenschein, oh Herr und König,
> Nimm dich unser gnädig an,
> Wenn man uns auch herzlich wenig
> Hier auf Erden brauchen kann.»

Das Dämmerlicht war zu Abend geworden. Auf den Straßen nur Stau. Leise wummerten Motoren, ab und zu ein geräuschloser Wagen dazwischen. Taxifahrer mit ihren Kunden im Fond harrten zwischen Autos aus München, aus Italien und mit dem SK der Slowakei aus. Fußgängerströme in Richtung der Oper und der Theater der Innenstadt verdichteten sich. Viele kehrten für einen Imbiss und ein Glas Wein vor den Vorstellungen in Bistros, in die Gaststätten der großen Brauereien Spaten, Franziskaner, Augustiner ein. Von alters her hatten sie die Gastronomie der Stadt weithin unter sich aufgeteilt. Andere Theaterbesucher schlenderten noch durch die Einkaufspassagen, verspürten plötzlich den Impuls, einen Brotkorb aus Edelmetall, eine ausgestellte Strickjacke mit Schlaufenkragen zu kaufen, gaben ihm dann doch nicht nach und genossen das Gefühl, einer Versuchung widerstanden zu haben. Durch die große Buchhandlung mit dem ausgemalten Deckengewölbe schlenderte Kundschaft, Leute, die sich die Zeit vertrieben, blätterten in Bildbänden über Siena, über die letzten Baumhäuser in Amazonien, griffen nach den Bestsellern der Saison, kauften eine gerade gepriesene amerikanische Autorin für den Osterurlaub, wunderten sich ein bisschen, was in einer Buchhandlung noch alles zu haben war, Plüschhühnchen mit Brille, Tassen, kleine hölzerne Steckspiele für daheim oder Langstreckenflüge, Ostereier mit Zitaten von Rilke und Agatha Christie, *Du musst dein Leben ändern* und *I shot at first*. Aus der Anzahl und Vielfalt der Kochbücher zu schließen, *Desserts der Touraine, Japanisches für den Single* – auch *Bayern deftig* – und *In den Töpfen Gibraltars*, mussten in deutschen Küchen die Leckerbissen sämtlicher Zeitalter und Zonen köcheln, garen, schmoren und verspeist werden. Die Geschenkbücher blieben oft ungenutzt und wie eine Anklage, niemals eine Romanesco-Schaum-Suppe mit Dattelspeck zu wagen, auf den Küchenschränken stehen. Es schwante vielen, dass bei so viel Wohlleben und Angebot irgendwann eine, wahrscheinlich allgemeine, Rechnung zu bezahlen wäre – der Zusammenbruch von allem, mit Chaos und Not –, und es erstaunlich war, dass Lichter bisher noch nicht ausgegangen waren. Die Fettlebe mit kleinen, alltäglichen Abstrichen – prophylaktische Sparsamkeit zum Monatsende – wälzte sich gemeinhin fort. – Bibel, Koran, illustrierte Bände mit fernöstlichen Weisheiten – natürlich. Zwischen alldem war es vor Gott und der Welt und sich selbst, den Kindern, das Beste, einfach ein anständiger, möglichst freundlicher, offener Mensch zu bleiben, für den innere Würde und behutsamer Umgang miteinander das höchste Gut blieben. Sich von allem anspülen und von nichts zerreiben zu lassen.

In der Oper hatten Bernd Alois Zimmermanns *Soldaten* Premiere, wegen der allein hundert Instrumentalisten schwer zu besetzen, selten aufgeführt, erschütterndste Klänge, längst ausverkauft.

In den Kammerspielen wurden kaum mehr Theaterstücke gespielt, kein Sophokles, Lessing, nicht Schillers *Kabale und Liebe*, kaum mehr Shakespeare, kein Grillparzer, Strindberg, Tschechow, selten Gerhart Hauptmann, keine Marieluise Fleißer, nicht Max Frischs *Biedermann und die Brandstifter*, Botho Strauß und seine Seelenkomödien oder die einst gefeierten Gesellschaftskritiken ostdeutscher Dramatiker; Heiner Müllers Szenenkatarakt *Germania Tod in Berlin* mit Clowns, einem von Hitler geschwängerten Goebbels, Napoleon und Caesar in Stalingrad mochte Regie-Aktivisten und Illusionszertrümmerer noch reizen ... Theaterstücke mit ihren klaren Abläufen, festem Personal, anschaulichen Charakteren schienen nicht mehr zu genügen, um die Explosion von konfuser Gegenwart zu erfassen, zu vermitteln und menschheitliche Ziele zu formulieren. Auf der Bühne herrschte die Performance, oft allabendlich variiert, psychische und gesellschaftliche Notlagen, Schreie, Container und Stacheldraht als Bühnenbild, blutige Hemden, vorzugsweise Wehrmachtshelme, Schauspieler, die aus Wälzbewegungen manchmal schwer verständlich *Gebt mir! – Lasst! – Habt acht im Mond!* schluchzten. Oder sich heiser brüllten.

Mancher frühere Abonnent der ebenso ehrwürdigen wie verzweifelten dramatischen Kunst blieb zu Hause nun länger vor Videoclips im Internet sitzen.

Unter dem Runddach des Diana-Tempels im Hofgarten versammelte sich wie jede Woche eine Münchner Tango-Gruppe, stellte ihre Bandoneonmusik an und begann, die heiklen Viererschritte mit gelaufener Linksdrehung zu tanzen. Auch das Zuschauen war ein Genuss, die Herrn strafften sich, die Röcke wehten, Spaziergänger blieben stehen und applaudierten.

Im dunklen Gewölbe unter dem Grabmal des Unbekannten Soldaten vor der Staatskanzlei – um gut einhundert Quadratmeter weitläufiger als das Weiße Haus, ein wahres Kuriosum – küssten sich Schüler auf Klassenfahrt.

Ein Boulespieler vor den Arkaden traf die Zielkugel.

Unter der Erdoberfläche wurde die S-Bahn-Röhre gebohrt.

Eine alleinziehende Mutter in ihrer Wohnung am Stadtrand legte ihr Portemonnaie beiseite und sagte ihren beiden Kindern am Küchentisch: «Warum wollt ihr schon wieder zu den Orang-Utans in den Zoo? Wir spielen einfach etwas zu Haus.»

Die Köche im Paulaner-Bräu auf dem Nockherberg bereiteten sich auf achthundert Tellergerichte pro Abend vor.

Eine Joggerin prüfte auf ihrem Armband den Puls. Der Energieverbrauch nach *2937 miles* betrug *774 joules*. Als Ernährungstipp kreuzten sich auf dem Display Karotte und Maiskolben, an anderen Abenden zwinkerte ein Blumenkohl.

Ein Herr, der am Spielplatz Kindern zugeschaut hatte, bekam nach einer Anzeige Besuch von der Polizei zu einem Gespräch.

Später Wind bewegte Geäst mit Knospen.

In einem Winkel ihrer Stube entdeckte eine Rentnerin neue Wollmäuse.

Bauten und Türme waren beleuchtet.

Die Wange war geschwollen. Sie glühte. Pochte. Den Schmerz ertrug er nicht länger. Schon halb besinnungslos machte sich ein Mann zum zahnärztlichen Notdienst auf. Sein Fahrrad schob er.

Die Glöckchen an den geschwungenen Dachetagen des Chinesischen Turms im Englischen Garten schimmerten golden über Biergartentischen und zwischen Kastanien.

Voran

«Was für ein Irrsinn.»

«Wieso?»

«Ich meine nur, ganz allgemein.»

«Das hilft uns auch nicht weiter.»

Im mattweißen Ambiente des Café Luitpold schwangen sich Kellner mit Patisserie oder geschichteter Prinzregententorte an den Säulen vorbei zu den gut besetzten Tischen. Die glasüberwölbte Theke wurde mit hausgemachten Pralinés und Luitpold-Konfitüren aufgefüllt. Damen mit Hüten neigten einander die Köpfe zu. Hinter den Caféhaustischen erahnte man den Kuppelsaal, in dem das Kulturprogramm des Traditionshauses stattfand, Philosophen wurden zum Zerfall fester Denksysteme befragt, Stadtplaner gaben Auskunft über die Entwicklung von Mega-Metropolen in den Schwellenländern – Frau Silberstein hatte selbst an einer Gesprächsrunde teilgenommen –, Minister versuchten, das unaufhörliche Reformieren von Bildungsreformen zu rechtfertigen, ein Büchner-Preisträger las und erläuterte seine Gedichte. Das Haus wollte anschließen an seine große Zeit, als Rainer Maria Rilke, Franziska von Reventlow, Wassily Kandinsky und Paul Klee hier einzeln oder im Austausch ihren Mokka mit einem Glas Wasser, ihren Likör genossen hatten. Vor dem Café Luitpold hatte kein repräsentatives Kaffeehaus in München existiert – Besucher aus Wien, Paris, Hannover waren entsetzt gewesen –, plötzlich, spät, um 1900, hatte das größte und prächtigste Café Deutschlands die Bohème, Bürger und königlich-bayerische Garnisonsoffiziere angelockt. Bei einem Bier, einer Schorle hatte man unbehelligt stundenlang unter dem Stuck verweilen können; ein Jahrhundert später beschlich einen allerorten das Gefühl, nach dem Verzehr doch bitte bald zahlen zu sollen und den Platz für die nächste Kundschaft zu räumen. Gaststätten suchte man unter einem gewissen Zwang auf, weiteren Umsatz nicht zu behindern. In einem Lokal sich in eine Zeitung, in Magazine, in ein Buch zu vertiefen – dazu gehörte Beharrungsvermögen.

Die drei Frauen verharrten im Fensterlicht. Sie hatten schon Lust einzukehren. Erste Abendimbisse wurden serviert, an himbeerfarbener Sauce drei Spargelstangen, zu dieser Jahreszeit gewiss aus beheizten Freilandbeeten. Doch solche Umweltsünde durfte man natürlich nicht unterstützen, allerdings bekam ein Herr gerade auch ein kleines Schnitzel mit etwas Kartoffelsalat serviert.

Ortrud Vandervelt rückte ihre wie gewickelt wirkende Mütze, ihren Topfturban, zurecht. Auf ihr rotes Haar fiel der Abendschein. Sie nutzte die Pause, um sich eine Zigarette anzuzünden. Im Fensterlicht passten der hellblaue Anorak und die grüne Thermohose von Therese Flößer nicht gut zusammen. Doch wegen ihrer Fußverletzung kam es der Bibliothekarin auf praktische Kleidung an. Die Freundinnen, wenn man sie so nennen wollte, nahmen irritiert wahr, wie die Stadträtin langsam ihren Arm ausstreckte und auf die Hand starrte. «Sie zittert nicht. Noch nicht. Ich muss das zwischendurch ausprobieren», sie räusperte sich, ihre Begleiterinnen schauten verlegen, auch ein Gast im Café hatte den Vorgang beobachtet und verharrte mit dem Glas an seinen Lippen. «Man wappnet sich gegen eine Krankheit, die vielleicht noch nicht da ist. Stattdessen ist schon eine andere nah am Ausbruch. Eine ganz übliche oder ganz seltene. Keiner stirbt gesund. Meine Güte, dann wird nichts mehr sein. Ich lebe jetzt schon recht bescheiden. Den Tod fürchte ich nicht, es gibt für ihn auch noch kein überdeutliches Anzeichen – bis auf die gelegentliche Müdigkeit, das Kopfweh dann und wann, Brustbeklemmung, ein Gefühl bei den Nieren, dieses diffuse Altern und Ermatten. Auch einer Krankheit stelle ich mich, notgedrungen, aber ich möchte doch wissen, welche es ist. Vielleicht. Im Grunde möchte ich gar nichts über meinen Körper wissen, er möge nur funktionieren, auf eine ganz schlichte Weise. Ich will ihm auch nichts tun.»

«Aber Sie gehen doch regelmäßig zum Arzt, Frau Silberstein?», fragte vorsichtig Therese Flößer. Die Stadträtin steckte tief in einer Materie, die sich wahrscheinlich nicht einfach zu Ende besprechen ließ.

«Natürlich. Aber wie kann mein Arzt erkennen, was noch nicht zu erkennen ist, aber einmal geschehen wird? Manchmal überspringe ich auch einen Termin, um mich frei dem Schicksal zu stellen. Wie oft machen Diagnosen kränker, als es sein müsste. Dann steckt man schon im Strudel der Medikamente und ihrer Nebenwirkungen. Ein Höllenkreis. Ich hoffe, die Selbstbeobachtung – das ist doch erlaubt – wird im Ruhestand nicht schlimmer.»

«Ja, das wäre zu hoffen», meinte Therese Flößer.

«Mit dem Ruhestand, dem Abspulen der Jahre werden die gefährlichen Anzeichen naturgemäß umso unausweichlicher.»

«Seien wir tapfer», munterte die Bibliothekarin auf.

Ortrud-Karen Vandervelt rauchte.

«Doch genug davon», erklärte die Stadträtin und schüttelte ihre Hand, die sich womöglich verkrampft hatte: «Es gibt letztlich kein Entrinnen.»

«Das mein' ich auch. Das weiß jeder. Die Würfel fallen, wie sie wollen», versuchte die Berchtesgaderin zu trösten, «meistens sogar überraschend. Ich hatte zum Beispiel von Kindesbeinen an kein Problem auf der Piste, mit Schleppliften. Auf oamoi, kreizdeifi.»

«Lassen wir das.»

Die Damen setzten ihren Weg durch die Brienner Straße fort. «Ich muss mich entschuldigen», sagte die Stadträtin, «aber zwischen literarischen Menschen öffnet man sich manchmal. Das Schwere und die Probleme sind ja ihr Stoff.»

«Ich selbst sichte hauptsächlich Handschriften, katalogisiere sie, schicke einige zum Restaurator, ordne Vor- und Nachlässe, Herbert Achternbusch, Klaus Mann», ergänzte die Mitarbeiterin des Archivs Monacensia. «Monika Mann. Golo Mann, kartonweise, hat sich leider die Schweiz geschnappt. Aber wir werden immer voller und bedeutender. Ein Tempel des Sichtens und Nachschlagens, ein Barometer der Zeitgeschichte.»

«Man darf nicht einfach rein?»

«Nach Anmeldung und unter Aufsicht. Es muss ja alles aus dem Archiv geholt, der Schutz aus Seidenpapier vorsichtig gelüftet werden. Frank Wedekind oder Annette Kolb werden keinen Brief noch einmal schreiben. Oder Sie sehen sich's digital an.»

«Paul Heyse? Sein Nachlass?»

«Verstreut. Einiges bei uns. Anderes hat die Staatsbibliothek. Das Deutsche Literaturarchiv in Marbach» – mit der mächtigen Konkurrenz am Neckar schien die Bayerin zu hadern –, «in Schleswig-Holstein liegt was.»

«So weit im Norden?»

«Heyse hortet man und gibt ihn nicht weg.»

Ortrud Vandervelt bedachte, dass es von ihr und ihren Zeitgenossen kaum Handschriftliches gab – Einkaufszettel –, schier alles in genormten Schrifttypen auf der Festplatte gespeichert war. Wer würde ohne Buchstabenschwung, Gekritzel, Anmerkungen und spontanen Bildchen am Seitenrand, Mondgesicht, Schlange oder Axt, noch einen lebendigen Eindruck von Charakteren überliefert bekommen? Sähe alles nach einer Gebrauchsanweisung aus. Keimfrei. – Bitter. – E-Mails hinterlassen? – Ein begrenzter Genuss.

Rechter Hand öffnete sich das edelste Areal der Stadt, der Wittelsbacherplatz mit seinen klassizistischen Fassaden und einem Reiterstandbild in der Mitte. Das symmetrische, bauliche Juwel war gewissenmaßen eine Fata Morgana, vorhanden, doch wenig brauchbar. Für Autos war er gesperrt, er verband nichts mit anderem, kaum einem Fußgänger nutzte er, Radfahrer hätten auf ihm im Kreis fahren können, der Platz war eine leere Nische mit der Zentrale von Siemens.

«So kommt bei uns ein Preuße zu Ehren. Wir werden das Paul-Heyse-Zentrum ganz groß aufziehen. Apartments, Lofts für Stipendiaten, Konferenzsaal, multifunktional, Wintergarten mit Bibliothek. Wir werden diese literarische Villa in Berlin am Wannsee überflügeln. Dorthin fließen die Bundesgelder. Nun werden wir einiges davon für uns abzweigen. Literatur im Süden. Kein schlechtes Motto für die ersten Veranstaltungen», die Stadträtin war wieder in ihrem Bauelement. «In der Berliner Villa werden, soweit ich weiß, die Schriftsteller und Übersetzer aus Osteuropa beherbergt, sicher arme Schlucker, hier können dann vornehmlich Kreative aus Spanien, Italien, Griechenland, Malta zu Gast sein. Deutschland gibt ja gerne, zumindest meist viel. Die Futterkrippe Europas. Egal. Gut so. Wir profitieren von Gästen und ihren Ansichten … Ich habe noch nie gehört, dass deutsche Künstler Stipendien aus Italien, Portugal, Polen erhalten. Auch egal. Dann haben sie eben keine deutschen Gäste. Schmoren nur im eigenen Saft. Wir wollen offen bleiben. Bin auf unseren Experten gespannt.»

Da Therese Flößer verschnaufen musste, blieben die anderen stehen.

«War sein Vater nicht Pastor?»

«Wieso?», fragte die Verunglückte, «der Vater war Gelehrter, sogar eine Zeit lang Erzieher bei den Humboldts.» Sie rieb sich das Bein. «Also weder Pastor noch evangelische Seelsorge.»

«Ach so. Dann hab ich mir was falsch gemerkt.»

Therese Flößer holte Luft. «Übrigens war Paul Heyses Mutter Jüdin, getaufte Jüdin.»

«Was soll denn das sein?», mischte sich Ortrud Vandervelt ein, «entweder jüdisch oder Christin.»

«Na, das überlappt sich», wusste die Freundin, «durch die mütterliche Abstammung bleibt jemand, trotz Taufe, für Juden jüdisch, jedenfalls so ungefähr. Für die Christen wiederum sollte die Taufe den definitiven Glaubenswechsel bedeuten. Also war die Mutter Christin jüdischer Herkunft. Und Paul Heyse war dies sozusagen auch, ein Christ ohne Religionseifer, ja, scharfer Gegner kirchlicher Dogmen, dessen Großvater, der Hofjuwelier Salomon, sich hatte taufen lassen.»

«Okay.» Ortrud Vandervelt vollzog den Gedankengang nach.

«Gottlob, Jehova sei Dank, Allah sieht alles, das ist ja nun völlig unwichtig geworden», behauptete die Stadträtin, «Glauben ist für mich Privatsache …»

«Jeder hängt anderen Fantasmen nach», erklärte die Schriftstellerin. Die Stadträtin dachte pragmatisch: «Hauptsache, die Steuern werden bezahlt und niemand tut dem anderen etwas zuleide.»

«Wegen Fantasmen und Ewigkeitsillusionen.»

«Darf ich mal zu Ende kommen?» Therese Flößer hob ihre Gehhilfe. «Also, Paul Heyses Mutter hieß Julie und war die Kusine der Mutter von Felix Mendelssohn-Bartholdy.»

«Aber dessen Schwester Fanny hat doch viel besser komponiert», warf Vandervelt ein.

«Zumindest weniger», schnaubte Therese.

«Spannende Gemengelage, das wird ja immer besser», schwärmte die Stadträtin. «Das ist ja ganz prominent. Damit können wir werben, jüdisch-christliche Künstlerfamilie.»

«Ruhe!», befahl die Bibliothekarin vorm Wittelsbacherplatz. «Julie heiratete Karl Wilhelm Ludwig Heyse, pure Liebe.»

«Religionen haben oft ägyptische Wurzeln. Das gibt nur keiner zu. Ich liebe die Ägypter», flocht Silberstein ein. «Was für Baumeister, ohne Mörtel, alles klimagerecht, und wie urban sie waren. Und nach Babylon kam auch lange nichts Großes. Von den Heiden haben wir die Welt.»

«Karl – Wilhelm – Ludwig – Heyse», betonte Flößer laut jedes Wort, «war einer der frühen Sprachwissenschaftler und wirkte später im Universitätsdienst», ihre Stimme war wieder normal. «Er muss, tief im Biedermeier, ein sehr freundlicher Mann und liebevoller Vater gewesen sein. Damals höchst ungewöhnlich: Er spielte mit seinen Söhnen Ernst Hermann und Paul, ließ sich manchen ihrer Streiche gefallen und war in allen Belangen, auch was Kirche und Staat anging, auffallend liberal.»

«Das passt für uns.»

«Mit bescheidenen Einkünften lebte die Familie in einem Häuschen unweit der Spree, ungefähr da, wo heute der Admiralspalast steht. Die Kinder durften sich auf einem Holzplatz austoben.»

«Was Sie alles wissen!», bekundete Frau Silberstein.

«Meinen Sie, ich mühe mich zu einem Ortstermin und hab von nix koa Ahnung ned?»

«Gewiss nicht.»

«Kultur stand im Hause Heyse immer obenan.»

«Ich kann unser Richtfest kaum erwarten. Der Bundespräsident muss kommen.»

«Bei Heyses am Weidendamm wurde musiziert, gelesen, vorgelesen, Felix Mendelssohn-Bartholdy – sowie seine Schwester Fanny Hensel ... » «Ja, man muss präzise bleiben», sagte Vandervelt. » ... also die Geschwister, Freunde kamen, die regelmäßigen Gesellschaften verliefen, bei Tee und Gebäck, entspannt und geistreich. Der junge Paul nahm an allem Anteil und wurde durch den familiären Hintergrund ein Musterschüler seines Gymnasiums, es scheint, dass er mit gut zehn Jahren bereits fließend Latein und Griechisch sprechen konnte. Seine Mitschüler hassten den Streber, der sich sogar weigerte, schlechteren Schulkameraden zu helfen.»

«Abscheulich», schaltete sich Ortrud Vandervelt ein, «für den wird's keine Millionen geben.»

«Als er für seine Leistungen eine Medaille erhalten sollte, brüllte seine Klasse: *Heyse nich! Heyse nich!*»

«Eben. Hat wohl Glück gehabt, nicht durchgeprügelt zu werden, der Schöngeist, der Snob.»

«Paul ging in sich und wurde bescheidener und freundlich.»

«Ach.»

«Ohne Unglück kein Haus», fuhr die Bibliothekarin fort: «Durch eine ungeschickte Operation hatte Heyses Mutter ein Auge verloren, der Arzt hatte zu tief geschnitten. Mit einem Samtband befestigte sie eine ihrer schwarzen Locken vor der Augenhöhle. Sie führe jetzt mit einem Einspänner durchs Leben, soll sie selbst, nun ja, gescherzt haben. Pauls älterer Bruder Ernst Hermann war eine Frühgeburt. Nach unbeschwerten Knabenjahren zeigten sich bei ihm Anzeichen von Geistesschwäche oder Wahnsinn. Ernst Hermann stand stundenlang am Fenster und sang Choralverse, gab keine Antworten mehr, versteckte sich in einer Kirche, wo er, als man ihn fand, stumpf vor sich hin stierte. Es blieb nur die Heilanstalt und dann die Unterbringung bei einem fürsorglichen Landpastor, wo Ernst Hermann Heyse bis an sein Lebensende Blumen pflückte und die Kühe zu bewachen meinte.»

«Diese Schicksale. Man müsste sich jedem einzelnen widmen», befand Antonia Silberstein. «Aber wie kann man das?»

«Vielleicht wegen dieses Fatums, die Locke vor dem leeren Auge, der eine Sohn irrsinnig, stemmte sich Julie Heyse mit aller Kraft gegen die Düsternis. Man weiß es nicht. Auch von ihrem Temperament her war Paul Heyses Mutter ein munterer Mensch, Berlinerin, die Restfamilie brachte sie immer wieder zum Lachen, sodass man bei Tisch ausrief: *O, Mutter ist immer die dollste!* Beim Klavierspielen oder für ihren Jüngsten sang sie *Sur le pont d'Avignon* oder selbst ersonnene Reime.

Que je vous aime
Das muß ich gestehn.
Sans papa, sans mama,
So ganz allein, ach ja!
Das muß ich gestehn!»

«Reizend. Wer improvisiert daheim noch auf dem Klavier?»

«Geschichten. Geschichten.»

«Ja, etwas anderes haben wir nicht.»

«Zieh's mal raus.» Therese Flößer wandte sich mit ihrem Rucksack Ortrud Vandervelt zu. «Das Buch neben oder unter dem anderen Buch, *Jugenderinnerungen und Bekenntnisse*.»

«Bei der Wasserflasche?»

«Sehe ich doch nicht.»

Sie reichte den Band eines Kleinverlags der Bibliothekarin. Es mochte sein, dass Passanten das Dreiergrüppchen kurz beobachteten.

«Das ist ein Schlüsselwerk des 19. Jahrhunderts!» Nun war es von Vorteil, dass Therese Flößer die zweite Krücke in der S-Bahn vergessen hatte, denn sonst hätte sie das Buch kaum in die Höhe halten können. «Heyse schrieb seine Erinnerungen spät auf, einige Jahre vor dem Nobelpreis.»

«Was wollen wir mehr?» Antonia Silberstein breitete die Arme aus.

«Dem ersten Nobelpreis für einen deutschen Dichter. 1910. Es ist kein vulkanisches Buch. Das Furiose, Himmelstürmende lag Heyse nicht.»

«Konnte er nicht. Auch das Abgründige nicht. Immer nur flach über den Boden. Oder wie eine Biene, die da und dort Nektar saugt.»

«Seien Sie doch mal still, Vandervelt!», herrschte die Stadträtin die Autorin an. «Wer Bienen hasst, ist ein Unmensch.»

«Dieses Schlüsselwerk führt uns durch das kulturelle, das literarische Leben einer ganzen Epoche in Deutschland. Die Ära von 1850 bis in die Bismarckzeit, worüber wir gemeinhin wenig wissen. Vielleicht aus gutem Grund. Die Bestsellerautorin, bei der alles in die heile Welt mündet, war damals Eugenie Marlitt. Die ernsthaften Romanciers, die man las, hießen Gustav Freytag und Friedrich Spielhagen. Freytags vielbändige *Ahnen* und Spielhagens *Hammer und Amboss* sind schwerblütig, voller historischem Dekor, personenreich und wollen deutsche Geschichte auch kritisch erzählen.»

«Gut», sagte die Stadträtin.

«Da auch ich in den Werken Spielhagens und Freytags, übrigens schöne Namen, nicht wirklich firm bin, steht es mir nicht zu, über sie und ihrem Schaffen den Stab zu brechen. In einer materialistischen Welt bemühten sie sich redlich, Betrachtung und Verinnerlichung zu retten.»

«So klangvoll die Namen sind», bemerkte Ortrud Vandervelt, «es lebten und schrieben, in der Schweiz, im Norden, in Berlin Gottfried Keller, sein *Grüner Heinrich!*, Theodor Storm, Wilhelm Raabe, Theodor Fontane. *Der Schimmelreiter, Effi Briest...* bleibende Meisterwerke.»

«Eine Menge bekannter Titel», flocht Silberstein ein.

«Ja», gestand Therese Flößer zu, «großes Echo blieb meistens aus, das befand sich alles noch in der Gärung... »

«Wie?»

«Also, vor 1900 hatte man nicht das Gefühl, dass Fontanes Roman *Die Poggenpuhls* die Wucht der *Brüder Karamasow* hatte, dass der ruhige, feine Atem im *Grünen Heinrich*, den fast niemand las, an die vitale Eindringlichkeit von Charles Dickens' *Oliver Twist* heranreichte und der *Hungerpastor* von Wilhelm Raabe, dieser wunderbare Einzelgänger, stärker aufrüttelte oder empörte als die Schilderungen von Arbeiterelend bei Emile Zola.»

«Adalbert Stifter war einer der einfühlsamsten Menschenbeobachter weltweit, ist es für immer.»

«Das wusste aber keiner, Ortrud. Die neuen Krupp-Werke, hier Krauss-Maffei, das junge Kaiserreich, die ungeheure Beschleunigung des Lebens, steile Karrieren, Abstürze, Alkoholismus, Kraftmeierei, dabei vielleicht eine innere Leere, beschäftigten mehr als die geistige Andacht, Versenkung, die Geborgenheit der Seele.»

«Die gab es selten.»

«In diesem Industriezeitalter lieferte die Lyrik einen letzten Flor, um rosige Stimmungen vorzugaukeln ... *Ein altes Märchen noch im Sinn, so liegen wir im Bettchen wieder, da schleicht die Mutter zu uns hin und beugt sich küssend nieder ...* Wie später in aufgewühlten Zeiten, in Ruinenstädten und Kaltem Krieg, *Wenn bei Capri die rote Sonne im Meer versinkt –»*

«*... und von Boot zu Boot das alte Lied erklingt ...* summte meine Mutter am Waschbrett, als wir noch keine Maschine hatten, in der Rhön.»

Ortrud Vandervelt starrte Frau Silberstein und ihre gute Bekannte Flößer entgeistert an.

«Kurzum, Ortrud, Frau Silberstein. Nach 1850 und dann noch lange Zeit schien die deutsche Literatur zu dümpeln, blieb verfangen im Historischen, kein schriller Schrei gegen die Nöte, keine Skandalautoren und funkensprühenden Kometen wie Charles Baudelaire, Arthur Rimbaud, Paul Verlaine. Kein Reporter witzig, geistreich wie Mark Twain. Stattdessen Brache, ziemliche, vieles eher schwachbrüstig. Doch Literatur soll der Spiegel einer Kultur, eines Landes sein, sein Bergwerk, aus dem das Innerste zutage gefördert wird, Edelstein und Abraum, sein Wimpel im Weltwind. Wer in Madrid oder Boston wollte *Hammer und Amboss* lesen?»

«Ein Fehler, da man auch das Entlegene kennenlernen sollte. Plötzlich entdeckt man darin etwas Zentrales. Oder den Zauber des Gescheiterten.» Antonia Silberstein kannte sich mit Bauvorhaben der Stadt aus. «Wie bei Schiffen, die beim Stapellauf sinken. Die erste englische U-Boot-Konstruktion, zweimal hintereinander. Rein ins Wasser und schon wieder weg. Spannend.»

«Eigentlich wurde einzig Paul Heyse in zig Sprachen übersetzt und im Ausland eifrig gelesen.»

«Warum denn nur!», entfuhr es Ortrud Vandervelt, die aufs Pflaster stampfte.

«Weil er nicht belästigte. Weil seine Kunst nicht belastet.»

«Das ist ja nun wirklich das Letzte. Eine weiße Wand belästigt mich auch nicht. Kunst muss aufwühlen. Muss Schuld benennen. Anklagen. Einen Weg ins Freie weisen.»

«Ja, in eine Welt, in der man einander nicht belästigt. Mozart belästigt auch nie. Er erfreut, er vertreibt Sorgen, er lichtet das Gemüt. Soll Mozart deswegen nicht gespielt werden?»

Die Frauen erschraken. Ein Mann mit Filzhut steckte den Kopf fast zwischen sie. «Literatur, Kunst. Ich hab das mitgekriegt. Braucht keiner. Bücher … Hocken und buchstabieren, nee, das ist vorbei, Schluss, braucht keiner.» Er verschwand. Das Gesicht war durchaus freundlich gewesen.

«Sie … So sehen das nicht alle», rief ihm die Schriftstellerin nach.

«Aber fast.» Er winkte.

«Es gibt die Feinen und Wissbegierigen!»

Er winkte abermals.

Als sich Therese Flößer zu dem Passanten umwandte, knallte es laut, dröhnte es in der Brienner Straße. Ihr Aircast Walker hatte die Abfalltonne getroffen. Geduckt eilte der Mann davon. Unweit wichen Zeugen Jehovas mit neuen Broschüren über die ewige Verdammnis für das Zusammenleben ohne Trauschein einen Schritt zurück.

Antonia Silberstein wirkte plötzlich wie neutralisiert, abwesend. Als möglicherweise auch bekannte Politikerin durfte sie es sich mit keinem Wähler rundum verderben.

Ein Mädchen mit hellem Hidschab schob eine Greisin in einem Rollstuhl an Fußgängern vorbei. Die Alte in Lodenjoppe und mit Trachtenhut schlummerte. Vielleicht Nachbarschaftshilfe.

Ein Blumenladen.

Österliche Gestecke, Bouquets mit Calla und Farn.

Im Schaufenster daneben sanitäre Waren aus Italien.

Nach der Winterpause waren die ersten Saudis eingetroffen.

Bärtige Männer, Frauen in Schwarz, auffällig übergewichtige Kinder begutachteten marmorne Badewannen und Waschbecken. Diese Gäste, die sich in nichts einmischten, sich für nichts hier Gewachsenes zu interessieren schienen, besuchten kein Museum, schauten sich in keiner Kirche um. Oder vermieden sie es aus Höflichkeit? Man besichtigte in ihren Ländern doch auch gerne Moscheen. In der Gastronomie galten sie als schwierig. Kein Alkohol, zumindest nicht in der Öffentlichkeit, wenig Umsatz. Ihre Probleme mit Toiletten, bei deren Benutzung streng Rechtgläubige mit Rücken und Brust nicht Mekka zugewandt sein durften, sodann das gewagte Balancieren über Kloschüsseln, auf deren Brillen Ungläubige gesessen hatten. Manche rutschten im Stehen ab, und Verankerungen gingen dabei zu Bruch. Nach dem Winter trafen die reichen Familien mit asiatischen Domestiken in Scharen ein. Wenn der Zahnarzt im jordanischen Amman, der ersten, bevorzugten medizinischen Anlaufstelle, nicht helfen konnte, wurden Implanteure in München aufgesucht, als die beste Adresse bei schweren Erkrankungen galten wohl die Privatärzte in London. Komplette Hoteletagen wurden im Sommer – wenn man in Riad oder Abu Dhabi bei ein paar Schritten im Freien fast verglühte – von den geheimnisvollen, aber auch schnell langweiligen Familien gebucht; der Bayerische Hof, das Hilton hatten eigens Dolmetscher angestellt, hielten Beduinenzelte bereit, was bei den Managern Arabiens gewiss Heiterkeit auslöste. Sie kamen ja auch nicht auf einem Kamel in die Lobby geritten. Die Gäste, die sich Botoxbehandlungen und Herzoperationen unterzogen, sich Badewannen schicken ließen, brachten immerhin ein Quantum der Summen, die der Westen für die Bodenschätze der Wüste zahlte, zurück. Das war Handel. Ein bisschen mehr an gedanklichem Austausch hätte es aber durchaus sein können.

Man kannte niemanden, der mit einem Bahraini, geschweige denn mit dessen verschleierter Gattin, Tochter oder Großtante, leger ins Gespräch geraten war.

Die Familie löste sich unschlüssig vom Anblick des sanitären Designs aus Pistoia.

Im Flammenschein

Hupen. Ein Motorrad.

Gabelung der Fahrbahnen.

Platanen und Feuerschein.

Über dem Granitblock loderte in ihrem Eisengitter die ewige Flamme am Platz der Opfer des Nationalsozialismus.

Tagsüber fiel sie kaum auf. Im Abenddunkel erhellte das Feuer Rasen, Asphalt und Stämme rundum. Das Mahnmal mochte bei diesem oder jenem dazu beigetragen haben, im vergangenen Sommer mit oder ohne antifaschistischem Transparent zum Marienplatz zu ziehen. Einen Steinwurf vom Rathaus entfernt hatten Rechtsextreme ihre Kundgebung veranstaltet. Mit nationalistischer Verstärkung aus Hessen, Thüringen und Dresden hatten sie ihre Plakate mit *Deutschland den Deutschen, Reich und Europa passen nicht zusammen,* Galgen für Minister, *Auschwitz, Wo?* hochgehalten und hatten ihren Rednern applaudiert, die «national gereinigte Medien» und gegen Zuwanderung «Selbstschussanlagen an europäischen Küsten» forderten. Der noch überschaubare, aber erschreckende Haufen hatte aus bulligen Erscheinungen mit Tattoos, Begleiterinnen mit strenger Frisur, dünnen Apparatschiks und vielen offenbar unterbeschäftigten Rentnern bestanden, die allesamt Lunte an die Republik legen wollten. Auch Hass und Zerstörung vertrieben die Zeit.

«Nationalismus ist unpatriotisch», hatte ihnen jemand zugerufen. Die Polizei hatte Rechte und die wachsende Zahl von Gegendemonstranten getrennt.

«Da bin ich mit den Sozialdemokraten und sonst wem ganz einig. Als Konservativer kann ich Stumpfsinn nicht dulden», hatte sich ein Herr vor dem Kordon empört. «Eine Verwüstung des Vaterlands reicht. Und zwar für immer!»

Laut Hörensagen hatte jemand von der Oper, jedenfalls ein musikalischer Mensch, in Massen Text und Noten kopiert, die von Hand zu Hand gegangen waren, und bald hatte der halbe Marienplatz, hatten Hunderte, dann Tausende mit Kind und Kindeskindern – und immer besser gelaunt, fast fröhlich – gesungen «*bella ciao! bella, ciao!*» und den Rest des italienischen Kampflieds … *Dies ist die Blume der Partisanen*, «*bella ciao! bella, ciao! … Der für die Freiheit starb! …*» Nach einer halben Stunde waren die Rechtsextremen niedergesungen, packten ihren Kram und verschwanden.

Das Lied, wie die Flamme, dachte Ortrud Vandervelt, die kräftig mitgeschmettert hatte, und packte den Riemen ihrer Tasche.

«Ich mache jeden Morgen Nasenspülung, Frau Silberstein.»

«Und das Salzwasser fließt komplett wieder ab?»

«Ist auch ideal gegen Pollen.» Der Fehltritt gegen den Müllbehälter schmerzte Therese Flößer offenbar nicht. Der perforierte Schutz wirkte robust.

Die Frauen suchten nach einer guten Passage. Der Platz der Opfer des Nationalsozialismus war nicht leicht zu überqueren. Fahrspuren teilten sich in Richtung Schwabing, zum Stachus, nach Neuhausen. Obendrein Absperrungen und Umleitungen durch eine Baustelle, an der gelbe Lichter blinkten. Als Fußgänger sollte man am besten von Verkehrsinsel zu Verkehrsinsel hüpfen.

«Ist eine Grube zu, wird der nächste Graben ausgehoben. Hier müssten Sie mal logistisch eingreifen, Frau Baurätin», befand Ortrud Vandervelt vor einer Ampel.

«Wir kommen kaum mit den Straßenreparaturen nach», war die lapidare Antwort.

Sie erreichten einen Zebrastreifen. «Wenigstens bremsen die Autos. In Moskau tun sie das selten», wusste die Russlandreisende, «aber sie haben alle paar Hundert Meter Unterführungen, ohne Lift … Aussichtslos für Behinderte … Doch Behinderte sieht man ohnehin kaum. Sie gelten als Makel der Familie, und man behält sie zu Haus.»

«Nicht schön.» Antonia Silberstein zog den Fuß zurück, auch hier war auf den Verkehr zu achten.

«Und alle in Moskau mit bitterernsten Gesichtern», meinte ausgerechnet Ortrud Vandervelt, «Lachen in der Öffentlichkeit gilt als geistesgestört. Besondes bei Männern, was gäbe es in Russland zu lachen? … Auch Nachbarn grüßen sich nicht. Jeder Nachbar könnte ein Denunziant im Staatsdienst sein … Eine Erblast des Zarismus, dann des Kommunismus … na ja, heute ist es mit dem Ausspitzeln nicht ganz anders.»

«Wie freudlos.»

«Das georgische Essen ist hervorragend. Das lieben die Russen am meisten. Mir ganz unbekannte Gewürze. Schon leicht persisch.»

Als Letzte erreichte die Berchtesgadenerin den Zwischenstopp vor der nächsten Ampel. Das Buch in der Hand behinderte sie zusätzlich. «Als Heyse kam, war hier noch nichts. Ackerland, Gärten. Da und dort ein paar Paläste, die Ludwig I. für künftige Magistralen ins Grüne bauen ließ … Muss verrückt gewirkt haben, Kühe neben griechischen Säulen.»

Sie gelangten auf die andere Seite.

«Heyse war übrigens a sauber's Mannsbild. Groß, schlank, langes, dunkles, gewelltes Haar, Poetenjüngling comme il faut.»

Während Therese Flößer zum Anlass des Treffens zurückkehrte, trat Ortrud Vandervelt beiseite, aktivierte ihr Handy und checkte ihre Mails und WhatsApp. Aus den zarten Gongtönen zu schließen, schien sich einiges an Mitteilungen angesammelt zu haben. Ihr Verlag? Ein Liebhaber? Mehrere? Mit knapp sechzig musste man schauen, dass man nicht unsichtbar wurde. Ihre Tochter studierte in Edinburgh, Kulturmanagement oder etwas Ähnliches, und meldete sich, wie Therese wusste, mehrmals täglich bei der Mutter. Auch kein gutes Zeichen. Noch immer attraktiv war Ortrud Vandervelt, so, wie sie unter der Bogenlampe dastand und eine Antwort tippte. Rank, die Beine einer Siebzehnjährigen. Die feine Lederjacke, kaum wärmend, aber tailliert. Eine Stupsnase, ein paar Haarfransen in der Stirn, selbstbestimmt, das war der Eindruck. Eine Halsnarbe, nicht ohne Reiz, vielleicht aus der Kindheit.

Das Fältchengespinst um die Augen, das sie selbst wahrscheinlich plagte, konnte man lieben, zumal man gleichzeitig mitalterte. Man nahm einander gereift wahr, zwangsläufig uneitler, stärker auf das Wesen und den Charakter konzentriert, in allen Belangen menschlich kollegialer, mit Nachsicht für Schwächen, standfester, da an den bisherigen Lebensläufen ohnehin nichts mehr zu ändern war. So stieß man gelegentlich bei Einladungen mit dem Glas an. Frauen, Menschen einer Generation. Wie schön, dass man gemeinsam lebte, die Zeiten und Anforderungen nach Kräften bewältigte, manchmal lachend beisammensaß.

Die Schriftstellerin telefonierte und blieb zurück. Ihr Gespräch schien ihr derzeit wichtiger zu sein als der Literaturnobelpreisträger von 1910.

«Spielhagen, der schöne Name klingt nach. Aber ich liebe auch die meisten Namen mit Ypsilon. Sie haben etwas Gediegenes, Subtiles. Im Dunstkreis Marburgs liegt Cyriaxweimar ... Man stellt sich etwas Fantastisches vor.»

«Heyse» – neben der Stadträtin lahmte die Buchangestellte weiter – «schloss sich in Berlin einem Dichterkreis an. Der hieß *Tunnel über der Spree.*»

«Über?»

«Ja. Junge Talente lasen sich im Haus eines Kunsthistorikers regelmäßig ihre Gedichte, Romanzen, Dramenversuche vor. Und besprachen sie.»

«Könnte zum Vorbild für eine Veranstaltungsreihe im Zentrum werden. *Brücke unter der Isar. Heyse-Unterführung II.* Ich selbst würde Unveröffentlichtes, glaube ich, niemals vortragen und kritisieren lassen. Das kann jeden Mut rauben.»

«Die meisten damaligen Mitglieder dieses Klubs kenne auch ich nicht... Christian Scherenberg, Bernhard von Lepel... Aber die Literatur muss an die Vergessenen, an die Besiegten erinnern. Das ist eine ihrer ersten Pflichten. Jeder hat das Recht, dass man sich an ihn, an seine Lebensregungen erinnern möge. Die Welt ist nur vollständig, wenn sie vollständig ist.»

Verblüfft über diese Maxime verharrte Silberstein.

«Wieder, wie schon im elterlichen Salon, wurden Tee und Gebäck serviert. Der junge Fontane beeindruckte mit dem Balladenkummer des alten Archibald Douglas, verbannt nach Schottland, *Ich hab' es getragen sieben Jahr und kann es nicht tragen mehr. Wo immer die Welt am schönsten war, da war sie öd' und leer ...*»

«Das kennt man.»

«Ob noch heute?»

«Star im musischen Zirkel, wo man etwas über Versmaße erfuhr, den Aufbau von Spannungsbögen lernte, sich dichterisch freischwamm, war natürlich –»

«Wer wohl?», rätselte Antonia Silberstein, «in dieser Flut von Verschollenen?»

«Emanuel Geibel!»

«Tja. Wer ist das?»

«Aus Lübeck. Ohne Ypsilon. Ein lange allgemein geschätzter Meister des lyrischen Wohlklangs, die Zuflucht für romantische Seelen. Geibel war ein freundlicher, herzlicher, ein empfindsamer Mann, Dichter in der Dachkammer, eine der freien Existenzen, die es damals noch gab. – Heute ist alles verschult und zahlt Lohnsteuer. – Diesem Poeten verdanken wir *Der Mai ist gekommen ...*

«Ich lerne. Ich lerne viel.»

«Und später jene Verse», fuhr Flößer fort, «*Und es mag am deutschen Wesen, einmal noch die Welt genesen.* – Geibel hatte das gar nicht böse gemeint, es war nur sein Jubel über die Reichsgründung und frischen Wind im Land.»

«Fatal.»

«Emmanuel Geibel wurde eine Art von Ziehvater für Paul Heyse, er bestärkte den jungen Berliner, war vielleicht sogar ein wenig verliebt in den Beau. Und das Beraten, Ermuntern und Fördern trug Früchte. Hier», Therese Flößer blätterte in den *Jugenderinnerungen und Bekenntnissen* zu einer vorderen Markierung: «*Auch wie viel darauf ankommt, richtig anzufangen und zur rechten Zeit zu enden, vor allem nicht aus dem Stil zu fallen, das heißt, in einem Gedicht, das in einer bestimmten Tonart, etwa im Volkston, gehalten ist, keine Wendung zu gebrauchen, die einer höheren literarischen Sphäre angehört oder umgekehrt, wurde mir erst jetzt klar.* – Das Handwerk –»

«Das auch ein Genie beherrschen muss.»

«Das Genie setzt eigene Maßstäbe. – Bei einigen Dichterwettbewerben im Kreis trug Paul Heyse, keine zwanzig Jahre alt, den Sieg davon. Mühelos entstand die erste seiner Novellen, mit denen er später halb Europa eindeckte, *Marion*, schon hier eine junge, sinnliche, aber stille Frau, die sich plötzlich gegen ihren flatterhaften Mann, einen Poeten, behauptet und ihn zum gleichberechtigten Eheglück führt. Der Stil elegant, ein paar Tupfer Lokalkolorit, dann das seelische Drama. Nie schwülstig, alles lebhaft bewegt, duftig und wie der Nacktheit entgegentreibend. Oder der Katastrophe. Jeder, der mal die Novelle *L'Arrabbiata*, das frühe Meisterwerk, gelesen hat, wird bestimmte Szenen nicht mehr vergessen. *L'Arrabbiata* spielt am Golf von Neapel ... Der Vater hat die Mutter geschlagen. Die Tochter Laurella will sich daher keinem Mann preisgeben. Aber sie ist dennoch in den Fischer Antonio verliebt. Doch als der Bursche, der sich seiner Sache zu sicher ist, sie umarmen, küssen will, wehrt sie sich, beißt ihm in die Hand.»

«Ja, gut, das waren ihre schwachen Mittel. Die Bedauernswerte.»

«Sie stürzt sich ins Wasser, droht in den Fluten zu ertrinken, und Antonio rettet sie.» Flößer zog das Reclam-Heftchen aus dem Rucksack, blätterte flink. «*Sie aber rang das Wasser aus den Flechten. Dabei sah sie auf den Boden der Barke, und bemerkte jetzt das Blut. Da, sagte sie, und reichte ihm das Tuch. Darauf nahm sie ihm, so viel er auch abwehrte, das eine Ruder aus der Hand, doch ohne ihn anzusehen, fest auf das Ruder blickend, das vom Blut gerötet war, und mit kräftigen Stößen die Barke forttreibend. Sie waren beide blass und still.*»

«Explosiv. Eine eigensinnige Frau.»

«Schon das war ja unüblich. Modern. In der Literatur. 's Muatterl am Herd, fügsame Menschen waren nicht à la Heyse. Schon ein solcher Wurf rettet ihn vor der Zeit. Die Frau in nassem Gewand, der Mann blutend. Im Glitzern des Meeres, beide auf Augenhöhe, zu Füßen des Vesuvs.»

Neben Flößer und Silberstein reihten sich Skulpturen, beleuchtete Kristallobjekte auf Grünstreifen, plätscherten Brünnlein. Die untere Brienner Straße war unbelebt. In den Stadtvillen, die sich ehedem Fabrikanten für ihre Familie und Hauspersonal errichtet hatten, residierten Anwaltskanzleien, Fondsverwalter, Steuerberater von Industrie und Banken. Nur wenige Fenster waren erleuchtet. Die Eingänge befanden sich seitlich. Besonders bei einem der Gebäude mit getönten Scheiben beschlich einen das Gefühl, dass im Kosmos der teuer ausgestatteten Büros Geldströme aus Russland umetikettiert, umgeleitet, gewaschen wurden, um mit den Millionen aus dem Osten Extremisten in Europa zu unterstützen, Zwietracht zu steigern, die Demokratie zu unterminieren, am Ende die Europäische Union zu sprengen. Um dann jedes zerstrittene Land einzeln in den Griff zu bekommen, Polen, Lettland, Spanien ... Es mochten auch Gelder aus den USA, aus China sein, die diesem Zweck dienten. Die dunklen Scheiben wirkten ungut. Doch die Behörden hatten gewiss auch ein Auge auf R & B Schlinz-Frayer L. D. P. Invest-Consult.

Der Gelenkschutz war beim Aufprall offenbar verrutscht. Therese Flößer reichte Silberstein das Buch, kniete und befingerte den orthopädischen Behelf. Das früher butterblonde Haar war noch immer schwach gelockt.

«Rasch», befahl die Stadträtin, «weiter!»

Die verletzte Archivmitarbeiterin blickte irritiert, ja zornig hoch.

«Ich bin begierig», hörte sie, «die drei Seiten Dossier, die ich vom Kulturreferat bekommen habe, sagen nichts, nur Auflistung. Geburtsort ... sein Einsatz für Frauenrechte ... Das erste Gedicht gegen Tierquälerei ... hundertachtzig Novellen, Dramen, *Die Göttin der Vernunft, Ludwig der Baier*. Nobelpreis. Damit kann ich nicht vor den Finanzausschuss.»

«Die Revolution nahte. Die von 1848», ächzte Flößer von unten und zog den Klettverschluss des Aircasts straff. «Die Bürger hatten genug von Zensur, Entmündigung durch Fürsten, von Kleinstaaterei mit sechsunddreißig Münzsorten und gingen auf die Barrikaden. Freiheit, Einheit! Heyse samt Flinte, Säbel, Schlapphut und schwarz-rot-goldener Schärpe reihte sich ein. Er schäumte: *Heraus, ihr Schläger, scharf und blank, nun gilt es wacker sein, und fegt das ganze deutsche Land, von seinen Feinden rein!* – Militär rückte gegen das Volk vor. Tote. Heyses Elan erlosch rasch, alsbald auch jener der Revolution. Das erste deutsche Parlament, die Versammlung in der Paulskirche, löste sich auf. Erneut herrschten die Potentaten.»

«Nichts davon steht auf meinem Kulturreferatswisch.»

Die Diplom-Bibliothekarin richtete sich langsam auf. «In den gewaltsam beruhigten Zeiten begann er das Studium der Kunstgeschichte und Romanistik in Bonn. *Ich hielt mich von allem, was Studentenrabatz hieß, fern.* Stattdessen übersetzte der Zwanzigjährige und gab sein *Spanisches Liederbuch* heraus ... *Liebe mir im Busen zündet einen Brand. Wasser, liebe Mutter, Eh das Herz verbrannt!* – Seither rangierte das Übersetzen weit oben. Das ist ja auch schön: Man hat etwas Fertiges unter den Fingern und darf es zur eigenen Zunge machen. Heyse wurde, wie nebenbei, einer der wirkungsvollsten Übersetzer. Besonders aus dem Italienischen, an dem damals allgemein wenig Interesse bestand. Er entdeckte für uns die großen Erzähler und Dichter Giacomo Leopardi, Guiseppe Giusti, den exzentrischen Gabriele d'Annunzio, zuerst edler Symbolist, viel später Faschist. Bei Heyse liefen die Fäden zusammen, er verwob sie zu italienischer Literatur in Deutschland.»

«O Gott, Frau Flößer, Sie berauschen mich. Ich weiß von nichts. Nun weiß ich mehr. Wozu brauchen wir noch einen Experten von außerhalb? – Wieso haben wir nicht seit hundert Jahren das Heyse-Zentrum in München! – Ein historischer Abend. Und wir sind dabei. Die Urheber.»

Flößer blieb gefasst. «Ja, eine schöne Ergänzung für unser tüchtiges Literaturhaus.» So viel kulturelles Feuer erlebte sie bei Amtsträgern und Kolleginnen selten oder eigentlich nie. Davon musste man, solange Geld in der Kasse zu sein schien, profitieren.

Ortrud Vandervelt telefonierte noch. Mittlerweile vor den Geldwäschebüros.

«Das sollte ich erwähnen. Paul Heyse promoviert in Bonn über das Thema: Der Refrain in den Gesängen der Troubadoure.»

«Bei manchen Fragen weiß man nicht, dass es sie gibt. Vielleicht beginnt Kultur erst, wo man sich mit dem nicht Lebensnotwendigen befasst. Blumen am Balkongeländer.»

«Zur Vertiefung seiner Studien erhält er ein Stipendium in Rom, und zwar vom preußischen König. Heute gibt es ja beinahe kein Land mehr, auf das man sich unbändig freut. Jeder Weltwinkel ist bekannt und irgendwie problematisch. Heyse fiebert Italien entgegen. Es ist noch das Land, wo die Zitronen blühen, wo Mädchen in Genueser Tracht Veilchensträuße anpreisen, Greise vor der Haustür in der Sonne hocken, ein kühler Schluck am Brunnen, Daseinsjubel in der Taverne, bevor im Albergo-Bett die Wanzen geknackt werden. Dass rechtlose Bauern auf den Feldern schuften, sich kaum ein Bürger Kalbfleisch tonnato leisten kann und der Papst den Bau von Eisenbahnen als Teufelswerk verboten hat, wird gerne übersehen. Nur im Mezzogiorno gab es Pizza, die arme Neapolitaner sich teilten. – Ungefähr da!» Therese Flößer tippte auf ihr Buch, das die Stadträtin in Händen hielt. Sie schlug es dort auf, wo ein italienischer Wimpel – vielleicht von einem Käsehappen – aus den Seiten ragte. Weiter hinten steckte ein Holzstick mit dem Weißblau Bayerns. Die Kennerin hatte sich brillant auf die Ortsbegehung vorbereitet.

«Wo ist meine Brille?», fragte die Stadträtin.

«Oft unten in der Tasche, wo die Schlüssel sie zerkratzen.»

Antonia Silberstein fand sie. Sie erkannte unterstrichene Zeilen mit einem oder mehreren Ausrufezeichen am Rand. «Soll ich?»

Als die Antwort ausblieb, las sie: «*Wie vergnüglich diese Art zu reisen sei, erfuhren wir gleich bei der ersten Probe. Unser Kutscher traf unterwegs einen römischen Kollegen, der augenblicklich ohne Wagen und Pferde ziemlich trübsinnig auf der Landstraße dahinwanderte, und erlaubte ihm, hinten auf dem Wagentritt mitzufahren. Zum Dank dafür entfaltete der flotte Gesell, Graziano mit Namen, alle Talente eines…* Grazioso, *sang die damals im Schwange gehenden Volkslieder vor, das berühmte…* das spreche ich jetzt schlecht aus … Te voglio bene assaje *und* Bell' Angiolina, *und regte die Andern an, eine Menge Opernarien vorzutragen, leider sehr falsch. Die Bursche machte sich noch auf andere Weise nützlich, indem er uns von den Feigenbäumen am Wege saftige Früchte stahl und hundert kleine Dienste leistete. Dazu die lustige Fahrt unter dem weiten, tiefblauen Himmel am hohen Meeresufer. Dies war das das Italien, das uns in unseren Träumen vorgeschwebt hatte …*»

Die Stadträtin war mit sich zufrieden.

«Der Berliner wird zeitlebens seinem idealen Italien die Treue halten, starke Leidenschaften lieben, das Venedig der Renaissance ausmalen, mit seinem Skizzenblock recht meisterlich Straßenszenen in Palermo festhalten. Ganz auf den Spuren Goethes. Mancher Bitterkeit im Norden, trüber Verklemmung hielt er die Glut und das Formgefühl des Südens entgegen. Wie ein Aufruf.»

«Aber das kennt man doch. Tristesse bei uns, vermeintlich sorgloses Promenieren auf der Piazza und schwungvolle Kellner in Mailand.»

«Ja. Wahrheit und Legendenbildung nicht zuletzt durch ihn.»

«Wie reizvoll, was er berichtet.»

«In Rom kommt er bei einem Onkel unter, Theodor, der als

Fremdenführer für Gelehrte sein Brot verdient. Heyse erhält die Erlaubnis, die Vatikanische Bibliothek zu benutzen, um mittelalterliche Handschriften zu studieren. – Ach, einmal nur für eine Nacht dort mit den Schätzen eingesperrt sein, ein Traum», Flößer wirkte wehmütig entrückt. «In der Vaticana darf man sich nur kurze Notizen machen. Er schreibt aber komplette Gedichte ab und erhält unumstößliches Hausverbot. Und was hören wir?»

Vor der Rasenbeleuchtung eines Patentanwalts griff Therese Flößer wieder den Memoirenband und wurde fündig: *«Um so freier und fröhlicher genoss ich nun alles Herrliche, was ein römischer Winter nur bieten konnte. Unter anderen freien Künsten befliß ich mich auch wieder des Zeichnens, nach einem oder dem anderen Modelle, die an der Spanischen Treppe den Malern sich anzubieten pflegten … Eines der schönsten Mädchen Roms wohnte unserm Hause benachbart. Leider war es nicht möglich, sie zu einer Sitzung zu bewegen. Jeder wusste, dass sie in festen Händen war, da sie vor dem Herrn Pfarrer von S. Andrea delle Frate Gnade gefunden hatte.»*

«Wie bitte?»

«Nun ja, Rom, Frau Silberstein, so ging's zu. Bleibende Kontakte zu anderen Gaströmern werden geknüpft, zum Historiker Ferdinand Gregorovius, der die *Geschichte der Stadt Rom im Mittelalter* schreibt, der absolute klerikale Krimi, zum Maler Arnold Böcklin … seine *Toteninsel*, der Felstempel im stillen Wasser bleiben magisch. Ein Jahr lang geht es mit mehr oder weniger Kleingeld durch Italien, und sonnige Verse kommen zu Papier.

> *Hier entrinnst du der Sorgen Getriebe*
> *Und es trägt dich auf Händen die Lust,*
> *Und sogar das Gedächtnis der Liebe*
> *Hier beschleicht es gelinder die Brust.*

Und du tauchst in die heilenden Quellen,
In des heiligen Meers Element.
O du schimmernde Blüte der Wellen,
Sei gegrüßt, du mein schönes Sorrent!»

«Wie krude leben wir doch. Das jedenfalls kann er einem unter die Nase reiben.»

Ortrud Vandervelt trat heran und verstaute ihr Phone. «Sorrent? Hab ich was verpasst?»

«Heyse wurde gerade aus dem Vatikan geworfen ... Der Priester lässt seine Geliebte nicht porträtieren», fasste Frau Silberstein zusammen. «Die Blüte der Wellen lindert die Brust ... Und irgendwann wird er wohl nach München kommen. Sonst müsste ich heute mein Taekwondo nicht ausfallen lassen.»

«Sie? Kampfsport?» Fast unhöflich verdutzt maß Therese Flößer die doch leicht stämmige Stadträtin in ihrem Mantel wie aus bulgarischem Polyester. Das hellblaue Halstuch war hübsch.

«Bietet die Volkshochschule an. Beinstrecken klappt. Treten auch leidlich. Aber dabei gleichzeitig drehen?» Sie lachte. «Ich gehe mit einer Nachbarin.»

«Und hinterher auf einen Schoppen?», lachte nun auch Therese Flößer.

«Salat! Und ein Schoppen. – Auch so bleibe ich nah am Bürger.»

«Vielleicht hätten wir doch ein Taxi nehmen sollen», beendete Ortrud Vandervelt den Plausch.

«Dann wären wir viel zu früh da gewesen.»

«Was? Mir kommt's so vor, als wären wir seit drei Wochen unterwegs.»

«Ist doch schön. Bringt einen doch mal und unverhofft auf andere Gedanken», bemerkte die Stadträtin. «Der Weg ist das Ziel.»

«Na, wenn Sie meinen und die Zeit haben.»

«Zeit ist ein Geschenk. Und das Ziel bleibt.»

«Wie sieht das Domizil des Herrn Heyse denn jetzt aus?», fragte die Schriftstellerin. «Ich hab es noch nie gesehen.»

Die beiden anderen schauten sich an.

«Die Villa steht unter Denkmalschutz», wusste die Stadträtin.

«Hinter Mauern. Man kann das Palais von außen kaum sehen», ergänzte Therese Flößer. «Absolut geheimnisvoll.»

«Wir sind angemeldet!»

«Das ist doch spannend, Ortrud», munterte die Archivarin auf, «ein verwunschener Palazzo mitten in München. Vielleicht kannst du sogar erste Leiterin des Heyse-Zentrums werden.»

«Nein.» Das klang entschieden.

«Manches überlegt man sich. Dann müssten Sie nicht mehr so viel schreiben und auf Lesereise gehen. Sondern könnten empfangen.»

Ortrud Vandervelt begann, die Stadträtin zu hassen.

«Entscheidend kann der Experte sein», fuhr die Beamtin fort, «der namhafteste Kenner der Materie. Mit allen Kontakten.»

Nun fühlte sich die Bibliothekarin gekränkt. «Vielleicht rät er ab.»

«Ich brauche gute Argumente für den Stadtrat. – Wir könnten Italienische Wochen in der Villa veranstalten.»

Rote Laterne

«Viel zu warm. Doch noch Föhn.»

«Ja, die Nerven zwitschern. Seit Wochen kein Regen.»

«Bald leben wir in der Sahara.»

«Wasserrationierung vor dem Verdampfen.»

«Grausig. Menschengemachte Katastrophe.»

«Nach uns – nichts.»

«Wohl dem, der keine Enkel hat.»

«Furchtbar. Ruinierte Schöpfung.»

«Vorsorgen, warnen und nicht dran denken.»

«Erstmals beneidet man die Jugend nicht um die Zukunft. Das ist pervers. Verkehrung der Natur. Der Gefühle. Die Alten haben noch einmal Glück gehabt … Wir.»

«Sauve qui peut.»

Die Damen erreichten den Karolinenplatz.

Offenbar hätte es doch eine Abkürzung gegeben. Das Weiblein, das hinterm Rathaus wegen des Mästens der Stadttauben fast in eine Handgreiflichkeit geraten war, hatte das weite Rondell früher erreicht. Obwohl die Lieblinge zu dieser Tageszeit nicht mehr pickten und daherwatschelten, lud die Alte, die ihr Kopftuch fest gebunden hatte, stattliche Haufen Mais vor den Hecken ab. Schleppen konnte sie.

In unregelmäßigen Abständen bogen Autos in den Kreisverkehr, dass man den Fuß auf die Straße setzte und doch gleich wieder zurückwich. Von hinten grüßten die angestrahlten Türme der

Frauenkirche. Jugendliche kamen um die Ecke und schienen auf dem Weg zu einem Club zu sein, zum Parkcafé wohl nicht. Die muntere Gruppe trank sich, wie es üblich geworden war, warm. Ein Junge öffnete im Gehen eine Bierflasche, die anderen waren versorgt, redeten, lachten, nippten, tranken. Ein Mädchen mit ebenmäßigem Gesicht, kurzem Rock, freiem Bauchnabel wankte und kreischte. Es hakte sich bei seiner Freundin unter, die gleichfalls eine leichte Bierfahne hinterließ. Die Burschen genossen den Open-Air-Dusel und prosteten sich zu. Eine Flasche entglitt, zersprang auf dem Randstein. Es war riskant, angeheiterte Jugend, die in Scharen die Stadt durchströmte, zu bitten, die Scherben einzusammeln.

Schon nach einigen Augenblicken knirschte umschäumtes Glas unter den Reifen eines Mountainbikes.

Das Heyse-Trio trat beiseite.

Wieder vereitelte ein Auto die Überquerung.

Einzelne palaisartige Gebäude umgaben das Platzrund, darunter ein biedermeierliches mit rankendem Grün. Das Amerikahaus war eingerüstet. Gegenüber wirkten zwei alte Bauten mit Säulenporticus, wie frühere Stadtwachen, ungenutzt. Doch es waren Universitätsabteilungen darin untergebracht, und die Architektur war gewiss geräumiger, als man von außen vermutete.

Die Trambahn umrundete in langsamer Fahrt das Grün um den Obelisken in der Platzmitte. Einst war er errichtet worden zum Gedenken an die dreißigtausend Bayern, die unter Napoleon in Russland ihr Leben gelassen hatten. Ein Kind patschte ans Fenster der Straßenbahn. Andere Fahrgäste nickten zu Musik im Kopfhörer. Die Tram entfernte sich, der Radfahrer war abgestiegen und prüfte den Schaden. Der Transporter eines Lieferdiensts nahte.

«Hier, Frau Silberstein, könnten Sie für einen Zebrastreifen sorgen.»

«Meinen Sie, liebe Flößer, ein Quadratmeter Stadt wäre noch unbedacht? Weiße Streifen, eine Ampel stören das Ensemble.»

Das sah die Bibliothekarin sofort ein.

Ortrud Vandervelt seufzte. «Wir könnten drum herum gehen.»

«Ich spüre meinen Fuß.»

«Bist du öfter in Ascona?»

«Die Cimetta ist noch ein sicheres Schneegebiet.»

Sie nutzten die Lücke im Verkehr.

Das Rondell um den Obelisken war üppig und in regelmäßigem Muster mit Frühjahrsblumen bepflanzt, ein Vorzeigeareal der Stadtgärtnerei.

Therese Flößer verschnaufte auf der grünen Insel. Auch der Rucksack schien zu drücken. Gleichwohl wies ihr Blick in eine der Straßen, die den Platz querten. «Barer Straße ... Sieben ...» Die Begleiterinnen erkannten in der Richtung einen langen, modernen Verwaltungsbau. «Dort», sie holte tief Luft, «stand das Palais von Lola Montez. Kein Hinweisschild. Nichts. Vor den Fenstern johlten nachts die Studenten, die die Mätresse Ludwigs I. sehen und mit ihr feiern wollten. Tagsüber versammelten sich dort Bürger, die Lola Montez wegen ihrer unberechenbaren Macht auspfiffen. Die schöne, wilde Irin trieb sie mit ihrer Reitpeitsche auseinander und zündete sich eine Zigarre an. Eine weltberühmte Frau, eine ungehemmte Erfinderin ihres eigenen Schicksals, deren Gebaren eine Revolution, die Abdankung des Königs, heraufbeschwor, – und jeder geht jetzt achtlos vorbei. Haben Sie Einfluss, Frau Silberstein, auf Stadtrundfahrten?»

«Nein.»

«Das wäre eine alternative City-Tour oder, besser gesagt, eine vollständige. Der Amtssitz des Ministers Montgelas, der resümierte: Je gebildeter der Mensch ist, desto mehr wird er für Zivilisation und Toleranz eintreten. Das Wohnhaus Lenins, in dem er sein revolutionäres Hauptwerk *Was tun?* zu Papier brachte. Das Grundstück von Lola Montez, wo Pfauen ihr Rad schlugen, Ahnfrau von Mata Hari und Marilyn Monroe, der erste moderne Vamp, Diamonds are a girl's best friend …»

«Der Fremdenverkehr arbeitet natürlich an einem soliden Image der Stadt», wusste Frau Silberstein.

«München ist selten eine Stadt der Gemütlichkeit», stellte die Oberbayerin klar, «es ist eine Stadt der Leistung. Sonst lässt sich das Leben hier nicht finanzieren. Und es ist eine Stadt der Umbrüche und Katastrophen: die erste und einzige Räterepublik Deutschlands, rot-anarchistisch, 1919, bald darauf der Brand des Kristallpalasts, in den Fünfzigerjahren der Absturz des Flugzeugs mit der Mannschaft von Manchester United, das Attentat auf die israelischen Sportler, die Bombe von Neo-Nazis auf dem Oktoberfest, der Linienbus, der in Trudering mitsamt den Fahrgästen in der Straße versank. Auch so sieht's hier aus. Mich regen Klischees auf. Bayern und München sind vulkanisch.»

«An heile Welt irgendwo habe ich noch nie geglaubt», bestätigte Ortrud Vandervelt.

«Umso wichtiger wird Paul Heyse. Er ist nicht folkloristisch. Der Berliner führte hier die Welt zusammen.» Die Stadträtin setzte den Weg fort. «Das nimmt uns für die Zukunft in die Pflicht. Und warum nicht im Zentrum eine Lola-Montez-Bar? Das kann die Besucherzahlen steigern. Und wir hätten den Vamp mit einbezogen.»

«Wie bitte, Frau Silberstein!», empörte sich die Schriftstellerin, «eine Lounge mit Kurtisane?»

«Kleine Bar.»

«Lola Montez, das Zerrbild einer Frau, eine avancierte Hure.»

«Ihre Position hätten wir nie erklommen. Vielleicht fehlt uns die Lebenskunst.»

«Spielball mächtiger Böcke.»

«Frühere Zeiten, andere Gebräuche, Vandervelt. Meist spielte sie mit den Männern. Das ist auch subtil.»

«Vielleicht wollen Sie noch eine rote Laterne über die Tür hängen.»

«Sind Sie spießig?», musste sich die Romanautorin fragen lassen. «Aber Empörung und Verklemmung liegen wohl im Trend. Die neue Kleinbürgerdespotie. Trotz Modeschnickschnacks, alle verkorkst und verklemmt. Stimmt doch.»

Die Stadträtin zupfte ihr Halstuch lockerer.

Die Schriftstellerin stand sprachlos da. – «Nicht mit mir. Mit mir nicht», man wusste nicht genau, was sie meinte. «Wenn das Ihre Wähler hörten!»

«Pro Wahrheit eine Stimme weniger – das ist mir egal. Die besten bleiben mir treu. Doch für den Rest meiner Amtszeit kenne ich nur noch ein Vorhaben.»

Zwischen Stockrosen hob ein Marder den Kopf.

Die Blicke trafen sich.

Weg war der elegante Nager, durchs Gras, geschwind über die leere Fahrbahn, unter geparkte Autos.

«Nicht schlecht, weltoffen», sann Therese Flößer leise nach, «kleinere Tagungsräume könnte man nach dem Geliebten von Kurfürst Max III. Joseph benennen, Graf-Seeau-Salon, oder nach den Angebeteten von Ludwig II., Thurn-und-Taxis-, Josef-Kainz-Raum oder einfach Reitknecht-Stube. So fühlt sich jede Clientèle willkommen.»

«Im Heyse-Zentrum? Ein Puff. Noch ein Swingerclub im Tiefparterre. Für die Stipendiaten. Wo bin ich?» Nach dem Aufschrei Ortrud Vandervelts war es besser zu schweigen.

Junges Grün der Baumkronen rauschte.

«Will alles klug bedacht sein …», das Murmeln der Stadträtin erstarb, «manche Gelegenheit kehrt nicht wieder. Dann sieht Berlin alt aus … Der Oberbürgermeister ist offener, als man denkt … Viele Menschen sind's vielleicht auch. Man muss nicht immer im Voraus schonen. Durchs Anecken, durch Aufbruch und Buntheit entsteht Dynamik. – Leben profitiert von Leben.»

Wolken zogen langsam über den Abendhimmel.

Man meinte, Flugzeuge blinken zu sehen.

Zwei Trambahnen umrundeten in entgegengesetzter Richtung das Rondell. Die Waggons waren nicht mehr voll. Ihre Lichter waren eine vorbeigleitende Illumination.

Die Bronzeplatten des Obelisken schimmerten wie feucht. Von Widderkopf zu Widderkopf schwangen sich Girlanden von metallenem Eichenlaub zu Ehren der Gefallenen. In den Weiten Russlands von Säbeln zerhackt, erfroren. Bauernburschen aus Tölz. Und Napoleon war aus dem Inferno mit Eilschlitten in die Tuilerien zurückgekehrt, hatte neue Truppen ausheben lassen. Die Biomasse der Kriege.

Niemand hatte Tränen genug.

Unheil, immer aufs Neue.

Für obskure Machenschaften.

Die Empörung war nie stark genug gewesen, irgendwo, bisher.

Die Krähen staksten hier am richtigen Platz.

Die Pfade durchs Grün waren gefegt.

Der Tag war bisher schon lang gewesen. Sie hätten Zeit genug gehabt, sich im Café Luitpold mit einer Tasse Kaffee zu stärken.

«Noch auf der Suche nach einem Abendschmaus?» Schon auf

der Brienner Straße hatte Therese Flößer eine Amsel angesprochen, die beim Hüpfen über den Rasen vor einer Kanzlei innegehalten und erkennbar gehorcht hatte. «Ich muss das Trumm mal aufmachen.» Die bisweilen stellvertretende Leiterin des Literaturarchivs Monacensia humpelte zum Sockel des Obelisken. Und ließ sich nieder. Sie öffnete den Verschluss vom Walkcast und zog mit einem Stöhnen ihren Fuß heraus. Sie atmete auf, streckte das Bein und bewegte vorsichtig das Gelenk. Unter dem farbigen Socken war es bandagiert.

Neben ihr nahm die Autorin Platz. «Mir schwirrt der Kopf.»

«Wem nicht? Dazu braucht es nicht einmal eine Verabredung.» Auch Frau Silberstein saß. Nach einer Weile gemeinsamen Schweigens zückte sie ihr Phone. Sie öffnete die Mailbox. «Der Experte wollte sich melden.» Sie scrollte herunter. Es schien sich eine Menge angesammelt zu haben. Sie schüttelte den Kopf: «Wann die Turnhalle vom Asam-Gymnasium fertig ist? – Ich bin nicht der Polier.» Der Schein des Displays erhellte ihr Gesicht. Den mattroten Lippenstift hatte man zuvor nicht wahrgenommen. «ger-department@ ... Fakultät heißt jetzt wohl department. Auch in Erlangen?» Therese Flößer nickte: «Department of German Literature. Landauf, landab. Die Angelsachsen lachen sich deppert über uns.»

Antonia Silberstein öffnete die Mitteilung. «Das könnte er sein. – *München Akku leer* –» Sie ließ das Phone sinken.

«Und nun?»

«Nichts.»

«Therese ist Expertin genug», befand Ortrud Vandervelt. «Wann sollen wir überhaupt dort sein?» Sie schaute auf ihre große Uhr mit lachsfarbenem Zifferblatt.

«Gegen acht», erklärte die Stadträtin, «ein Herr Kienzlmayr, der neue Assistent des Kulturreferenten, hat uns angemeldet. Wohnen wohl noch Leute drin.»

Sie saßen nebeneinander. Irgendwie deprimiert. Die Bibliothekarin drehte ihren Fuß im Strahlerlicht für den Obelisken. Als wären sie gerade in die Welt hineingeworfen worden, schuldlos, ohne Heimat, und schon dem Vergehen überantwortet. Flüchtige Geschöpfe. Frieden kehrte ein.

«Wenn er nicht kommt? Er soll die Expertise schreiben.»

«Könnte Therese auch.»

«So gut weiß ich nicht Bescheid.»

«Heyse und München. Darauf kommt es an», bekannte die Stadträtin. Auf hohe Stiefel, die braunen, sollte die Beamtin besser verzichten, dachte Ortrud Vandervelt mit einem Blick zur Seite. Solche Ledertürme verunzierten Frauen, ließen sie wie Dragoner wirken, ohne Ross und Lanze. «Vorhin war er in Sorrent», sagte sie.

«Seine Ankunft in München gehört zum Schönsten», bemerkte Flößer. «Ein Helfer spielte dabei eine Rolle.»

«Emanuel Geibel, der Dichterfreund.»

«Geibel, klar, wer sonst?, der Mai ist gekommen, am deutschen Wesen –», die Freundinnen schauten die Stadträtin an, die ein wenig erschöpft die Schultern zuckte.

«Geibel war schon in München. König Maximilian II. Joseph, also der Sohn von Ludwig I. und Vater des Märchenkönigs, hatte Geibel hierher geholt. Monarchen, Max II.», erwärmte sich die Berchtesgadenerin wieder für ihre Landesväter. «Palais, Museen waren von seinem Vater genug gebaut worden, diese Prunkklötze im Acker. Unter dem Motto: Wer München nicht gesehen hat, hat Deutschland nicht gesehen ... Es fehlte in all den Neubauten des jungen Königreichs nur der Geist.»

«Das kenn ich aus Bad Harzburg.»

«Also Max II. versammelte zur geistigen Stimulierung und Bereicherung Bayerns Gelehrte, Dichter, Intellektuelle um sich.»

«Das ist sehr schön, nobel, weitsichtig», lobte die Stadtverordnete, «daran fehlt es heute.»

«Die sogenannten Nordlichter Geibel, der Chemiker Justus von Liebig, auch Erfinder des Suppenwürfels, der Historiker Riehl, der Theatermann Bodenstedt und andere wurden regelmäßig in die Residenz geladen, um den König über die Entwicklungen in Kunst und Wissenschaft auf dem Laufenden zu halten. Die Gespräche mochten sich dann auf Lehrpläne an Universitäten und Schulen auswirken. Wichtig. Die gelehrten Soireen wurden Symposien genannt und waren bald legendär.»

«Wir beleben das im Zentrum.» Die Stadträtin strich sich über die Beine.

«Wein, Bier, Kaffee, Sandwiches wurden serviert. Manchmal wurde auch bei der Königin vorgelesen. Königin Marie bemühte sich, Liebigs Forschung zum Kunstdünger … ohne Liebig würde mehr Hunger grassieren … und Riehls Lobpreis des Augsburger Religionsfriedens zu verstehen, doch Marie – unsere erste professionelle Bergsteigerin, eine Preußin! – schlummerte manchmal dabei ein. Die Herrn entfernten sich dann still vom Tee. Der König selbst lauschte aufmerksam. Da er fast ständig unter Kopfschmerzen litt, bisweilen rasenden, bleibt sein Wunsch nach persönlicher und allgemeiner Bildung umso achtenswerter. Merkwürdig, dass Thomas Mann, der die Verbindung von Leiden und Sensibilität liebte, bei anderen, diesen König nicht in eine Erzählung eingebunden hat. Auch das Ende von Max II. Joseph war bitter. Nach sechzehn Regierungsjahren verletzte er sich 1864 mit einer Krawattennadel und starb an Blutvergiftung.»

«Furchtbar.» Vandervelt schüttelte einfühlsam den Kopf.

Ein bisschen kühl saß man auf dem Sockel.

«Nun, Jahre zuvor hatte Geibel den König auf den jungen Star der Dichtung, auf Heyse aufmerksam gemacht. Seine Gedichte, Novellen versüßten immer mehr Lesern den Abend unter der Petroleumlampe. Mit Heyse konnte man seufzen – ach, sie kämpft um den Geliebten … durch seine Verse wurde man entzückt. *Nun sieh, wie muss es um mein Lieben stehn: Mein Herz entweicht der Brust, um dich zu sehn!* – Auch *Die Gartenlaube* druckte Sehnsucht und Idyll, das bedeutete Massenpublikum.»

«Keinen Protest bitte, Frau Vandervelt», bat die Stadträtin.

«Nein, nein, ich erhole mich.»

«König Max bot dem Zwanzigjährigen ein Jahresgehalt von tausend Gulden an. Für Poesie. Ein fürstliches Salär und eine Investition in die Zukunft. Seine Ankunft in München. Aus einer deutschen Dichterzeit. Das ist spannend. Lies du doch, Ortrud. Sie liest fabelhaft.»

Antonia Silberstein reichte der Schriftstellerin die Memoiren, glücklich aufgeschlagen bei den Seiten, zwischen denen das weißblaue Fähnchen am Holzstick steckte.

«*Ich habe es stets als eine besondere Gunst meines Geschicks betrachtet, dass mein Leben in jungen Jahren aus dem heimatlichen Berlin nach München verpflanzt wurde.*»

Die Zuhörerinnen waren's zufrieden.

«*Nun fand ich in München gerade das, was mir bisher gefehlt hatte: eine sehr unliterarische Gesellschaft, die sich um mein Tun und Treiben wenig oder gar nicht bekümmerte, am wenigsten mich durch Urteilen verwirren konnte.*»

Die Zufriedenheit war gedämpft.

«*Man sprach damals selbst in den gebildeteren Münchener Kreisen niemals von Literatur, höchstens vom Theater.*»

«Vielleicht hat auch ein Heyse manchmal Vorurteile», spekulierte die Stadträtin.

«Dafür empfing mich eine unfreundliche, wo nicht feindselig gesinnte Schar einheimischer Kollegen, deren Verhalten gegen den Fremdling seinen Charakter stählte und ihn dazu trieb, stets sein Bestes zu geben ...»

«Also hat es seine Vorteile, bei uns zu landen.»

«Wichtiger noch war, dass der Großstädter, der bisher nur in den Häusern guter Freunde heimisch gewesen war, sich hier zum erstenmal auf einen breiten, derben Volksboden gestellt fand, auf dem sich ein eigenwüchsiger, nicht immer löblicher, aber kraftvoller und vielfach poetischer Menschenschlag bewegte, nicht von fern mit dem zu vergleichen, was man in Berlin ‹Pöbel› nannte ...»

«Volksentscheide hätte er wohl nicht erfunden.»

Vandervelt wehrte mit einer Geste die Unterbrechungen ab. *«Nicht minder fand sich der Norddeutsche, zumal wenn ihm das muntere Blut des fahrenden Schülers noch in den Adern floss, durch die ungebundenen Sitten und den farbigen volkstümlichen Zuschnitt des Lebens angezogen, wenn er auch manches Liebgewohnte vermisste. So gab es zum Beispiel keine eigentliche Geselligkeit in München. Die Männer gingen allabendlich in ihr gewohntes Bierhaus, die Frauen saßen in sehr zwangloser Toilette zu Hause und empfingen höchstens eine Freundin – gelegentlich wohl auch einen ‹Freund›, den das Négligé nicht abschreckte ...»*

«Da Mo beim Saufa, Gemahlin lasst's Gspusi nei», lachte die Flößer, «ich sagte ja, es ist ein wundervolles Zeitdokument.»

«Desto liebenswürdiger erschien uns hier im Süden der freiere Verkehr der verschiedenen Gesellschaftsklassen untereinander an öffentlichen Orten, der schon an Italien erinnerte. Zwar konnte es in München nicht vorkommen, wie ich es in Rom erlebt hatte, dass ein Bettler im Café von Tisch zu Tische ging und, nachdem er so viel gesammelt hatte, um seinen Kaffee zu bezahlen, sich ohne Verlegenheit unter die Gäste setzte, um

vom Kellner wie jeder andere bedient zu werden. Aber die demokratisierende Macht des Bieres hatte doch eine Annäherung bewirkt. Der geringste Arbeiter war sich bewusst, dass der hochgeborene Fürst und Graf keinen besseren Trunk sich verschaffen konnte als er; die Gleichheit vor dem Nationalgetränk minderte ... Entschuldigung, verlesen ... *milderte die Gegensätze.»*

Die Stadträtin meinte ein wenig enttäuscht: «Bier prägt die Lebensart, den Befund kennen wir.»

«Weil Heyse ihn formuliert hat. Der Preuße analysierte als Erster die Bierseligkeit und erkannte die Lebensphilosophie darin.»

«Man wird nicht bestreiten können», erstmals zeigte sich auf Ortrud-Karen Vandervelts Gesicht eine Begeisterung für den Dichter, *«dass in dem Grundsatz, sich ja nicht zu überarbeiten, bloß um Geld zu erwerben, um dann im späteren Alter die Früchte seines Fleißes vielleicht nicht mehr genießen zu können, ein freierer und vornehmerer Sinn sich offenbart, als in dem atemlosen Jagen nach Erwerb, wobei über der Hast, immer reichere Mittel zum Lebensgenuss zu gewinnen, der Zweck oft nicht mehr erreicht wird.»* Sie blickte auf: «Wohl wahr!»

«Wir Geschundenen, wir Getriebenen. Wir Idioten.»

«Bestärkt wurde das Volk in dieser leichtherzigen Lebenskunst überdies durch die vielen Feiertage, zu denen im Karneval noch andere Gelegenheiten, sich gute Tage und Nächte zu machen, hinzukamen. Das alles aber sah sich bunt und lustig an und hing mit so manchen phantasievollen Überlieferungen zusammen, dass es auch auf den protestantisch gewöhnten Sohn der Mark einen anziehenden Eindruck machen musste. Freilich konnte man sich nicht verhehlen, dass die warmblütigere, sinnlichere Natur dieser Bevölkerung in sittlicher Hinsicht manches Bedenkliche hatte. Nicht nur im Gebirge galt das Sprüchlein: Auf der Alm da gibt's koa Sünd.»

«Der Spruch stammt von Heyse?»

«Na, des kimmt von de Berg', von dahoam», korrigierte die Oberbayerin.

«Hier fanden sich für Künstler Modelle genug, während es in Berlin einem ehrbaren Dienstmädchen als eine Beleidigung erschienen wäre, einem Maler für ein Aktbild zu sitzen. Und so ging ein Hauch von fröhlicher Sinnlichkeit durch alle Schichten der Gesind-... Sorry, wieder verhaspelt», über ihren Versprecher verärgert, ballte Vandervelt die Faust, *«... durch alle Schichten der Gesellschaft.»*

Die Damen schauten über das weite Rondell und ließen Heyses Gedanken auf sich wirken. Die Zuneigung der Schriftstellerin für den einst gefeierten Kollegen schien wieder zu schwinden. Ein wenig zu viele Männergelüste, Freude an Faschingsexzessen, an Lola Montez, die mit einer Pistole zum Rendezvous ritt – Fleischspektakel, ungeordnete Sinnlichkeit –, schien in den Zeilen mitzuschwingen. Vielleicht war er einfach offen für Glück. Und sie selbst viel zu wenig.

Insekten schwirrten im Licht der Scheinwerfer. Vor Jahren wäre es noch ein dichtes Gewimmel gewesen. Sogar Fliegen waren in der Stadt selten geworden. Nun hätten Schwalben wohl ohnehin nicht mehr überlebt. Wo schlug noch eine Nachtigall? Einzig Wespen schienen eine zähe Art zu sein.

«Ich kann nicht aufs Geratewohl vorlesen.» Ortrud Vandervelts Faust lockerte sich kaum. «Versprecher wie beim ABC-Schützen. Widerlich. Peinlich.»

«Es klang wunderbar.» Die Stadträtin wunderte sich über die Wut. Flößer nicht. Sie wusste, dass die Freundin zu den Perfektionistinnen gehörte. Niemals eine Laufmasche, kein Fussel auf der Kleidung, stets aufrechte Körperhaltung. Lud sie gelegentlich zum Essen ein, dann schien Ortrud am Herd, mit fleckenloser Schürze, vor Anspannung zu knistern, aber das Ossobuco mit getrüffeltem Risotto wurde gerecht portioniert auf vorgewärmten Tellern serviert. «Ich schaff das allein.» Jede Hilfe wurde abgelehnt. Noch ein Lächeln wusste die geplagte Gastgeberin sich abzuzwingen. Die Wohnung: picobello, die Bücher nach Autoren alphabetisch geordnet in den Regalen, ein Heimtrainer im Schlafzimmer, Dutzende Schuhpaare blitzblank im Klappschrank. Die Aufmerksamkeit, die Ortrud jedem Gast widmete, wirkte geradezu übertrieben: «Wieder die blaue Bluse. Aber sie ist hübsch.» Sie lauschte in alle Richtungen, kein Satz entging ihr, meinte jemand am Tischende: «Ich glaube, im Koran widersprechen sich manche Speisevorschriften», hakte sie sofort freundlich, aber entschieden nach: «Glaubst du's oder weißt du's?» Sie schenkte freigiebig Wein ein, doch man zögerte, ungezwungen zu werden. Gerade in Gesellschaft konnte es passieren, dass Ortrud-Karen Vandervelt plötzlich wie mit dem Rohrstock dozierte: «Ich halte es für vollkommen unzeitgemäß, auf dem Wunsch einer marginalen Utopie zu insistieren, anstatt die Möglichkeiten einer mehr als manifesten Dystopie zu eruieren, zumal nicht nur Luhmann, sondern auch Armin Nassehi die selbstreferenziellen, also autopoietischen Zirkelschlüsse längst als das erkannt und entlarvt haben, was sie sind: bloßer Eskapismus. Das geht keinesfalls!»

Korrigieren ließ Ortrud-Karen sich kaum. Erstens hielt sie das für anmaßend. Zweitens begriff keiner, worauf sie hinauswollte. Zu guter Letzt konnte natürlich niemand tollpatschig sagen: Komm auf den Teppich. Die gebürtige Niedersächsin glänzte – sobald sich eine offizielle Situation andeutete – im Abstrakten. Ihren Romanen, wie zum Beispiel *Nocturne Studie der Gerechtigkeit*, tat das nicht immer gut. – Stets perfekt, immer kontrolliert, immer wachsamst. – Warum tat sie sich das an? Hohe Anforderungen in der Kindheit? Sie hatte sich – so sah sie es, und so stimmte es vielleicht – in einer Männerwelt behaupten müssen, hatte zuverlässiger, präziser, selbstgewisser sein müssen als die Herrn. Dieses Gefühl, diese Erfahrungen übten, falls sie es so erlebte, einen immensen Druck aus. Nicht nur gut, sondern besser zu sein. Noch im Halbschlaf hätte sie es, während andere weiterschnarchten, zuwege gebracht, einen Kopfstand zu machen. Man bestaunte Ortrud Vandervelt, man schätzte sie, empfand Mitgefühl wegen ihrer Strenge, lachte mit ihr, wobei man auf einen bissigen Kommentar gefasst blieb. Ihre Selbstkontrolle grenzte an Selbstzerstörung. – Soweit man hörte, und Therese Flößer wusste es, fand die Disziplinierung ein Ventil in mancher, seltener Liebschaft, die sie sich leistete, mit oft dumpfen, scheinbar grässlichen Kerlen, die ihre Qualitäten für rasende Nächte haben mussten. Gefährlich für eine Frau, zumal eine alternde, sich auf obskure Bekanntschaften einzulassen. Mit ihrer Pistole war Lola Montez nicht schlecht beraten gewesen. Aber wer weiß, ob Ortruds Erwähnungen stimmten? Vielleicht gehörten sogar die Andeutungen furioser Hingabe zur Inszenierung eines Lebens, in dem es an nichts fehlte. Glück, Frieden, Freude gönnte man auch ihr. Ortrud nicht weniger als anderen, empfand Therese. Wenn man sie doch nur einmal an sich drücken könnte, ohne dass man sich mitsamt seiner spontanen Regung sogleich auf einen Zweck hin analysiert fühlte. Sie lebte ihren eigenen Fluch. Wer nicht, in anderer Ausformung, Schattierung, Abstufung? – Vielleicht war es auch das, was die Floskel *C'est la vie* beinhaltete. Die Erkenntnis half nicht immer weiter und über Hürden. *C'est la vie*. Es rauschte dahin.

Und in alldem tauchte nun auch noch Paul Heyse auf.

Aus ungetrübtem Himmel. Wie eine Fata Morgana. Vielleicht nutzlos, doch vorhanden. In seiner Weise lehrreich.

Das Projekt.

Eine Angelegenheit, in die man hineingeraten war.

Die Schwierigkeiten.

Ein Mann spazierte an den drei Damen auf dem Obeliskensockel vorbei. Er schaute sie an. Sein Blick ließ sich nicht deuten. Mit dem Ingenium von Frauen, vielleicht aus ihrem eingeborenen Schutzinstinkt heraus, nahmen sie ihrerseits den Spaziergänger wahr, doch so, als wäre er aus Glas, gar nicht da.

Ortrud Vandervelt hatte die Zeilen, um die es ging, überflogen, fühlte sich sichtlich besser vorbereitet.

«Nach dem Einleben, dem Philosophieren übers Bier, finden die Gesprächsrunden beim König statt.»

«Das ist schön», ergänzte Therese Flößer.

«Man wurde regelmäßig erst am Morgen oder Mittag zu diesen Abenden eingeladen und hatte in Frack und schwarzer Krawatte zu erscheinen. Der König schien großes Gefallen daran zu finden und brachte immer neue Fragen aufs Tapet. Mehr und mehr wurde es Brauch, dass in der ersten Stunde ein wissenschaftliches Thema durchgesprochen wurde, wie Parthenogenesis, Ebbe und Flut, Elektrizität oder die Entstehung des Sonnensystems, zuweilen mit Experimenten illustriert, ästhetische und literarhistorische, dann vorwiegend soziale und völkerpsychologische ...»

Der Memoirenpassus schien Vandervelt mehr zu behagen als der Exkurs über den Sinnesjubel, und sie verlas sich kein Mal ... *«und nun hatten die Dichter das Wort, die sorgen mussten, dass immer etwas zum Vorlesen bereit war.»*

Die Schriftstellerin blickte geradezu triumphierend auf.

«Es ist gar kein Ortstermin ... Wir veranstalten das letzte Symposion von König Max», stellte Antonia Silberstein auf dem Karolinenplatz verwundert fest und lauschte.

«Was diesen Abenden aber einen besonderen Reiz und Wert verlieh, war die unbedingte Redefreiheit, die zuweilen sogar in sehr unhöflichem Maße an der Grenze des Zanks sich verirrte ...»

«Schöne Sprache, sie schwingt, gibt es fast nicht mehr», warf Therese Flößer ein.

«Hatte man in der Hitze des Gefechts dann vergessen, dass die Gegenwart des Königs einige Rücksicht erheischte, und hielt plötzlich inne mit einer Entschuldigung, dass man sich zu weit habe fortreißen lassen, so bemerkte der König mit freundlichem Lächeln: ‹Ich bitte, sich ja keinen Zwang anzutun. Ich habe nichts lieber, als wenn die Geister aufeinanderplatzen.›»

«Na also, wir müssen über das Heyse-Zentrum nicht einer Meinung sein.»

«Es wird nicht kommen.» Vandervelt war wieder sehr gegenwärtig.

«Doch.»

«Gegen Ende Februar des Jahres 1859 war Fontane nach München gekommen.»

«Aha», meinte die Stadträtin in einem Tonfall, als ob sich an dieser Reise noch etwas ändern ließe.

«Geibel hatte ihn für uns zu gewinnen gesucht. Ich hatte bei einem der Symposien von seinen Balladen vorgelesen und großen Beifall auch beim Könige damit geerntet. Am 24. März las Fontane. Seine Poesie und seine Person erweckten die wärmste Sympathie von allen Seiten. Weshalb es trotzdem zu einer Berufung nicht gekommen war – die übrigens dem eingefleischten Märker auf die Länge schwerlich behagt haben würde – vermag ich nicht zu sagen.»

«Tja, so bleibt es bei den *Wanderungen durch die Mark* und nicht durchs Dachauer Moos.»

«Ist jetzt mal Ruhe!», verlangte die Leserin.

«Ich selbst hatte mit dem Vorlesen meiner Versgeschichte Die Brüder *angefangen, die die Königin ‹sehr schön, aber sehr ernst› gefunden hatte. Besonderen Beifall fand ich mit meiner* Braut von Cypern, *weit mehr, zu meiner Verwunderung, als mit der* Hochzeitsreise *an den Wal-*

chensee. *Aber die realistischen Züge darin, wenn sie auch bayerische Szenerien und Volkssitten schilderten, fanden weniger Anklang bei dem Herrscherpaar als die romantische Welt des Südens, und der düstere Walchensee konnte trotz aller Humore …»*, Vandervelt blickte auf, «also Launigkeit, heitere Einfälle, *die ihn umspielten, den Vergleich nicht aushalten mit der Purpurbläue des Mittelländischen Meeres.»*

«Ja, das Meer … Kreta, der Strand von Naxos», man wusste nicht genau, welche Erinnerungen Therese Flößer sich wachrief.

«Die dichteten damals offenbar, wie die Sauen ferkeln, Tag und Nacht.» Silberstein räusperte sich entschuldigend.

«Bewundernswerte Fruchtbarkeit. Zum Fürchten.» Ortrud Vandervelt klappte die *Jugenderinnerungen und Bekenntnisse* zu, «weniger Problembewusstsein, ungehemmtere Ausschüttung. So war's wohl einmal. *Die Braut von Cypern*, nie gehört.»

«Andere haben schon damals lange an Meisterwerken gefeilt.»

«Paul Heyse nicht. Ein Geysir der Worte. Ohne jede Scheu vorm Thema. Alles ins Versmaß verpackt und hübsch verschnürt. – Das geht doch nicht. Das geht längst nicht mehr. Die Welt ist explodiert. Die Seelen sind's, die Hirne denken uferlos. Zu viel Grauen hat uns eingeholt, zwei Weltkriege, Völkermord. ABC-Waffen, Massenwanderungen. Verrutschte Wahrheiten. Orkane aus Lügen. Berechtigte und gezüchtete, kaum unterscheidbar überbordende Ängste. Heillosigkeit im gerade noch Geordneten.»

«Übertreiben Sie nicht, Frau Vandervelt?»

«Daran, Ortrud, ist doch nicht er schuld.»

«Das behaupte ich nicht. Seine Erinnerungen sind superb. Und die Königin schlief meistens ein?»

«Ja, Marie war nur im Gebirge rege, in festem Schuhwerk und mit Proviant im Rucksack.» Therese Flößer fasste den ihren und griff die Krücke.

Die Frauen erhoben sich.

«Und nun?»

«*Sonnenschein, o Herr und König, nimm dich unser gnädig an.*»

«Zur Villa.»

Das Hermelin

Beim Überqueren der Fahrbahn, von keinem Auto und keiner Tram aufgehalten, läuteten einmal kräftig die Glocken von Big Ben.

Man schaute die Stadträtin an. Die war selbst ratlos. «Manchmal gerate ich in die Einstellungen ... Ich hatte auch schon Wasserfall und die Matthäuspassion, Barrabam.»

«Dann geht's ja noch.»

Auf dem Gehweg las sie die Mitteilung. «*Akku fast wieder voll. Bin da.* – Kotzexperte», entfuhr es ihr. «Wo denn da? In München, auf der Welt, auf Heyses Klo?»

«Fragen Sie doch nach.»

«Jetzt ist meiner fast leer. Herrgott. Zur Not stemmen wir das alleine. – Es ist ja nur eine erste Visite.»

Eine Frau führte ihren Beagle Gassi. Das muntere Tier schnupperte und erleichterte sich neben einer Laterne. Nach dem Geschäft ihres Lieblings schien die Besitzerin mit dem Hund fortspazieren zu wollen, sah sich aber im Blickfeld der drei Fremden. Sie griff den Kot mit einem roten Plastiksäckchen. «Ich hab schlechte Erfahrungen gemacht», sagte Vandervelt, «falls sie Gäste hat, hoffentlich wäscht sie sich die Hände. Bei Hundebesitzern ess ich ungern. Überhaupt Tiere in der Großstadt. Nicht ideal.»

Den Begleiterinnen wurde einigermaßen übel.

Und sie erschraken. Martinshörner wurden rasch lauter, schrillten durch den Abend. Autos fuhren teils schräg auf den Gehweg, bildeten eine Gasse. Der Beagle jaulte auf. Das Rondell mitsamt

Obelisk wurde in Wellen von Blaulicht getaucht. Polizei, Notarzt, mehrere Feuerwehrwagen, dahinter wieder Polizei und abermals Notarzt rasten um das Halbrund nach Norden. Ein Großbrand? Entsetzlich. Jener rassistische Amokläufer, der im Olympiazentrum vermeintliche Ausländer erschossen hatte ... Wieder Terror? Von Rechtsextremen? – Der vierte Löschzug. Der Kirchentag wurde vorbereitet ... Ein Anschlag von Islamisten? – Tote. Was einem in diesen Zeiten zwangsläufig durch den Kopf schwirrte. Wahrscheinlich Rettungsfahrzeuge aus mehreren Richtungen der Stadt. Sicherlich doch ein Großbrand. Im Industriegebiet. Hoffentlich kein S-Bahn-Unglück. Oder etwas am Flughafen.

Die Kolonne entfernte sich.

Die vordersten Warnlichter ließen mittlerweile die Pinakotheken bläulich aufleuchten.

Die Martinshörner verklangen.

Bedrohten wünschte man Rettung.

Die Abendruhe, die wieder einkehrte, war geborgt.

Hoffentlich kamen die Helfer rechtzeitig an.

Die Vorkehrungen der Zivilisation. Gut.

Die Hände lösten sich von den Ohren.

Das Herz schien kurz aus dem Takt geraten.

Hinter alten Gitterstäben wucherte Gesträuch.

Wortlos trotteten sie weiter.

Der Klumpfuß der Archivarin wirkte unbedeutend.

Ein Fahrradfahrer auf dem Gehweg ohne Licht. Ortrud Vandervelt wich ans Gitter zurück. Ihn fotografieren, anzeigen, ein paar Hundert Euro Strafe. Dann würde es wieder rücksichtsvoller. Roheiten weiteten sich zur völligen Verrohung aus. Verblödung im Tross. Vielleicht war es doch sinnvoll, in einem Meer von Fahrlässigkeit und Ignoranz, an Paul Heyse, den Nobelpreisträger von

einst, zu erinnern, dass es ihn gegeben hatte, dass er sonnige Rosen-
verse über die Welt geschüttet, an einen musischen Herrscher erin-
nert hatte, Wissbegierige würden Wissenswertes entdecken, neue,
bisweilen schicke Proleten vielleicht merken, dass ihnen nicht alles
gehörte, Après-Ski-Orgien und die Kultur. Das Paradiesgärtlein der
Kultur, in das sie vielleicht gar nicht hineinwollten. Eingezwängt
von den Zwecken, der Raffgier, der Bequemlichkeit, dem Rück-
sichtslosen, dem Blöden. Es existierten andere Eliten als Hightech-
spezialisten, Makler und Volksverführer.

Die Schriftstellerin beruhigte sich wieder, wurde wieder um-
gänglichere, geduldige, entschiedene Demokratin. Ein Privileg, in
diesem Land leben zu können. Der beste Staat der deutschen Geschichte und einer der erfreulichsten überhaupt. Für das Wohlergehen, die Sorgfalt der Gesetze musste man dankbar sein. Die Demokratie siegte immer, fand Kompromisse, besserte nach, sonst
wäre sie nicht mehr da. «Soll ich dir den Rucksack abnehmen?»

«Danke, geht schon.»

Die Baurätin bot Gummibärchen an. «Ich weiß nicht, wieso. Ich
fühle mich wie die Bremer Stadtmusikanten.»

«Das waren vier, die durch den Wald irrten, aufeinander kletter-
ten, Radau machten und so die Räuber vertrieben.»

«Der alte Esel, Frau Silberstein, der lahme Hund, die Katze, die
ersäuft werden, und der Hahn, der in den Topf kommen sollte.»

«Ich dachte, drei.»

«Eigentlich wollten sie in Bremen als Musiker leben.»

«Dann hatten sie das Räuberhaus.»

«Man vergisst so vieles … immer öfter Namen.»

Zwischen Gitterstangen und Gartengestrüpp näherten sie sich dem
Ende der Brienner Straße. Bedrückung und ein Verstummen stell-

ten sich bei den dreien unweigerlich ein. Weiß im Dunkel erhob sich linker Hand der Kubus des noch neuen Dokumentationszentrums für die Verbrechen des Nationalsozialismus. Nachhaltig war die Gegend verpestet worden. Der Erinnerungsort mit Ausstellungen und Veranstaltungen über die Jahre der Schreckensherrschaft und Entmenschung war dort errichtet worden, wo sich bis 1945 die Zentrale der NSDAP befunden hatte, das Braune Haus. Aus dessen Räumen war die Diktatur, waren Unterwerfung und Entrechtung des fanatisierten Volks und seiner millionenfachen Opfer mit organisiert worden. Die unaustilgbare Schande Deutschlands hatte sich von hier über das Land, Europa und die Welt ausgebreitet. Unermessliches Leid, unermessliche Verwüstung waren ersonnen worden, auf der gegenüberliegenden Straßenseite. Noch immer meinte man, das Zusammenschlagen von Stiefelhacken auf Korridoren zu hören, sah man Parteiobere und Bürokraten die Vernichtung von Freiheit und Leben planen. Unweit waren der Völkische Beobachter, Verlautbarungen und Erlasse des Regimes gedruckt wurden. Für jedes Exemplar von *Mein Kampf*, das Organisationen für ihre Mitglieder und Kommunen für Brautpaare kaufen mussten, für jede Briefmarke mit seinem Abbild, und andere gab es nicht, erhielt der Führer Tantiemen. Ein millionenschwerer Massenmörder. Seine Helfershelfer, die sich an fremdem Eigentum bedienten.

Bomben hatten spät die Zentrale des Terrors beseitigt.

Die Stadtbaurätin entsann sich der jahrelangen Debatten und Querelen, wie mit der Ruinenbrache zu verfahren sei. Ein Ort, der vor Verführung und ihren Folgen warnen sollte, unbedingt. Doch die Architektur des Gebäudes? Einladend oder streng? Kaum entscheidbar. Als Name hätte *Haus für Toleranz und Frieden* zu unverbindlich geklungen. Schließlich hatte man sich auf *NS-Dokumentationszentrum München – Lern- und Erinnerungsort für die Geschichte des Nationalsozialismus* geeinigt. Das klang hart und angemessen. Besucher, Schulklassen sollten die Ausstellungsräume mit dem Eindruck verlassen: Herrschaft von Unrecht und Gewalt – niemals wieder.

Längliche Lamellenfenster durchzogen den Kubus über mehrere Etagen. Im Licht bewegten sich Leute, die wahrscheinlich auf den Beginn einer Veranstaltung warteten.

Wind strich durch die Straße.

Die Schnörkel alter, gusseiserner Laternen wirkten erfreulich.

Ginsterblüten waren zu erkennen.

Der Glockenschlag von Big Ben ertönte. Rasch griff die Stadträtin ihr mattes Handy: «Bin da», las sie erneut, «Villa zu. – *Wann genau?*» Das Gerät fiepte erbärmlich. *Gegen sieben*, tippte sie ein und sendete. Dann abermals der Londoner Ton: «*Villa zu. – Wo?*» Am Nachmittag hatte sie sich im Büro zwei Videos über den Neubau von Sportstadien am Persischen Golf angeschaut, gigantische Projekte mit phänomenaler Verkehrsanbindung – undenkbar im schon vollgebauten Deutschland –, danach hatte sie das Phone nicht mehr aufgeladen. Schon dunkelte das Display ein. Zu hastig, aber in Großbuchstaben tippte sie: *KÖMIGDLPAZT!* Nun auch kein Alarm-Fiepen mehr. Königsplatz ließ sich nicht mehr korrigieren. Sie drückte noch den Sendepfeil. «So», stellte Antonia Silberstein fest. «Kein Netz mehr. Ich bin aus der Welt. Wie der Mann über dem Gulli. Ich vermute, wir müssen ohne den Erlanger auskommen … Geht das Handy kaputt, wenn kein Strom drin ist?»

«Nein. Sie können's in der Villa gleich wieder aufladen», beruhigte Therese Flößer.

«Das Kabel habe ich nicht dabei.»

Ortrud Vandervelt zündete sich eine Zigarette an und hatte auch einen Handaschenbecher in Herzform dabei. Das Paul-Heyse-Zentrum, als großartiger Treffpunkt für Literaten und Kulturschaffende aus aller Welt mitsamt einer *Montez-Taverne*, schien in sehr weite Ferne gerückt zu sein.

Obwohl sie nur eine Gelegenheitsraucherin war, zog auch Therese Flößer an diesem aufregenden Abend eine Marlboro aus der dargebotenen Packung. «Hast du nicht bald deine Lesereise durch Russland?», fragte sie.

«Mein Flieger aus Moskau», antwortete Ortrud Vandervelt äußerst verhalten, «ist um 14 Uhr 25 gelandet.»

«Heute?» Therese vergaß das Anzünden. «Wie die Zeit vergeht. Toll, und dann schon wieder mit uns unterwegs.»

«Das wissen wir auch zu schätzen», flocht die Stadträtin ein.

«Abflug von Domodedovo. Der andere Flughafen heißt Sheremetyevo. In jeden passt der Münchner dreimal hinein.»

«Ja, wohl alles riesig dort. Ich war nie da», bekannte Frau Silberstein.

«Erzähl doch mal», Therese Flößer erholte sich von ihrer Überraschung, aber die Freundinnen begegneten sich nur alle paar Wochen oder Monate, bei einem Abendessen, in einer Konzertpause, im Kino. «Moskau? Ich dachte, die Tour sollte durch Sibirien gehen.»

«Omsk, Nowosibirsk, Krasnojarsk. Zu den Voraussetzungen einer solchen Reise gehört natürlich der Wunsch des mutuellen Diskurses sowie als sine qua non eine Bereitschaft zur Vision des Noch-Nicht-Vorhandenen, kurzum die transnationale Bildungsoffensive ...»

«Ortrud», mahnte Therese behutsam, «come down to earth.»

Leicht verstimmt schien die Wortkünstlerin den kleinen Hinweis zu akzeptieren.

«Wer hat Sie denn eingeladen?», wollte die Stadträtin wissen.

«Das Goethe-Institut. – An sich steht Literatur dort nicht hoch im Kurs.»

«In den Goethe-Instituten?»

«Literatur gilt als grau, unattraktiv und schwierig. Lieber laden die Auslandsinstitute Fotografen, Filmemacher, Musiker und Maler als Kulturbotschafter ein. Herlinde Koelbl, Doris Dörrie und Till Brönner mit seiner Trompete. Da gibt's was anzuschauen, und es bläst so schön. Spaßgesellschaft soll ja überall sein. Als Schriftstellerin hat man nur sein Buch vor sich … »

«Danke, Ortrud, jetzt kann ich dir bestens folgen.»

«Außerdem versteht im Ausland kaum jemand mehr Deutsch. Man liest sozusagen in einem schalltoten Raum. Nie wird in Mexico City oder Omsk eine Pointe verstanden. Während einer Lesung sehnen sich alle nach dem Glas Wein hinterher.»

«Umso wichtiger, mit deutscher Literatur präsent zu sein», befand Frau Silberstein.

«Das ist eine idealistische Perzeption», stellte Ortrud Vandervelt klar. «Es interessiert sich im Ausland auch kaum jemand für deutsche Literatur oder Deutschland insgesamt.»

«Wie bitte? Das große Deutschland.»

«Es gilt als eines der langweiligsten Länder der Welt. Hier funktioniert fast immer alles, die Skandale sind eher provinziell, statt Schicksal haben wir meistens Gerichtsverfahren. Die Debatten um den Länderfinanzausgleich zwischen Bayern und Mecklenburg-Vorpommern sind nichts, womit sie in Neu-Delhi Zuhörer fesseln können. Vom Ausland aus gesehen, existieren in Deutschland keine Probleme. Für viele Menschen in Sibirien sind wir so spannend wie für uns der Kegelklub von Liechtenstein.»

«Ja, seien wir froh, dass es uns recht gut geht, besser denn je in der Geschichte.»

«Es ist furchtbar zu sagen», aber Ortrud Vandervelt äußerte es, «die deutschen Exportschlager, mit denen Sie das Publikum im Ausland anlocken können, sind der Expressionismus, Malerei und Film, und das Dritte Reich. Beides ist dramatisch, interessiert und füllt die Veranstaltungen.»

«Auch da könnten wir mit unserem neuen Zentrum korrigierend wirken, zum Beispiel eine internationale, multimediale Tagung ... zur Wiedervereinigung, zur deutschen Philosophie, die doch wohl grundlegend bleibt, Kant, Heidegger, Habermas», sprach die Stadträtin etwas unsicher, «Karl Marx, Hannah Arendt. – Aber wie schön, Sie sind trotzdem in die Ferne eingeladen worden.»

Es blieb schwierig. Immer wieder mussten sie innehalten und eine Art Halbkreis bilden, um einander gut zuhören zu können. «Ja», sagte Ortrud Vandervelt und biss sich so auf die Lippen, als sollte sie besser schweigen. «Als Frau haben Sie es mitunter leichter, eingeladen zu werden. Männer sind nicht *in*, auch selten Schriftsteller. Und da immer mehr kulturelle Führungsetagen von Frauen besetzt sind, zieht das natürlich auch einen Strom Frauen nach sich. In manchen Bereichen ist die Gleichstellung hundertzehnprozentig.»

«Das ist doch auch mal völlig in Ordnung. War lange genug anders. Und es bleibt noch viel auszugleichen.» Antonia Silberstein nickte zu ihren eigenen Worten.

«Am Ende wird sich immer Qualität durchsetzen», stand für die Bibliothekarin fest.

«Allerdings, ich stamme aus dem Harz –»

«Und?»

«Zwar Frau, aber kein Migrationshintergrund. Verstehen Sie mich nicht falsch», Ortrud Vandervelt blickte auf ihre Schuhspitzen, «aber es gibt in der Literatur, vielleicht in den Künsten ganz allgemein, den Migrationsbonus. Und ich sage es ohne Ranküne. Eine Kollegin, die aus dem Iran, aus Algerien ihr Leben nach Deutschland, nach Europa gerettet hat und einen Bericht über ihr Schicksal verfasst, zum Beispiel *Damaskus gestern*, genießt von vornherein die größere Aufmerksamkeit als ich zum Beispiel mit … *Kaltes Herz Harzburg*. Das Dramatische und das Exotische triumphieren. Dagegen können Sie noch so subtil die Seele des Deutschen erforschen, noch so tief und aufschlussreich in unsere Vergangenheit hinabtauchen, gegen einen Tatsachenbericht aus Mali haben Sie wenig Chancen. Deutschland saugt den Kummer der Welt ein.»

«Wir helfen, wie wir können», ergänzte die Stadträtin.

«Nach dem Zweiten Weltkrieg können wir nur noch Gutes tun», erwog auch Therese Flößer, «alles andere wäre Ferkelei.»

Die Damen schienen sich einig zu sein.

«Aller Konkurrenz zum Trotz sind Sie eingeladen worden. Umso schöner. Aus welchem Roman haben Sie denn im Osten gelesen? Aus *Kartause des Hirns*?»

«Nein, aus dem neuesten. *Stuckaturen der Emotion*.»

«Liegt bei mir noch auf dem Nachttisch, Ortrud», versicherte Therese Flößer, «kommt als Nächstes dran.»

An solche Auskunft schien die Schriftstellerin gewöhnt und wahrte ein Lächeln. Die Bibliothekarin wusste indes um ein weiteres Leid der Autorin. Zwar hatte die Freundin auch für *Stuckaturen der Emotion* Arbeitsstipendien erhalten und war sowohl mit der *Köthener Feder* als auch mit dem *Marie Luise Kaschnitz-Preis* ausgezeichnet worden. Aber sie hatte keine Leser. Gewiss waren auch die *Stuckaturen*, die Geschichte um zwei schizophrene Brüder, die eine Papiermühle betreiben wollten, rätselhaft, dunkel und konstruiert genug geschrieben, um verunsicherten Literaturjurys, einfühlsamen Jurorinnen am Ende Respekt vor dem Komplizierten abzuzwingen. Doch in Buchhandlungen griffen die Kunden selten zu. Hoffentlich wurde ein Gutteil der einzigen Auflage nicht bereits wieder eingestampft. Das Rad der Fortuna walzte mit eigener Dynamik durchs Land. Schreibende, die Heerscharen begeisterter Leser hatten, empfingen quasi nie eine Urkunde und hörten keine Lobrede auf sich. Das blieb ein seltsames Gesetz. Doch immerhin wurde das Bedrohte, das Komplexe beschützt.

«Omsk.»

«Ja?», riefen Flößer und Silberstein gleichzeitig.

«War die erste Station. Flug via Moskau, dann Omsk am Fluss Irtysh. Ankunft und Abholung um vier Uhr früh. Ich sah nur Schnee und halb versunkene Holzhäuser um mich. Im Sommer, wenn der Boden auftaut, sacken die Balkenfundamente ins Erdreich ein. Endlose Vororte in Wellenform. Lichter und ein paar Hunde da und dort. Und schon die russische Unermesslichkeit. – Äußere ich mich verständlich genug?», zischte Vandervelt fast.

«Spannend.»

«Erst nach Kilometern durch dies hölzerne Los Angeles ein Zentrum mit Hochhäusern, einer wieder aufgebauten Kathedrale, Goldkuppel in der Nacht. Das Hotel, wie von Kafka entworfen. Mit der Zimmertür rammt man gegen das Bett, mit der Badezimmertür gegen die Wanne. Der Frühstücksraum lag zwei Häuser entfernt, durch unterirdische Gänge gelangte man dorthin. Zweimal begegnete ich auf Treppen Gästen, die sich gleichfalls verirrt hatten. Gutes Frühstück. Russische Salate, Pilze, Rote Bete, Piroggen, heißer Tee. Die Fremde, das Fremde, wie faszinierend. Man verspürt sofort neue Kräfte, ist belebt. Über vereiste Gehwege, Kraterpisten, stöckeln sicheren Schritts junge Russinnen, bis zur Unkenntlichkeit geschminkt, und ziehen ihre Adoranten hinter sich her, die oft recht tumb wirken, aber schöne, junge slawische Gesichter … wahrscheinlich, bis der Alkohol alles zerfrisst. Dostojewski lebte verbannt in Omsk. Ein kleines Museum. Beschriftungen nur auf Kyrillisch. In der Hotellobby traf ich auf einen Deutschen. Er hatte ein Vermögen durch Verkauf und Einbau von Verbundfenstern gemacht. Warum zieht man nicht nach Omsk und beginnt sein Leben neu? Der Irtysh, ein gewaltiger Strom. Jemandem von der Duma, also dem Stadtrat ...»

«Somit ein Kollege», vernahm man von Frau Silberstein.

«... riet ich im Gespräch, in Deutschland für Investitionen zu werben, mit dem Slogan: *Omsk, Irtysh, nehmen Sie Platz.*»

«Hat er das verstanden?»

«Weiß ich nicht. – Die Menschen, überraschend hilfreich, aber verwirrt durch eine Fremde, die versucht, Zigaretten zu kaufen, oder stur, wie stumpfsinnig, siebzig Jahre Diktatur, nun der neue Alleinherrscher in Moskau, haben vorsichtig, abweisend werden lassen, jeder Mitmensch könnte ein Spitzel sein, nur das eigene Leben bewerkstelligen und nichts Fremdes an sich herankommen lassen. Ja, konfus wirken die Sibirier, überschwänglich gastlich, aber immer wie auf der Hut vor etwas Gefährlichem. Am Straßenrand Rentner, die Salatblätter verkaufen. In Omsk werden Säuglinge mit Mineralwasser gewaschen, das Wasser aus der Leitung ist zu schädlich. Kaum ein Baum, ein Strauch in der Stadt. Ich wurde gefragt, ob es in Deutschland tatsächlich eine Partei gebe, die für Grünanlagen kämpft.»

«Und die Literatur?»

«Russland ist Literatur. Ein uferloser Roman der Sehnsüchte, Hoffnungen, Enttäuschungen, über eine unregierbare Weite.»

«Deine Lesungen?»

«Abenteuer. Aber schön. An der Universität fünfzehn Studenten, die noch Deutsch lernen. Eine alte Dame mit Rüschenkragen, die mit mir Französisch sprechen wollte: Französisch sei doch die Sprache der feinen Welt. Der Wissensdurst, bei wenigen, war allerdings ungeheuer. Man wird zur Botschafterin des eigenen Landes. *Kommen Sie wieder nach Omsk?*, wurde ich gefragt. *Mit England können wir nichts anfangen. Frankreich ist noch weiter weg. Aber Deutschland ist unser Fenster zur Welt.* – Ich schwöre, mir kamen die Tränen. Damit hatte ich nicht gerechnet. Keinerlei Hass auf Deutsche. Nach dem, was wir den Russen angetan haben. Ich höre die Stimme noch, *Deutschland ist unser Fenster zur Welt.* Welch überwältigendes Vertrauen.»

Ortrud Vandervelt verlor auch jetzt, kurz nach der Reise, beinahe die Kontrolle über sich und musste ein Schluchzen unterdrücken.

«Warum schreibst du nicht so, wie du erzählst?»

«Was?» Sie blickte ihre Freundin an und verstand den Hinweis gottlob gerade nicht.

«Es ging mit der Transsibirischen Eisenbahn weiter in den Osten, nach Nowosibirsk.»

«Namen! Wie große Geheimnisse.»

«Nicht für die Menschen, die dort zu Hause sind», beruhigte Flößer.

«Achthundert Kilometer von einer Stadt zur nächsten. Ich hing einen Tag und eine Nacht lang nur am Zugfenster. Wald, sonst nichts. Er saugt die Seele ein. Alle sechzig Kilometer ein Dorf. Die Abgeschiedenheit. Stilles, einförmiges Leben, ganz nah am Rhythmus der Gartenbeete. Und in der Abgeschiedenheit geschieht auch das Andere, wie ich erfuhr. Trunksucht, niedrige Lebenserwartung, trotz strenger Waffengesetze mehr Morde als in den USA, im Rausch greifen Streitende auch zur Axt.»

«Noch immer?» Die Frage war dumm.

«Wie langweilig hier alles ist», Ortrud Vandervelt schaute sich um, «in Russland wird leidenschaftlicher gelebt, sacken die Häuser weg, werden Bürotürme in die Tundra gepflanzt und verfallen. Am Zugfenster fragte ich eine Frau, wer die Besitzer sind, wem das alles gehöre, die Wälder, die Schluchten, die Weiten. *Gehören?*, fragte sie zurück, *das weiß ich nicht. Ich glaube, das ist Russland.* Eine Ingenieurin aus Irkutsk, seit vier Tagen im Zug.»

«Neusibirsk?»

«So viele Einwohner wie München. Keine Buchhandlung. Das frühere Lese-Russland gibt es wohl nicht mehr. Die Ruhe scheint dahin, die Fernseher und Monitore flimmern, das Leben ist hektischer geworden. In einem Jazzkeller werden neuere Bücher verkauft. Amazon liefert in Russland nicht, zu viele Pakete verschwinden spurlos.»

«Das ist ja auch eine Lösung gegen den Monopolisten.»

«Jedoch das anscheinend größte Opernhaus der Welt. Zwischen den Hinrichtungswellen hat es Stalin Nowosibirsk geschenkt. Festival für Neue Musik, mitten in Sibirien. Aber es gibt auch ein Viertel, in das ich nicht fahren sollte, das Mörderviertel.»

«Ja, offenbar mehr los als hier. Aber seien wir froh.»

«Beim Fernsehinterview, mit den verschlammten Beinen, habe ich zwanzig Minuten lang über die früheren, exzellenten Beziehungen zwischen Russland und Deutschland sprechen können. Vielleicht hat jemand zugeschaut.»

«Also doch Interesse an uns.»

«In Sibirien, teilweise. Bei solch einer Reise ist man wie im Rausch, alles Fremde zupft einen wach, das Essen, die Gesichter, der Klang der Sprache, neben wem man im Fahrstuhl steht, die alten Frauen, die einem in einem leeren Restaurant einen Platz zuweisen. – Ich hatte gedacht, ich würde in eine bedrohliche Ödnis reisen. Doch eine Menge Sibirier sind Nachfahren von Verbannten, also von Künstlern, Intellektuellen, man hat, zumindest in der Stadt, oft einen hingerichteten Professor unter den Vorfahren. Moskau, das Regime dort wird nicht gemocht. Die Moskauer Milliardärscliquen beuten Sibirien aus und hinterlassen Verwüstung. In einigen Orten fließt manchmal Öl, das aus Pipelines trieft, mit ins Waschbecken. Und übrigens sollte man nachts in Treppenhäusern nicht nach Halt an der Wand suchen. Manche Stromleitungen sind schlecht isoliert.»

«Ihr Fazit? So frisch zurück.»

«Ich muss kein Fazit ziehen. Und es bleibt wohl wie stets: Man wünscht den Russen Glück, Frieden, Wohlergehen und einen Staat, der das Recht schützt. Den haben sie nicht. Sie hatten ihn noch nie. Es ist eine moderne Knute, die über sie geschwungen wird. In Fernsehen und Radio immer dieselbe staatliche Meinungsmache, nun auch das manipulierte Internet. Die unentrinnbare Propaganda, flott aufgemacht, halb Las-Vegas-Show, lässt viele verblöden. Nicht einmal auf den Moskauer Flughäfen – und ich habe intensiv gesucht – gibt es auch nur eine ausländische Zeitung. Das ist vielleicht einmalig auf der Welt, inmitten einer alten Kultur. Sie glauben mittlerweile, dass jeder Nachbar sie bedroht, dies mit Abstand größte Land der Erde, mit Bodenschätzen ohne Ende und Atomwaffen. Der nationalistische Klamauk triumphiert, die verrottete Kirche und der Argwohn gegen jede Freiheitsregung. Das autoritäre Regime hat das Land im Griff und führt es ins Unglück. Wie so oft, und das darf nicht sein. Wir müssen Russland helfen und uns vor seinen egomanischen Machthabern und ihren Lakaien schützen. Diese Machos, mit und ohne Uniform, sind noch versiert in Skrupellosigkeit.»

«Also ihr Fazit.»

«Es gibt kein simples Resultat. Meine Liebe zu Menschen, vielleicht, weil sie uns so nah und in manchem so fremd sind, ist dort aufgelebt. Ich wünsche Menschen Glück und Freude. Und sie mögen nicht aggressiv sein … Dazu jenes Haus –»

«Welches Haus?»

«Wie eine Phantasmagorie. Während der Zugfahrt. In der Dunkelheit, in der Weite, am Rand eines Dorfes … Rauch stieg aus den Öfen über den Dächern auf … Die Gärten wintertot, Lattenzäune, Gerümpel im Schnee. Dieses dunkle Holzhaus in der Nacht, schief eingesunken, und, ich habe es genau gesehen, über sein niedriges Dach huschte, blendend weiß, ein Hermelin. In diesem Häuschen tief in Sibirien zwischen den Wäldern, ja, dort könnte ich, meine ich, wie im Traum meinen Lebensausklang zubringen. Kohl, Kürbis, eingelegte Gurken, Hermelin, im Ofen ein gutes Feuer. Aus Erde wieder zu Erde werden. In der Grenzenlosigkeit von Land und Himmel. Ganz ruhig. Kaum ein Geräusch von irgendwoher. Vielleicht der Wind, das Schneegestöber, ein Specht, die Bienen im Sommer. Das Rascheln des Hermelins. Eine Endstation, auch behaglich, im Nichts, vor dem Nichts. Vermutlich. Und immer ein Stück Zucker in den dampfenden Tee.»

Die Frauen schwiegen.

Im Dokumentationszentrum hinter ihnen verloschen einige Lichter.

«Alle Anforderungen fort.»

«Das Paradies.»

Die Stadt schien ganz weit von ihnen entfernt.

«Das Haus», wiederholte Therese Flößer.

«Das Haus mit Hermelin», sagte die Stadträtin.

Königsplatz

Alte Pinakothek. Lenbachhaus ... Pinakothek der Moderne. Museum Reich der Kristalle ... Staatliches Museum Ägyptischer Kunst ... Die helle Metallsäule mit der Aufschrift *Kunstareal München*, auf der vierzehn Schatzhäuser der Weltkultur und wissenschaftliche Sammlungen aufgelistet waren, erhob sich recht unscheinbar am Rand des Gehwegs.

Mitsamt der benachbarten Filmhochschule, dem Geologischen Museum, den Antikensammlungen erfasste die Aufzählung vom Kelch des Pharaos Thutmosis III., dem ältesten erhaltenen Glasgefäß, über Gemäldereigen von Peter Paul Rubens, dem Meteoriten von Mauerkirchen, ein legendärer Brocken aus dem Kosmos, über den *Blick auf Arles* von Vincent van Gogh bis zu den Formexperimenten und Farbexplosionen Wassily Kandinskys und des Blauen Reiters einen erheblichen Teil der menschlichen Gestaltungskraft und der Sammelfreude. Der Louvre war als Bauwerk und Museum kompakter, die Mall in Washington länger, die Museumsinsel in Berlin mitunter noch kostbarer bestückt, Rom ein Kunsterlebnis insgesamt. Doch das Areal mit seinen verstreuten Gebäuden, von Straßenzügen und Verkehr ungut zerschnitten, konnte den Interessierten lange oder für immer fesseln: der Barberinische Faun, der sich zweihundert Jahre vor Christus in Marmor zum Schlaf ausgestreckt hatte und in München weiterhin seinen nackten, vollendeten Leib dem Betrachter darbot; die Mobiles von Alexander Calder, deren zartes Schweben einen in die

Schwerelosigkeit entführte. Zur Verwunderung und zum Lachen reizten den Besucher die meisterhaften, mannshohen Amphoren des antiken Athen, auf denen die Töpferkünstler vermerkt hatten *Ich kann das besser als mein Kollege*. Verwandte von uns selbst, doch unsterblich durch ihre Werke.

Fehlte auf dem weitläufigen Kunstgelände, zwischen dem Glaskelch Pharaos, dem Vorführraum der Filmhochschule und Pablo Picassos *Sitzender Frau* und gegenüber der Villa des Malerfürsten Lenbach, nicht noch ein Domizil des Geschriebenen, der Literatur, der Dichtung, von weit ausstrahlender Bedeutung?

Zur Vertiefung durch Wörter, zur Belebung und Rettung durch sie.

Hinter einer Mauer begann an den Zweigen mächtiger Äste eines Ailianthus altissima, eines mächtigen Götterbaums, eines Bittereschengewächses, das Laub zu grünen. Schon Johannes Brahms, Adolf von Menzel und Theodor Fontane hatten, als Gäste und Durchreisende, an seinem Stamm hinaufgeblickt.

Ampeln wechselten.

Eine Menge im Leben ist planbar und erfüllt sich. Anderes geschieht, bleibt offen, gerät furchtbar, beglückend oder bedeutungslos. Doch Bedeutungsloses gibt es nicht.

Das galt summa summarum auch für die beiden Männer, die am Rand des Platzes standen und sich unschlüssig umschauten.

Viele Menschen waren unterwegs. Spaziergänger, zielstrebig Eilende, Touristen – alle mit Helm –, die in einer Kolonne großrädriger Segways über das Pflaster rollten. Auch ein höchst seltsames Gefährt zeigte sich, halb Karussell, halb Massenfahrrad, ein Conference Bike, auf dem Menschen im Kreis saßen, in die Pedale traten und sich unter lautem Lachen und Redekrach fortbewegten. Gleichzeitig stemmten sie Bierkrüge.

Kein Zweifel, die Stadt war ein beliebtes Reiseziel.

Eine Gruppe von drei Frauen erblickten sie nirgends.

«Und du hast dich nicht im Tag vertan?»

«Blödsinn.»

«Dann müssen sie irgendwo sein.»

«Kluges Bürschchen», sagte der ältere Mann, vielleicht Mitte fünfzig, recht scharf. «Doch du hättest sowieso daheim bleiben können.»

«Paah», antwortete der Jüngere. «Aber du bist dauernd unterwegs.» Dann lachte er auf:

«An dem Flusse liegt der Maulbeergarten ...»

«Genau. Bravo.» Der Ältere der beiden, mit schon angegrautem, krausem Haar, nickte. «Und fast akzentfrei.»

«Und ein Sommerlüftchen regt die Wipfel»,

fuhr der Jüngere fort:

«Drin die Grille singt, im Laub verborgen.
Und herüber aus dem Königsschlosse,
Dem der Fluss in Demut küsst die Schwellen,
Tönen Paukenklang und Glockenspiele,
Tönt Geschrei der Pfauen und Fasanen
Und das Wiehern stolzer Vielge –»

«... stolzer Viergespanne.»

«Vielgespanne wäre auch nicht schlecht –

… Viergespanne
Mit dem Festgesumm von Menschenstimmen.
Denn des Landes Wei geliebter Erbprinz
Führet heim die fremde Fürstentocher. –

Das Gedicht bleibt mein liebstes Stück. Drei viertel deutsch, halb China.»

«So kann man nicht rechnen.»

«An dem Fluss durch den Maulbeergarten
Wandelt ganz allein Swen-Kong, der König,
Trägt den Fürstenhut von Schillerseide,
Trägt den Seidenrock mit Fuchs verbrämet,
Schön gegürtelt mit den Perlenschnüren …

Ach, wäre ich doch König von Wei gewesen.»

«Jetzt bist du Prinz von Erlangen.»

Der knapp Dreißigjährige wirkte geschmeichelt.

«Schillerseide im Schrank haben wir ja auch», fügte der Ältere an. «Deine Hemden aus Berlin.»

«Schenk mir einen Fürstenhut.»

«Du hast Baseballkappen. Die Garderobe hängt voll. Immer kommst du mit dieser Ballade. Ich würde gerne auch mal eine chinesische über Deutschland hören. Gibt es wohl nicht», stellte der Kraushaarige fest.

«Wir hatten anderes im Blick als Franken. Und chinesische Gedichte sind kurz. Darin liegt die Würze.»

«So?»

«Ja.»

«*Die Brüder* ist eine freie Nachdichtung aus dem Chinesischen.»

«Sehr frei und sehr lang.»

«Die Geschichte ist tragisch. Der König verliebt sich in die Braut seines Sohnes und heiratet sie. Er will seinen Sohn töten lassen. Am Schluss sterben alle, und das Land Wei wird von Barbaren …»

«Japanern?», mutmaßte der Begleiter.

«– verwüstet. Das ist zeitlos erschütternd. Hab ich dir schon oft gesagt.»

«Ich hätte mich nicht in die Braut verliebt. Und alles wäre heil geblieben.»

«Da hab ich meine Zweifel. Es gab ja noch den Sohn.»

Der Jüngere in schneeweißen Jeans zuckte die Achseln.

«Außerdem», wurde er belehrt, «sind ihm schöne und kluge Verse gelungen:

> *Und es wuchs der Mond im Blau der Nächte …*
> *Ja, des Herrschers Ohr ist fein geartet,*
> *Feiner als das Ohr des besten Spielmanns,*
> *Und es misst genau des Volkes Stimmen,*
> *Ob sie heller, ob sie dumpfer klingen.*
> *Und so oft das Volk den Prinzen grüßte,*
> *Klang dem König Misston in den Ohren.*

Dichte du so was mal.»

«Muss ich ja nicht.»

«Lao-Tse sei Dank. Verlockendes, exotisches Ambiente und Seelendrama vereinen sich im perfekten Vers … *stets vollzog ich willig deinen Willen.* Auch solch eine Ballade ist ein Tor zur Welt. Reich eine Kultur, die solche Tore hat. Europa saugte immer die Welt auf.»

«Aus. Kolonialismus.»

«Und Neugier. Verzauberung. Neuvermischung der Stimmen in Europa von überallher. Das Abendland ist stets kreativ.»

Der Begleiter blickte skeptisch. Nach einem Wangenkuss fügte er an: «Und das sagst ausgerechnet du?»

«Ja», antwortete der Ältere, «ich.»

«Europa klappert und ist Museum.»

«Und es wuchs der Mond im Blau der Nächte.

Schau, das tut der Mond jetzt gerade.»

Der schlanke, junge Mann, noch ohne Falten um die Augen und mit apart geschwungenen Lippen, zog seinen Kopfhörer auch wieder über das linke Ohr und schob auf dem Fernost-Phone die Musik zum Bummeln lauter. «Vielgespanne … nicht schlecht, gute Idee von mir. Tönen Pauken, Grillen, Glockenspiele – im Lande Wei.» Sein glattes, schwarzes Haar glänzte.

Früher hätte man gesagt: Wie von Zauberhand war der Burgberg von Athen, war die Akropolis auf dem Geröll der Isar gelandet.

Da stand sie nun im Abenddunkel, effektvoll angestrahlt und verwirrte noch immer. Das Eingangsportal, die Propyläen, war in Athen seit Menschengedenken weitgehend zerstört, hier erhob es sich neuer, seit knapp zweihundert Jahren, rekonstruiert, absurd, eindrucksvoll, zwei Seiteneingänge, ein imposantes mittleres Tor, das nicht zu Göttern führte, sondern in weiteren Stadtverkehr. König Ludwig I. hatte ein griechisches Bauensemble gewollt. Die tempelartigen Bauten, die vor den Propyläen den Königsplatz symmetrisch ergänzten, waren der Fantasie der Baumeister Leo von Klenze und Georg Friedrich Ziebland entsprungen, Treppen, Eingänge unter

Säulen zur Skulpturensammlung und zur Sammlung von Krügen aus Mykene, etruskischer Vasen, der schönsten und kostbarsten Schalen und Amphoren der Welt. Wie aus dem Nichts hatten Töpfer in Korinth eine neuartige Glasur, verwegenere Muster erfunden, Szenen aus der Ilias waren noch plastischer und farbig dargestellt worden. Ein Frohlocken bei den Gastmählern der götterreichen, vorchristlichen Zeit und ein Exportschlager, der von Hellas aus auf Trieren zum Bosporus, nach Karthago und ins junge Rom verschifft worden war.

Die feine Komposition der Architekten, alle griechischen Baustile zu würdigen, war nicht sofort augenfällig. So besaßen die Propyläen strenge dorische, die Glyptothek schon verspieltere, ionische und die Keramiksammlung üppige korinthische Säulenkapitelle. Schaulustig war man um 1850 in Kutschen über den neugriechischen, begrünten Platz gefahren. Dabei herrschte selten mediterranes Wetter, und Damen und Herren hatten unter Schirmen das bauliche Spektakel betrachtet. Unter den Nazis hatten die Rasenflächen einem trostlosen Steinplattensee für Aufmärsche weichen müssen. Die Demokratie hatte die Grünflächen wiederhergestellt. Sie waren niedergetrampelt, in der Demokratie hielten sich nicht alle an die Wegführung, nahmen oft den kürzesten Pfad durch das Gras. Die Rasen des Königsplatzes, in der Mitte ein Autoweg, wären in England als Krautflächen klassifiziert worden. An drei Fahnenstangen wehten nur mäßig dynamisch die weißblaue Flagge Bayerns, die blauweiße Griechenlands und das Rot-Weiß-Grün Italiens. Eine ungewohnte Mischung, die nicht vielen auffiel. Doch sie hatte ihren Sinn. Hellas hatte die Welt mit Kunst und Kunstsinn beschenkt. Zudem war seinerzeit der Bruder des Bayernkönigs, Otto, erster König Griechenlands geworden; das luftige Spiel der Fahnen erinnerte daran. Italien wiederum wurde geehrt, weil es alle Künste inspiriert und in der Renaissance die Antike wiederentdeckt und neu belebt hatte. Ein subtiler Banner-schmuck. Das moderne Griechenland erhob von Zeit zu Zeit An-sprüche auf Schadensersatz für die furchtbaren Zerstörungen, welche die Wehrmacht während des Zweiten Weltkriegs auf dem Festland und den Inseln angerichtet hatte. Die Schadenssumme wurde auf ungefähr vierhundert Milliarden Euro beziffert. Baye-rische Patrioten hatten gegengerechnet, dass sich die Investitionen Bayerns in Griechenland unter der Regierung König Ottos, der schließlich vertrieben worden war, mitsamt der Verzinsung seit dem Jahr 1862 ebenfalls auf einen solchen Betrag belaufen wür-den. Eine moderne Infrastruktur, Postwesen, Straßen, Hafenanla-gen, war damals geschaffen worden, und das Parlamentsgebäude in Athen war ehedem das Königsschloss gewesen, auch vom Hof-baumeister Klenze entworfen. Im Streitfall konnten sich Grie-chenland und Bayern wechselseitig vierhundert Milliarden über-weisen oder sich in den Worten des französischen Romantikers Gérard de Nerval zusammenfinden, der bei einem Besuch erklärt hatte: *Man ist dermaßen griechisch in München, dass man in Athen notgedrungen bayerisch sein müsste ...*

Der Draht an den Fahnenmasten klirrte, die Flaggen bauschten sich.

Der Mond verschwand hinter Wolken.

«Akaki ghadan.»

«Ma'a as-salamah.»

In einer Seiteneinfahrt der Propyläen verabschiedeten junge Ara-ber einen Kumpel, der, die Hand auf der Brust, kurz den Kopf neigte. «Prost.» Die beiden anderen stießen mit Hacker-Pschorr an. Das Dosenbier bescherte den Muslimen nur scheinbar die ewi-gen Höllenstrafen. Allen halb gebildeten oder fanatischen Predigern und Gläubigen zum Trotz kannte der Koran kein Alkoholverbot. Wahrscheinlich wäre ein gemeinsamer islamisch-christlicher-jüdischer Umtrunk sogar ein guter Anlass, sich als Brüder und Schwestern unter den sicher konfessionsfreien Gestirnen in die Arme zu sinken: endlich Frieden, gegenseitige Achtung, Neugier auf den anderen, Lachen und Weinen zusammen, Gespräche über Wohnungsnot und Mieten zwischen Gerda, Mustafa und David, außerdem ein deutsch-libanesisch-israelisches Projekt zur Vermeidung von Plastikmüll. Die Erde ließe sich retten und halbwegs brauchbar der Nachwelt überantworten.

Die italienische Flagge verfing sich am Gestänge.

«Etwas Einsamkeit und Stille,
Etwas Schönheit rings umher,
Traum und Zauber der Idylle –
Was bedarf der Dichter mehr?»

Therese Flößer stellte den Rucksack neben sich ab, die Krücke legte sie quer über die Beine. Die Damen hatten sich auf den Stufen der Glyptothek niedergelassen.

«Das Grundstück muss gleich um die Ecke sein. Ideale Lage hier beim Platz.» Die Stadträtin drückte ihre Handtasche fest an sich. Ohne ersichtlichen Grund. «Bin gespannt, wie groß die Kriegsschäden sind.»

Ortrud Vandervelt schwieg. Sie glaubte nicht mehr recht daran, dass sie an diesem Abend oder jemals die Behausung des vergessenen Nobelpreisträgers betreten, inspizieren und auf die Tauglichkeit zu einem Geisteszentrum von Weltrang prüfen würde.

«Wie soll der Experte uns entdecken?», fragte die Monacensia-Mitarbeiterin.

«Er weiß, dass wir zu dritt sind.»

«Ah ja.»

«Drei Grazien.» Die Schriftstellerin schwieg wieder. Sie hatte noch Russland, das Hermelin in der Schneestille vor Augen, die Stewardessen von Aeroflot mit ihren knallroten Käppis.

Von der Treppe der Skulpturensammlung aus suchten die Blicke den Königsplatz nach einem Experten für die hundertachtzig Novellen, vieldutzend Theaterstücke und ungezählten Gedichte Paul Heyses ab. So jemand war zwischen Flaneuren, Fahrgästen in einer Rikscha, Boulespielern und anderen Passanten schwer zu identifizieren. Wahrscheinlich war er Brillenträger. Bis auf eine Rollstuhlfahrerin in Trachtenjacke unweit des Café Luitpold war übrigens seit dem Rathaus niemand im Dirndl und in bajuwarischer Kleidung aufgefallen. Die Einheimischen trugen neutral-urbanen Stil; einzig Therese Flößers warmer Tonfall erinnerte schwach an den alten Stamm der Bajuwaren. Die Trachtenflut, später sogar eine scheußliche Überschwemmung, stellte sich erst pünktlich mit dem Oktoberfest ein, wenn sich auch Schweden und Japaner in Billigdirndln und Kunststoffhosen mit Latz-Imitat, die es gleich am Flughafen massenhaft zu kaufen gab, aufs Festgelände schoben, in den Zelten Maßkrüge schwenkten und sich Bierschaum vom Mund leckten, dann bedrängt und selig den Pisshügel unterhalb der Bavaria hinaufkrochen.

Die Stein gewordene Schlacht im Fries der Propyläen war schwer zu erkennen. Fochten die Hellenen um Troja? Oder handelte es sich um ihren Freiheitskampf gegen die Perser, wenn nicht gar, um einiges aktueller, gegen die Oberherrschaft der Osmanen?

Man wollte gar nicht wissen, wie viel diffuse Wut sich in den Menschen auf dem Platz staute und mit ihnen fortbewegte. Gewiss eine Menge mehr als Großmut und Güte. Doch darin konnte man sich auch täuschen und wurde plötzlich durch Herzlichkeit überrascht.

Mit dem Abenddunkel schien es wärmer zu werden, als es tagsüber gewesen war.

Auch dem Wetter blieb man ausgeliefert.

«Also, weißt du», hörten sie von rechts, wo zwei jüngere Frauen auf den Stufen Platz genommen hatten, «ich wollte einen neuen Schal, in Blau. Oder Mauve. Irgendwie mit Rot drin. Meinst du, du findest das? Was man will, gibt es nicht. Keine Chance. Man latscht sich die Hacken schief.»

Die Begleiterin nickte deutlich. «Dritte Welt. Anders kann man's nicht sagen. Reiches Land, heißt es, aber keine Auswahl. Ich muss mich immer mit irgendwas zufriedengeben.» Sie zeigte auf ihre Schuhe: «Trag ich weiter, man findet nichts Neues.»

«Da wählt man, es wird Politik gemacht, Geld wird rausgeworfen», sagte die andere «aber Mauve mit etwas Rot? Fehlanzeige. Das ist doch kein Leben. Ich möchte nicht wissen, was wir dem Unicef...»

«Unesco?»

«Ans Rote Kreuz überweisen.»

«Wir?»

«Alle.»

«Nee, ich will gar nichts mehr wissen. Von mir aus kann man dies Land abschaffen. Man wird verschaukelt... Und das Volk? Immer die Dummen. Und die Kirchen und die Gewerkschaften und so, die hocken ja auch alle zusammen.»

«Und machen immer weiter.»

«Ja, das stimmt. Das ist alles gegen die Leute, dieser Staat, Gisela. Um die Grundrechte kümmert sich keiner.»

«Um die was?», fragte Gisela.

«Na ja, Ladenöffnungszeiten für alle jederzeit und ohne Mehrwertsteuer. Die einen kommen in den Knast, die andern nicht. Und die Preise steigen.»

«Die Löhne auch», merkte Gisela aufmerksam an.

«Aber die Preise mehr als die Löhne. Warum gibt es nicht alles für alle? Und man kann tun und lassen, was man will.»

Das wusste die Freundin auch nicht. «Komm, wir müssen los. Wahrscheinlich wartet Anna-Maria mit ihrem Scheißessen schon.»

«Ich schau noch mal in Schwabing. Irgendwo wird es Mauve mit Rot schon geben. In Pakistan können sie doch alles färben.»

Gisela balancierte mit der Freundin die Stufen hinunter.

Entgeistert folgten ihnen die Blicke des Heyse-Trios. «Tja, alle Macht», die Stadträtin räusperte sich, «geht vom Volke aus. Müsste nicht eine gewisse Prüfung vorhergehen? Wie heißt der Bundespräsident? – Nein, immer noch zu schwierig. Wer war Christus? – Liegt Leipzig in Böhmen oder an der Ostsee?»

«Schon erstaunlich, dass vieles überhaupt noch funktioniert», erwog Therese Flößer.

«Wer kennt und genießt noch die Klanggedichte von Kurt Schwitters?», schrie Ortrud Vandervelt fast auf, «das sind Schätze für die Seele, Erholung, Freude … Fümms bö wö tä zee, rinnzekete bee bee – pögiff, kwii Ee –»

Das klang schön über den Platz. Dann deutete die Schriftstellerin dezent auf den Fahrradkurier eines Lieferservices für Pasta und Pizza: «Die liebe ich.» Der junge, dunkelhäutige Mann hatte es notgedrungen eilig und trat kräftig in die Pedale, die Thermokästen auf dem Gepäckträger und seinem Rücken schwankten leicht mit dem Fahrtempo. «Ehrliche Arbeit, zu schlecht bezahlte Arbeit, im Schweiß des Angesichts, so sind die Männer und Frauen, vor denen ich den Hut ziehe. Gott mit dir, Bursche. Namenlos bist du nicht, aber deinen Namen kenne ich nicht. Mögest du in jeder Weise vorankommen. Durch deine Muskelkraft und Umsicht im Verkehr werden gleich ein paar Leute ihre Bestellung – weil sie zu faul zum Kochen sind – auf dem Tisch haben. Quer durch die Stadt, treppauf, treppab, bis in die Nacht. Sei gesegnet, Tüchtiger. Und dann mach was aus deinem Leben.»

Therese Flößer legte der Freundin, die auch von ihrem Reisen erschöpft war und der fast die Tränen in die Augen traten, die Hand auf den Arm. Der heroische und gleichsam besungene Pizzakurier, der seinen Helm von der wohl verschwitzten Stirn ein Stück hinauf und ins Haar schob, verschwand in Richtung des Obelisken.

«Malaga hat uns nicht gefallen. Granada ist viel spanischer.» Nachdem Gisela mit der Freundin zu Anna-Maria aufgebrochen war, drangen die Stimmen von links deutlicher ins Ohr. Der ältere Herr, offenkundig mit seiner Frau – beide in gleichen Freizeitjacken –, klärte ein anderes Ehepaar, auch ähnlich und praktisch gekleidet, auf, «das Essen in Granada haben wir viel besser vertragen als das in Kapstadt. Im Mai geht es dann aber erst einmal nach Pau.»

«Wie? Wo ist das?»

«Pau, mit a-u, ein bisschen Gebirgsluft der Pyrenäen. Sylvia möchte ja auch mal segeln. Aber im Juli haben wir schon Estland mit ein paar Ausflügen zu Klöstern oder so gebucht. Ein Schnäppchen. Der Osten fast immer. Im Winter natürlich wieder Marrakesch.»

«Oder diesmal Tirol», warf die Frau ein, «Ischgl. Hat immer aufgemuntert.»

«Für deine Gelenke, Irmgard, ist die Wüste besser.»

«Wir wollten dieses Jahr noch nach Rio.»

«Montevideo, Schatz», konnte das befreundete Paar einwerfen. «Als wir im Februar auf Teneriffa waren, sind in der Woche drei Leute ertrunken. Sind trotz der Warnflaggen ins Wasser.»

«Manche Rentner wollen sich etwas beweisen.»

«Ich nicht.»

«Die Rentenkassen kalkulieren diese Abgänge ein, habe ich gehört, spart natürlich Kosten.»

«Entsetzlich. Also lieber Pau. Und eine Kreuzfahrt. Wir waren neulich einen halben Tag in Mykene.»

«Mykonos, Schatz.»

«In Sparta haben wir vor ein paar Jahren nichts Besonderes gesehen.»

«Barcelona ist überlaufen. Die wollen einen gar nicht mehr.»

«Erst abkassieren, dann beleidigt sein.»

«Kasachstan?»

«Unsereine war froh, dass es der ICE von Ulm nach München schafft.»

Ortrud Vandervelt, Antonia Silberstein und die Bibliothekarin waren geflohen und setzten sich auf die leeren Stufen am Rande der weiten Freitreppe. Es war mittlerweile egal, wo der verfluchte Experte aus Franken sie fand oder auch nicht mehr. Und überhaupt, der gesamte Ortstermin wegen der verborgenen Villa schien zum Fiasko zu werden, oder im Sande zu verlaufen, Pustekuchen.

«Herr Kienzlmayr, das kann ich Ihnen versprechen, wird in die Abfallentsorgung versetzt», erklärte die Stadträtin.

«Wer?»

«Der neue Assistent oder Praktikant beim Kulturreferenten. Der hat uns das hier eingebrockt. Ade, Herr Kienzlmayr.»

«Der Arme.»

«Was passiert jetzt eigentlich?», fragte Therese Flößer und streckte ihr Bein mit dem Aircast aus.

«Fümms bö wö tä», stellte Ortrud Vandervelt fest.

Zulauf

«Heyse?»

Die drei Damen blickten auf.

Im Abenddunkel überraschte Dunkles.

«Heyse?», wiederholte die gleichfalls dunkle Stimme.

«Heyse, ja», brachte die Stadträtin hervor.

«Nein, Heyse», fügte Ortrud Vandervelt entschieden an.

«Heyse, nun ja, mal sehen», kam es von der Berchtesgadenerin.

Der Fremde, der eigentlich nur leicht dunkel war, beugte sich ein Stück herunter und streckte die Hand aus: «Gestatten, Professor Bradford. Harald Bradford.»

Der Reihe nach schüttelten die Sitzenden dem Professor die Hand. Sie war groß und kräftig. Er trug eine Hose mit scharfer Bügelfalte, wie neu glänzende Schuhe und ein Jackett mit, soweit man es im Abend erahnen konnte, grau-blauem Rastermuster, halbwegs modisch, halbwegs Konfektion.

«Es tut mir leid, vielleicht hab ich die Damen überrascht. Und es gab einige Misslichkeiten unterwegs.»

«Das muss an diesem Abend liegen», seufzte Vandervelt. Der Professor hatte kräftige Hände. An einem Finger glänzte ein goldener, doch schlichter Ehering.

Der wohl Fünfzigjährige lächelte charmant: «Leider fehlen mir einige von Heyses Eigenschaften. Denn wie hielt eine Zeitgenossin fest? *Wer damals dem jugendschönen Mann mit den geistreich-heiteren Zügen, den hellen Augen und beredten Lippen nahe kam, der empfing den*

Eindruck einer ganz überlegenen Persönlichkeit von wundervoll hohem Gleichmaß der künstlerischen und menschlichen Eigenschaften, die sich einzigartig von allen Mitstrebenden abhob. – So war er.»

«Bezaubernd», schwärmte die Stadträtin.

«Ein Dichterfürst», bekannte Therese Flößer, «seiner Zeit.»

«Eben. Von anno Tobak. Ob dieser soziologische wie poetologische Status noch so relevant ist mitsamt der post-klassizistischen, rein affirmativen Kreation ...»

«Ortrud!», wies die Flößer ihre Freundin zurecht, «kein Seminar. Du begräbst jede Dichtung. Alle Kunst.»

«Gut.» Die Schriftstellerin kaute auf der bitteren Pille. «Jedenfalls keine öffentlichen Millionen für Heyse. Wir brauchen Fahrradwege. Und Geld für die Migration.»

Der Professor lächelte: «Ich kenne diese Abwehrhaltung. Aber wer gegen Heyse ist, ist gegen die Poesie», sagte er sanft, «und aus der Poesie entsteht alles Schöne und Gute.»

«Ich muss doch sehr bitten», verwahrte sich die Schriftstellerin, «mein Leben ist dem Unvergänglichen und dem Fortschritt geweiht. Also nicht Paul Heyse.»

Das Geplänkel um die städtischen Investitionen war im Moment beinahe nachrangig. – Wer war Herr, Mister Bradford? – Aus Erlangen oder aus Savannah, womöglich aus Liverpool? – War der cappucinofarbene Mann der herausragende Heyse-Spezialist? Sogar weltweit?

Ortrud Vandervelt erhob sich, strich sich den Rock glatt.

Und wer war Bradford gefolgt?

Stand hinter ihm?

«Ach ja, darf ich vorstellen? Eigentlich sollte er heute nach Coburg. Er hat sich mit zwei Schönheitssalons selbstständig gemacht. In Erlangen und in Coburg. Aber er wollte mit –»

«Heyse, Heyse, München», hörten die Damen von hinten.

«Deng Long, mein Mann.»

Vandervelt, Silberstein und Flößer waren moderne Bürgerinnen. Dennoch brauchten sie einen Augenblick, um sich an die Situation zu gewöhnen. Professor Harald Bradford war mit dem Betreiber von Schönheitssalons, einem sichtlich jüngeren Chinesen ... Festland? Taiwan? Hongkong? ... verheiratet. Das offensichtlich amtlich und durch den zweiten Ring an schmaler, heller Hand besiegelt.

«Tja.» Frau Silberstein stand neben Ortrud Vandervelt. «Freut mich sehr. Guten Abend.» Niemand kümmerte sich um Therese Flößer, die Bayerin musste sehen, wie sie mit Krücke und Rucksack allein auf die Beine kam.

«Guten Abend. Heyse», vernahm man Deng Long, der zur Musik aus seinen Kopfhörern leicht wippte, «ist so was von Scheiße ... Da muss man mit, da ist immer was los ...»

«Tja», wiederholte die Stadträtin und lächelte höflich.

Ortrud Vandervelt strahlte unversehens den Asiaten an: «Willkommen, Herr Long.» Bradfords jugendfrischer Ehemann schaute nun etwas indigniert.

«Long ist der Rufname. Der steht hinten», schaltete sich der Professor ein, «Deng ist der Familienname. Einfach Herr Deng.»

«O Verzeihung», entschuldigte sich Vandervelt, «ich komme gerade aus Russland.»

«Im Übrigen», Bradford ließ sich von dieser Auskunft nicht beirren, «Long betreibt gerne Opposition. Lassen Sie sich von ihm nicht beirren. Ich mische mich in seine Salons auch nicht ein. Vielleicht beschäftige ich mich manchmal zu intensiv mit Außenseitern, mit Vergessenen in der Literatur, wie dem Dramatiker Hallmann im Barock, Christian Fürchtegott Gellert, einem Licht der Aufklärung, wie schon in meinem ersten Buch, wenn ich das erwähnen darf, *Byzantiner und andere Falschmünzer*, ja, und schon lange mit Heyse ... Da entsteht im engsten Umfeld bisweilen ein gewisser Überdruss.»

«Von früh bis spät immer solcher Kram –» Der schöne, hochgewachsene Ehemann verstand trotz seiner Musikbeschallung, die er jetzt leiser stellte, offenbar jedes Wort.

«Du profitierst davon und weißt es nur noch nicht.»

«Zum Frühstück Novellen. Nach der Uni Gedichte ... *Sei gegrüßt, schönes Sorrent* ... Basteln an der ersten Heyse-Biografie ...»

«Eine aufwendige Pionierarbeit, meine Damen», warf Bradford ein.

«Seit Jahren», stöhnte Deng Long, «du kannst ja nicht mal nach Coburg fahren, ohne an Kolberg zu denken.»

«Wieso Kolberg?», rätselte die Stadträtin.

«Wussten die Nazis», fragte der Chinese, «dass der Stoff für ihren letzten, gigantischen Propagandafilm *Kolberg* von einem Juden stammt, von Heyse? Wie konnten die Judenmörder das verschleiern?»

«Eine gewichtige Frage», erklärte Bradford, «Heyses Drama *Colberg* war Schullektüre in Preußen gewesen, damals also von Königsberg bis Trier.» «Fast zweihundert Druckauflagen», sagte Deng. «Später griffen Goebbels und Veit Harlan zu dieser Vorlage für ihren Durchhaltefilm. Ein ungeheuerlicher Vorgang.»

Die Damen waren verblüfft. Die monumentalste, teuerste Kinoproduktion des Nazireichs, für die es dann keine unzerstörten Kinos mehr gab, nach einer – gewiss abgefälschten – Idee des jüdischen, getauften Dichterfürsten. Unfasslich. In Fragen der Bildung hinkte jeder stets hinterher. Doch auch das war ein Menschenrecht. Da und dort ließ sich etwas aufgabeln, das unversehens sogar von

Nutzen sein konnte. Und den Menschen zierte. Ich bin dumm und will es bleiben, galt – trotz bisweilen grassierender Verflachung, ja Idiotie – noch immer nicht als echte Empfehlung.

«Deswegen Kolberg?», fragte Silberstein.

«Schon, wenn Harry Coburg hört.»

«Heyses Bedeutung kann gar nicht überschätzt werden», stellte Harald Bradford fest.

«Doch», ärgerte sich der Chinese, der sich durch die Beschäftigung im heimischen Haushalt zwangsläufig auch passabel mit dem Poeten, seinem Werk und dem Vergessen auszukennen schien. «Zu viel Heyse. Auch im Urlaub.»

«Das ist unvermeidlich.»

«Ist es nicht.»

«Ich lese leise.»

Die Männer schauten sich grimmig an. Beide waren sich vor Jahren auf der Erlanger Bergkirchweih zufällig begegnet, hatten sich kennengelernt und sich bald – jetzt oder nie – füreinander entschieden.

«Bitte keine Szene, meine Herrn», beschwichtigte die Stadträtin. Sie stemmte mitsamt ihrer Tasche am Gelenk die Hände in die Hüften und baute sich regelrecht vor den Anwesenden auf: «Erstens bekommt jeder, wie Sie wissen, für den Ortstermin eine Aufwandsentschädigung. Feine Sache. Steuerfrei. Zweitens handelt es sich um etwas völlig Schlichtes. Die Landeshauptstadt München erwägt, aus dem Domizil eines der ersten Nobelpreisträger für Literatur – hier wohnhaft – einen Gedenkort und eine Begegnungsstätte für kulturinteressierte Menschen zu machen. Man darf von einer großherzigen, großartigen und zukunftsfähigen Investition sprechen. Manche hier», und ihr Blick schweifte eindringlich über die Anwesenden, «halten solche Tat offenbar für ein Verbrechen.»

«Nun ja, Verbrechen?» Ortrud Vandervelt räusperte sich, der Chinese suchte ihren Blick.

«Die Stadt will nicht nur Bauland für IT-Firmen ausweisen und Zubringer für den Fernverkehr in Angriff nehmen. Die Stadt will ihrem alten und stets bedrohten Ruf als Sammelbecken für Geist und Ideen gerecht werden. Ein Verbrechen?»

Das Gesicht der Schriftstellerin wurde stur. Herr Deng maß die Kommunalpolitikerin mit einem Male geradezu bewundernd.

«Das Heyse-Zentrum, von dem bald über die Grenzen hinaus die Rede sein kann, soll kein Hort für eine Elite werden. Es lädt den Bürger ein. Lesesaal mit allem digitalen Schnickschnack. Eine Bühne, auf der Theater gespielt werden kann, auf der sich junge Performer, Schauspieler, junge Bands, meinetwegen Akrobaten ausprobieren können. Heyse empfing alle, so wollen wir es auch halten.»

«Hervorragend!», rief Herr Bradford. «Bravo!»

«Drangsalierte, verfolgte Schriftsteller aus aller Herrn Länder, Mosambik, Russland. Aus Ungarn, Polen? … Aus China, Korea, Nord, können in Stipendiatenzimmern zur Ruhe kommen.»

«Autoren aus dem Ausland brauchen mindestens so viel Zuwendung wie die hiesigen», merkte Therese Flößer an.

Vandervelt schien das bedenken zu wollen.

«Alles soll möglichst unbürokratisch ablaufen. Um dem Heyse-Zentrum von vornherein den Ruf einer öden Diskursarena zu nehmen, kam auch dem Kulturreferenten die Idee zu einer großzügigen und öffentlichen Bar.»

«Donnerwetter, okay», meinte der Erlanger Dozent.

«Und Sie, werte Frau von Vandervelt –»

«Ohne von.»

«– sprachen an, dass wir Gelder für eine Hauptsorge unserer Zeit bräuchten, für die Migration. Sie meinten damit wahrscheinlich nicht, dass die Deutschen auswandern sollten ...»

«Ich hatte es sehr knapp formuliert.»

«Stellen wir uns den Herausforderungen. Paul Heyse war Weltbürger. Par excellence. Lebte viel in Italien. Es ging mir gleich durch den Kopf. Das Zentrum kann dauerhaft Deutschkurse für Immigranten anbieten. Dann wird's vom Publikum her auch schön bunt.»

Unwillkürlich streiften einige Blicke die Eheleute Bradford und Deng, was nur Letzterer registrierte.

«Aber Deutschkurse für Neubürger oder solche, die es werden wollen, reicht als Begründung für ein Heyse-Zentrum nicht aus. Das bietet jede Volkshochschule an. Migranten, Asylsuchende, die sich uns dauerhaft zugesellen wollen – wir müssen Afrika eingliedern oder es retten –, könnten im Zentrum, ich erwäge das jetzt visionär, einen freiwilligen Kulturschein erwerben.»

«Sie verlangen viel von Menschen in Not.»

«Das sind sie ja dann hier weniger. Warum sollte jemand, der Bürger der Europäischen Union werden will, nicht wissen, dass im Abendland Antike, Mittelalter, die Frühe Neuzeit und die Neuzeit aufeinander folgten. Dass ...», und die Stadträtin suchte nach einem schönen Beispiel, «dass Voltaires Satz *Wir müssen unseren Garten pflegen* ein Leitmotiv für europäische Kultur ist, sein sollte. Der Neubürger, stamme er nun aus Eritrea oder aus Moldawien, kann in Kulturkursen im Zentrum erfahren, dass die Ode an die Freude von Schiller und nicht von Beethoven gedichtet wurde, dass Demokratie auf Kompromissen beruht und Menschenwürde das höchste Gut ist. Es wird ein reiches Erlebnis sein, wenn Neubürger jedweder Herkunft im Kurssaal gemeinsam singen, ich kenne es noch aus dem Schulchor: *Wollust ward dem Wurm*

gegeben, Und der Cherub steht vor Gott. Diesen Kuss der ganzen Welt! –
Brüder, über'm Sternenzelt muss ein lieber Vater wohnen. –»

«Wollen Muslime das singen?», fragte Flößer. «Wenn Sie auch von Alt-Deutschen einen Kulturschein verlangen würden, würd's voll.»

«Und Heyse?», fragte Herr Bradford die euphorisierte Stadträtin.

«Er schwebt über allem. Es ist sein Haus. Der Heyse-Schein, der eine gewisse Kenntnis von dreitausend Jahren europäischer Entwicklung beglaubigt, ein Schatz für Hirn und Seele ... Sokrates' *Ich weiß, dass ich nichts weiß* ... Heyses *Sonnenschein, O Herr und König, Nimm Dich unser gnädig an* ... die Erklärung der Menschenrechte ... wird die Integration in jedes Berufsleben und in unser Miteinander spürbar erleichtern. Bis jetzt betreten viele Fremde ja nicht einmal unsere Museen und Kirchen. Doch der zukünftige Immigrant soll selbst Fremdenführer werden, lustvoll.»

Nicht nur die kleine Schar, sondern auch zwei abendliche Passanten starrten die Stadträtin vor den Stufen der Glyptothek an. Sie lockerte ihre Armhaltung.

«Glauben Sie denn, das Stadtsäckel wird immer für uns bereit sein? Jetzt ist der Zeitpunkt. Der Kämmerer ist auf unserer Seite. Er wird nicht immer im Amt sein. Carpe diem, hic Rhodos hic salto.»

«Salta.» Das ging unter.

«Wer heute dabei ist, dessen Name kann auf einer Gedenktafel am Eingang verewigt werden.»

«Meiner auch?» Herr Deng wirkte verblüfft und geschmeichelt.

«Ich selbst», die Stadträtin sprach leiser, wirkte plötzlich etwas beklommen, scheu, ja geniert: «Ich selbst könnte nach meiner baldigen Versetzung in den Ruhestand – und natürlich ehrenamtlich –

in das Kuratorium des Zentrums eintreten, da und dort, überall hilfreich sein. Ich habe Kontakte. Ich kenne mich mit den Erfordernissen großer Liegenschaften aus. Es geht mir nicht um Ruhm.»

«Nein, natürlich nicht.» Ortrud Vandervelt nickte zwiespältig.

«Aber der Übergang vom Berufslebens in ...», Antonia Silberstein suchte nach einem diplomatischen Wort, fand es aber nicht, «ins Alleinsein wäre sinnvoll und gemeinnützig erfüllt. Ich kann doch nicht plötzlich auf einer Friedhofsbank hocken und die Krähen zählen.»

«Lesen? Verreisen? Theater? Essen auf Rädern?»

«Kurzum, das Kuratorium des Heyse-Zentrums könnte in vielfältiger Weise über mich verfügen. Meinetwegen sogar bei den gastronomischen Erfordernissen.» Die Politikerin wurde wieder offizieller: «Hiermit haben Sie also ein vages Tableau für das, was wir und einige Teile der Stadtratsfraktionen anstreben.»

«Treffpunkt.»

«Kulturschein.»

«Weltweite Kellerbar.»

Silberstein nickte.

«Äh ...», ließ sich Professor Bradford vernehmen. «Wann gehen wir denn hin? Ich meine, hinein. Als wir vorbeimarschierten, war alles dunkel.»

«Herr Kienzlmayr hat das arrangiert», nahm Therese Flößer der Stadträtin die Antwort ab. «Er hat uns für heute Abend angemeldet. Die Uhrzeit ist wohl ein wenig unklar.»

In der Luft blinkte es und rauschte leise.

Viele schauten nach oben. Ein kantiges Gestell.

Wer die Drohne steuerte, war unerkennbar.

Eine Frau hastete über den Platz. Unterm Arm trug sie einen altmodischen Mixer, den sie streichelte.

Entlang des Tempels mit der Skulpturensammlung näherte man sich der Villa.

Aus einem Abfalleimer fischte ein Mann Pfandflaschen.

Das berühmte Lenbachhaus mit seinen Gemälden der Moderne und einem Café war hell erleuchtet.

«Über Ihre Hundeleine stolpert man.»

«Dann machen Sie doch einen Bogen.»

Zwei Herrn, der eine mit Terrier, gerieten sich wie aus dem Nichts in die Haare.

«Ich einen Bogen? Wegen Ihres Köters? Sie sollte man anzeigen.»

«Zeigen Sie den Hund doch gleich mit an.» Mit einem Knopfdruck ließ der Mann die Leine kürzer schnurren.

«Andere sollen sich wohl die Beine brechen.»

«Traben Sie doch endlich weiter.»

«Sie unsoziales Miststück.»

«Selbst menschlicher Dreckhaufen. Sie verschicken wahrscheinlich auch Hasspost.» Der Terrier begann zu kläffen. «Ganz ruhig, Friedhelm.»

Zuzuschlagen wagten die beiden Kontrahenten, die gepflegt gekleidet waren, dann doch nicht. «Sie haben keine Manieren.» «Und Sie erst recht nicht.»

Beide trennten sich, der Hund sprang wie gestochen auf der Stelle.

«So etwas wie Sie gehört beseitigt», vernahm man noch.

Die Drohne nahte im Sinkflug, gewann dann wieder an Höhe.

Friedhelm kläffte jetzt in ihre Richtung.

«Mir wird übel», sagte Ortrud Vandervelt, «warum all das Schlechte?»

«Willst du dich setzen?», fragte Therese Flößer. Die Schriftstellerin verneinte, hakte sich aber bei der Freundin unter.

Antonia Silberstein ging jetzt vorsichtiger. «Und hier wohnte er mit seiner ersten Frau?»

«Aber nein», antwortete Herr Bradford. «Zuerst in einer Wohnung. Dort brachte Ehefrau Margarete, auch aus Berlin, vier Kinder zur Welt, zwei Jungs, zwei Mädels. Ernst, Clara, Franz und Julie.»

«Namen machen doch alles gleich sehr viel persönlicher.»

«Die jüngste Tochter, Julie, ihre schwere Geburt – für Mütter über Jahrhunderte auch wegen der Infektionsgefahren ein tödliches Risiko – schwächte Margarete Heyse bleibend. Nach wenigen Jahren glücklicher Ehe brach bei ihr die Tuberkulose aus. Eine Kur in Meran half nicht mehr. *So viel Ruhe dem Tode ins Gesicht, habe ich noch nie gesehen*, hielt er fest. Margarete Heyse starb am 30. September 1862.»

«Was für ein Schicksalsschlag.»

«Nicht der einzige für Paul Heyse, für die Kinder.»

Die Stadträtin schwieg. Mit einem Mal fiel ein ganz anderes Licht auf den jungen Starautor, der das golden sonnige Sorrent besungen hatte, auf den Fixstern glanzvoller Gesellschaften, den unermüdlichen Dichter. Wie hatte man vergessen können, dass Paul Heyse ein Mensch gewesen war, in die Nöte, den Kummer, in den Alltag, in die großen und in die gelegentlichen Freuden von Menschen eingebunden? In der Wohnung und dann in der Villa hatte niemand entrückt gethront, sondern sich auf den Morgenkaffee gefreut, sich Idealen verpflichtet gefühlt, die Schläge der Vergänglichkeit abzuwehren, zumindest zu dämpfen versucht. Heyse, der am offenen Fenster Regen auf seine Hand tropfen ließ und durchatmete.

«Es waren bewegte Jahre in einem durchgehend aktiven Leben», fuhr der Experte fort. «Dem Berliner Poetenverein *Tunnel über der Spree ...*»

«Kennen wir durch Frau Flößer.»

«… Wunderbar. Sollte also in München der Dichterbund *Die Krokodile* entsprechen, an dessen Gründung Heyse maßgeblich beteiligt war.»

«Krokodile? Martialisch.»

«Exotisch und eher zufällig nach dem Spaßgedicht eines Kollegen getauft: *Im heil'gen Teich zu Singapur / Da liegt ein altes Krokodil / Von äußerst grämlicher Natur / und kaut an einem Lotusstiel.*»

«Trotzdem.»

«Auch Heyse selbst gestand: *Der Name war mir nie recht geistvoll vorgekommen.* Die fünfzehn, zwanzig Herrn, die sich den Musen verschrieben hatten – Damen fehlten noch –, trafen sich regelmäßig und über viele Jahre zuerst in einem Café, dann auch in Heyses Wohnung.»

«Gewiss viel Geschirr, Gläser, Teller. Was für ein Abwasch», befand Silberstein ganz praktisch.

«Ich vermute, es gab Personal. Wechselseitig wurden sich die Dichtungen vorgelesen und besprochen. Es wurde Protokoll geführt, recht deutsch, und Mitglieder zapften Bier frisch vom Fass.»

«Das müssen wir nicht wieder einführen. Obwohl?»

«Aus welchen Gründen auch immer, in den Schlussjahren beschränkte man sich auf Kaffee. Die Geschichte der *Krokodile* gibt den Blick frei auf eine bunte, literarische Szene, viele Schicksale, Hoffnungen, auf Ruhm, Abstürze. Wie es so ist. Der Kreis ließ Empfindungen sichtbar werden und brachte Gedanken in Umlauf. Das ist schon etwas. Gemeinhin waren sie der heiteren Poesie verpflichtet –»

«Warum auch nicht?»

«– dichteten gereimt und im klassischen Versmaß. Balladen über Ritter, Sonette über die Liebe, Einfühlungen in das Abenddunkel,

Trostverse gegen Kummer. Was wir Gegenwart nennen, kommt weniger vor. Von einem herzlichen und regen Miteinander der Dichter wird berichtet. Doch hört man aus einigen Mitteilungen auch heraus, dass allesamt selbstverständlich darin konkurrierten, den lautesten Applaus zu ernten, möglichst wenig kritisiert und vor allem gedruckt und gut verkauft zu werden. Ans Bürgertum, das nett unterhalten und abgelenkt sein wollte.»

«Ach, das neunzehnte Jahrhundert», die Stadträtin hielt inne, «ich kenne mich ja nicht so aus.»

«Dichter in Gehröcken», half Therese Flößer weiter, «Leserinnen unterm Gaslicht. Gepflegte Geselligkeit, die nach ein paar Humpen Bier laut und verschwitzter wurde. Der Herr des Hauses, die stickende Gattin. Ja, es weht einen doch auch einiger Mief an. Der Nachwuchs in Matrosenuniform, an der Wand eine Gerte zum Züchtigen. Gelehrsamkeit und Tüchtigkeit. Und drum herum», nickte die Bibliothekarin kurz zu ihren eigenen Worten, «noch Fürstenstaaten. Um das Wohlversorgte und Ehrbare quoll der Rauch aus den neuartigen Fabriken, tosten die Maschinen, Dampfhämmer und lebensgefährliche Schwungriemen, Kinder, die sich an Werkbänken und in Bergstollen abrackern müssen, die Elendsquartiere, in denen Unrat und Kot die Gosse entlangsickern, Sauermilch im Krug, ein Stück Brot im Schrank, Eisenbahnen, die Felder und Wälder durchschneiden, Cholera, Tuberkulose, noch kaum Heilmittel und Impfungen, alles im Aufbruch, durcheinander und nebeneinander, die Premiere einer Oper von Verdi, doch noch Ersticken durch Diphterie. Auch viel Elend, noch mit schlimmem Aberglauben, bei uns auf den Höfen und weiter droben», endete die Berchtesgadenerin.

«Ist es nicht immer so mit Leben und Tod, nebeneinander, durcheinander?»

«Aber so drastisch, Frau Silberstein? Die Dichter mit Lorbeerkranz, die in einem Salon Seligkeiten wollen, und in den Vorstädten werden die bis dahin mörderischsten Kanonen der Geschichte gegossen. Vers und Schweiß, Vers und Blut, Literatur und Jammer. Unvereint.»

«Darauf müssen wir zurückkommen, Flößer. Meinen Sie, Heyse und die Seinen wollten nicht Licht und Glück? – Waren diese Dichter, das ist mir jetzt sehr wichtig, bequem und feige? Ließen sie die Leidenden im Stich und ohne Fürsprache? O das ist ein ganz entscheidender Punkt, Herr Bradford. Davon hängt vielleicht unser großes Projekt ab.»

Von hinten holten die anderen Teilnehmer des Ortstermins auf. Herr Deng hörte Musik. Therese Flößer fiel im Tross nun wieder zurück.

«Wägen Sie ruhig alles ab, Frau Silberstein. Aber erst einmal beantworte ich Ihre andere Frage.» Ihr Blick erfasste den Dozenten aus Erlangen einen Hauch länger als erforderlich, und das nicht zum ersten Mal. «Ich mach's kurz», reagierte er, und er schien in seiner Auskunft geübt zu sein: «Mein Vater stammt aus Louisiana …»

«Das wollte ich jetzt keineswegs wissen», entschuldigte sich die Stadträtin.

«Wahrscheinlich doch. Er war bei der Army in Grafenwöhr stationiert. Fast gleichzeitig mit Elvis Presley. Ein Versorgungsbatailllon. Meine Mutter arbeitete zuerst in der Küche, dann an der Essensausgabe. Beide bestritten es – ich weiß nicht, warum? –, aber ich glaube, es war Liebe auf den ersten Blick. Ersparen Sie mir die Begleitumstände einer Leidenschaft zwischen meinem Vater und der Tochter eines bankrott gegangenen Bäckers in der Oberpfalz. Damals.»

«Puh, natürlich.»

«Beide zerbrachen nicht am Widerstand, sondern wuchsen daran. Einen anderen Vornamen hätte ich mir allerdings gewünscht. Vielleicht James oder Thomas. Ich interessiere mich jedenfalls für Außenseiter, für Abgedrängte, wenn Sie verstehen.»

«Das ehrt Sie», bejahte die Stadträtin.

«Dann ist ja gut», Harald Bradford räusperte sich. «Für diesen Termin habe ich bei einer Tagung in Wilna abgesagt. Was Sie und München planen, ist wichtiger.»

«Ich hörte aus dem Schulreferat, dass Germanistenkongresse mittlerweile auf Englisch abgehalten werden?»

Der Dozent nickte. «Zunehmend, viel tiefer kann ein Fach kaum sinken. Wobei ich natürlich einen Heimvorteil habe.»

Irritiert nahm er wahr, wie die Stadträtin langsam ihren Arm ausstreckte und die gespreizten Finger prüfte. «Zittern nicht, oder kaum.»

An der Mauer

Der Wind hatte sich gelegt.

Die Luft war mild und angenehm.

Aus dem Gebüsch war letztes Vogelzwitschern zu hören.

Der Mond zeigte sich hinter ruhig ziehenden Wolken.

Die lockere Kolonne verließ den Königsplatz und erreichte den Gehsteig der Luisenstraße.

Ein Dach, ein Grundstück hinter Gemäuer.

Ein ziemlich flaches Dach. Aus Blech? – Zwei Giebel. Seitlich. Das obere Stockwerk. Eine Fensterreihe.

Der Mondschein lag auf Baumkronen.

Ausgerechnet Herr Deng, der sich von Rammstein beschallen ließ, hielt den Atem an. Doch alle verharrten.

Sie war kein Phantom.

Da war sie. Die Villa. Was der Krieg von ihr übrig gelassen hatte. Wie im Schlaf. Sonst von kaum jemandem beachtet. Kein Schornstein mehr. Dahinter hohe, viel neuere Gebäude.

Vor der gut mannshohen Ummauerung wucherte Grün. Der Gehweg, der von Fakultäten der Technischen Universität entlang der Straße zur Mensa führte. Dieser Trampelpfad ließe sich sperren, beseitigen. Ein Kinderspielplatz mit künstlichem Hügel unweit der Mauer. Die Stadträtin erschrak. Einen Spielplatz einzuebnen, eventuell zu überbauen, würde enorme politische Energie brauchen. Eine Wippe galt manchen, sogar wenn sie kinderlos waren, mehr als ein Atrium für die Stipendiatenwohnungen. Im

Moment erschien es als einzige Lösung, den Spielplatz sogar offensiv ins Zentrum zu integrieren. Aber wie? Rutsche und Sandkasten konnten vor einen Seitenflügel verlegt werden. Das betonte die Kinderfreundlichkeit. *Spielen mit Heyse.* Einige seiner Stücke konnten dann und wann mit Marionetten aufgeführt werden, ja, es konnte eine Bastel- und Tanzgruppe gegründet werden. Das wäre geradezu eine Trumpfkarte. Die Eltern würden Schlange stehen, die Stadträtin sah bereits eine Warteliste vor sich. Vorzüglich. Als immer wichtigeres Pendant dazu, geräumig, erweiterbar und gut beleuchtet, aber hinter einer Buchshecke, der Rollatorparkplatz. Die Sphäre des Alters war selten verlockend.

Vergessen lag die Villa da.

Aber nun auch herausfordernd, still drohend.

Wo seit Jahrzehnten der Efeu rankte, Nacktschnecken ungestört ihre Bahn zogen, von den Bewohnern im Winter vielleicht Meisenringe aufgehängt wurden, dort würde sich ein glanzvolles, intellektuelles Leben entfalten. Zu Vorträgen würden Menschen herbeiströmen, zu Kursen für den Heyse-Kulturschein müsste man sich am Empfang anmelden.

Der Dornröschenschlaf wäre schlagartig beendet.

Anscheinend ohne Grund tappten die fünf leiser, Zweige knackten unter ihren Schuhen und Therese Flößers Schutzballon. «Die Heyse-Villa», sprach sie es deutlich für alle aus, und so etwas wie Ehrfurcht vor einem historischen Ort beschlich einige, «wir küssen sie wach.»

Das Metalldach glänzte feucht.

Statt der Mauer aus der Nachkriegszeit mochte das Anwesen ursprünglich von einem schönen, schmiedeeisernen Geländer eingefasst gewesen sein oder sogar herrschaftlich frei dagelegen haben. Mit einer weiten Zufahrt für Kutschen. Für erste Automobile. Teatime beim Dichter. Waren Johannes Brahms, Theodor Fontane, bayerische Prinzen, Kaiserin Sisi, die sich für Poesie begeisterte, noch in Einspännern, Landauern oder bereits mit Motordroschken vorgefahren? Faschingsball bei der Familie Heyse. Das kostümierte und maskierte München hatte zwischen den Tänzen im Garten Luft geschnappt, wo sich jetzt der Spielplatz befand, hatten sich einst ein Pirat und Madame Dubarry geküsst. Die Delegation des Stadtrats war durch das Tor defiliert, um dem Schriftsteller die Urkunde mit der Erhebung zur Ehrenbürgerschaft zu überreichen. Adolf von Menzel, der ebenso kleinwüchsige wie ingeniöse Maler, hatte wahrscheinlich in einem Gästezimmer gewohnt. Beim Gesprächsspazieren hatte der hochgewachsene Heyse sich leicht hinabbeugen müssen, in Brusthöhe hatten Menzels Brillengläser gefunkelt. Jahrelang hatte der Postbote auf seinem ungefederten Veloziped die Briefe von Theodor Storm, von Gottfried Keller, von Iwan Sergejewitsch Turgenew aus Moskau oder Nizza dem Hausherrn überbracht. Wenn auf eines Verlass war, dann auf die Post. Dreimal täglich und ziemlich pünktlich wurde sie zugestellt. Eines Tages war der Bote mit dem Schreiben aus Stockholm in die Halle getreten. Der große cremefarbene Umschlag war von feinstem, wie mit Lack überzogenem Papier, hinten im Prägedruck ein Lorbeerkranz, der drei Wörter umschloss: SNILLE OCH SMAK. Das hieß *Genialität und Geschmack*, wie eine der neuartigen Studentinnen, die auf der Hauptpost aushalf, herausgefunden hatte. Der erste Nobelpreis für einen deutschen Dichter. Königreich Bayern, Herrn Dr. Paul Johann Ludwig Heyse, München, Luisenstraße 22.

«Das Gelände ist nicht allzu groß», gestand Therese Flößer, «und höher als die Griechentempel darf nicht gebaut werden.»

Ortrud Vandervelt bemerkte spitz: «Nach hinten ließe sich das Grundstück enorm erweitern, wahrscheinlich sogar um ein paar

Hundert Meter. Man könnte das Gehölz einebnen und die TU-Mensa abreißen. Kein Verlust. Die ist sowieso verrottet, schmierig und stinkt. Dann würde das Zentrum bis fast an die Pinakotheken reichen. Das ideale Gesamtkulturareal.» Da Platz zur Ausdehnung zu fehlen schien, sah die Schriftstellerin erleichtert das Ende des Prestigeprojekts besiegelt.

Aber seitens der Stadträtin hörte sie: «Genau. Die hässliche Mensa ist längst ein Ärgernis. So einen Dreckstall finden Sie an keiner amerikanischen Universität. Das ist vom weltweit führenden, deutschen Bildungssystem übrig geblieben. Bologna-Unfug in Halbruinen. Die Studenten werden froh über eine neue Mensa sein. Man könnte sogar unser Hauptportal dorthin verlegen. Dann ginge es direkt von Rubens zu Heyse. Die Villa würde zum Abschluss und Höhepunkt des Komplexes.»

Therese Flößer staunte über Silbersteins Elan. Bei ihrer alltäglichen Arbeit im Literaturarchiv Monacensia ging es still und minutiös ums Katalogisieren, das Sichten brüchiger Handschriften, vergilbter Fotografien, um Papierfraß kostbarer Dokumente. Das war bei der Ausbildung zur Diplom-Bibliothekarin einer der ersten Witze gewesen – Sagt der Abt zum Mönch: Machen Sie mir mal zehn Kopien.

Sie strichen an der Mauer entlang.

Ein Passant beobachtete sie.

Eine Untat am frühen Abend?

Sie wirkten mit ihren gereckten Hälsen wie eine Einbrecherbande.

Aber kein Blick reichte über die Mauerkrone.

Dunkel waren die Fenster des Hauses.

«Ich bin zu schwer», sagte die Stadträtin. «Mit meim Hax geht des ned», schloss Therese Flößer an. «Ich mach das nicht», stellte

Ortrud Vandervelt klar. «Dann muss jemand den Professor hoch-heben.» «Long ist leichter», befand Bradford. Alle fixierten den Chinesen.

«Räuberleiter. Du weißt, was das ist?», fragte sein Mann, ging schon in die Hocke und verschränkte fest die Hände, «los, meine kleine Teerose.»

«Jedenfalls bin ich nicht so abgeblättert», war die Antwort.

Die Damen hatten den Eindruck, ungewollt und tiefer in ein heikles Beziehungsgeflecht – doch welche Beziehung war schlicht? – mit hineingezogen zu werden.

Deng Long setzte den Fuß im weichen Sneaker in die kräftigen Professorenhände. Bradford holte tief Luft, der zweite Fuß, und schon konnte der geschmeidige Ehemann, die Beine vorm Gesicht des Dozenten, das Dichtergrundstück ausspionieren.

«Und? Leute? Irgendjemand?»

«Volne ... Vorne ein Garten. Groß. Tonnen. Wohl für Wasser. Ein riesiger Baum.»

«Den sehen wir auch so.»

«Niemand irgendwo. Gartenweg. Schön. Wild. Dunkel. Haus-eingang. Fenster auch alle dunkel.»

«Und hinten?»

«Oh!»

«Was denn?», wurde nach oben gefragt, wo Deng Long seine Aufgabe offenbar genoss.

«Ich stehe hier im Dreck vor einer Mauer, und ein Komplize späht fremde Grundstücke aus. Das ist unerhört, Frau Silberstein», beschwerte sich die Schriftstellerin, «ich will nach Hause.»

«Seien Sie doch nicht so konventionell», musste sich die Litera-turpreisträgerin rüffeln lassen. Der Professor erwies sich, auch wenn er unter dem Lebendgewicht schnaufte, als standhaft.

«Oh!», hörte man abermals von oben.

«Nun?»

Herr Deng verlängerte die Spannung geschickt. Der Passant, unerkannt in der Nähe, war drauf und dran, die Polizei zu rufen. «Hinten ein Verhau. Wie in Berlin.»

«Ist ja interessant.»

«Müll. Kisten. Matratzen … Grill für Würste.»

«Schwierige Wörter. Mandarin würde ich nie so gut können», fand Therese Flößer.

«Ja, seine Angestellten in Coburg staucht er in bestem Preußendeutsch zusammen.»

«Was für Schönheitssalons sind das denn?», fragte Vandervelt sich laut.

«Das ist jetzt nicht entscheidend.»

«Verhau … Hinterhof. Spielzeug auf dem Boden. Ein Dreirad. Alte Waschmaschinen, drei, vier. Stehen im Hof. Feucht. Alles feucht.»

«Das wundert mich nicht», bemerkte die Stadträtin. «Es könnten sogar noch Zanker-Waschmaschinen sein. Die Villa gehörte bis vor ein paar Jahren Herrn Millkatz, wohl ehedem dem Chef von Zanker. Gehen wir von einem Spekulationsobjekt aus. Abriss und Neubebauung drohten. Anwohner formierten sich zum Protest, und das städtische Planungsreferat wehrte die massiven Eingriffe ab. Das Anwesen ist zudem ein Restbestand der einst edlen Gartenvillen im Viertel. Schließlich verkaufte Millkatz an die Grafen Louis und Perceval von Morhenn, beide Architekten.»

«Louis und Perceval? Das klingt doch nach einer Geschichte für dich, Ortrud.» Flößer stupste die Autorin in die Seite: «Zwei Grafen, die den Immobilienmarkt leer kaufen, in Absprache mit Zanker. Dann kommt es zum Desaster. Ein Mord in der Villa.»

«Ich schreibe nicht über Rendite und Totschlag.»

«Balzac hätte es getan. Und Heyse bestimmt auch. Eine Novelle. *Des Fabrikanten Untergang.*»

«Schreib doch selbst.»

«Das Gezerre ging weiter.» Die Baurätin war auf dem Laufenden, «ich versuch's abzukürzen. Auch die Grafen planten Abholzung und Neubau. Doch jetzt lief der Bezirksausschuss Sturm. Petition von Bürgern an den Landtag. Abriss der Heyse-Villa!»

«Eine Schande. Ging durch alle Zeitungen», erinnerte sich Flößer, «vorher hatte niemand ans Haus gedacht.»

«Ja, verwunderlich. Bei der Historie. Was folgte: Entwürfe, Gutachten, Gerichtsverfahren, Erörterungstermine, in die Denkmalamt und Stadt involviert waren», Silberstein erinnerte sich mit Verdruss, ja offenbar sogar mit Grauen. «Die Planierraupen standen quasi schon parat. Doch was den Morhenns sehr in die Quere kam, war die Villenfassade, die unter Denkmalschutz steht. Das Nachkriegsinnere des Gebäudes allerdings nicht.»

«Kann man das trennen?», fragte Flößer.

«Man kann. An der Fassade darf ohne Genehmigung kein Fenstersims angetastet werden. Das hemmt Investoren.»

«Und jetzt?»

«Es kam zum Vergleich. Die Morhenns haben einen recht hübschen Pavillon für eine Grundstücksecke entworfen. Er darf die Villa weder überragen noch verdecken. Das Schicksal des Gartens ist leider noch in der Schwebe.»

«Wer wird es wagen, heute Grün zu beseitigen?»

«Ich bin mir gewiss», die Stadträtin mochte mehr wissen, als sie preisgab, «die Grafen werden bald mürbe sein. Und die Stadt kann bei Baudenkmälern ihr Vorkaufsrecht geltend machen. Dann, schwupps, wird hier unsere Akademie erstrahlen.»

«Bin ich froh, dass ich nur mit alten Büchern zu tun habe», bekannte die Archivarin, «die schickt man zum Restaurator, und sie kommen stabil und schön zurück.»

«Es kommt auf tausend Klauseln, den langen Atem, auch auf nützliche Beziehungen an», meinte Silberstein, «wir leben, zumal beim Baurecht, in einer eng verzahnten Zivilisation, jeder Quadratmeter Boden in Deutschland ist ein Schlachtfeld. Das Land ist zugepflastert und vollgebaut, und eigentlich geht nichts mehr.»

Deng Long hatte das Gespräch von oben ruhig mitverfolgt.

Unter ihm ächzte Bradford. Noch bevor der Professor «Runter!» rufen konnte, hatte er die Hände geöffnet, und sein Mann rutschte herab, fing sich und klopfte sich die Hosenbeine ab.

«Wie wäre es mit Klingeln?», fragte Vandervelt. Neugierig war sie offenbar doch.

«Ja.»

«Genial.»

«Wie kopflos von uns.»

«Natürlich. Klingeln.»

«Vielleicht sitzen sie zur anderen Seite heraus in der Küche oder sind im Hobbykeller.»

«Warten auf uns.»

«Oder liegen krank im Bett.»

Die fünf traten von der Mauer zurück und durchs Gestrüpp auf den Weg. Die Schuhe waren verdreckt.

«Womöglich», und Ortrud Vandervelt traute sich mit einem Mal kaum, sich zu den oberen, dunklen Fenstern umzudrehen, «wohnt dort längst Psycho. Eine mumifizierte Frau sitzt im Stuhl und starrt in den Garten hinaus. Heyses Mutter, die einäugige Frau, ausgestopft, im Eckzimmer. Seit über hundert Jahren. Heyses tote Mutter hat uns im Visier. Und hat das Terrain verhext.

Hat Heyse sie selbst ermordet und ausgestopft? Natürlich ist es dort finster, und es öffnet niemand. Wer ahnte es? Mitten in der Stadt? Einen Steinwurf von den Mumien in der Ägyptischen Sammlung. Wo sonst? Die Toten versammeln sich.»

«Nun hören Sie aber auf.» Die Stadträtin fasste sich aufs Herz. «Schriftstellerfantasien. Sie sind überreizt von der russischen Reise. Dem Hermelin.»

«Heyse hat seine Mutter getötet und präpariert. In ihrem Rüschenkleid, mit Dutt, sieht sie uns aus einem toten Auge an. Wehe den Stipendiaten, die dort einmal wohnen sollten. Die Grafen Morhenn, Louis!, Perceval!, sind ihre Sachwalter. Sie gibt Grund und Boden nicht heraus. Wer will dort irgendwelche Mieter angerufen haben? Wer einzieht, stirbt.»

«Ortrud», Therese Flößer hob drohend ihre Krücke, «beruhige dich. Ich kann hinter den Scheiben nichts erkennen.»

Herr Deng Long hielt etwas Abstand zu den Münchner Frauen.

Gewölk flog übers Firmament.

Die Mondsichel stach hervor.

Stuckaturen

Verkehr rauschte durch die Luisenstraße. Zuerst ruhig, plötzlich geballter. Das Licht aus den Museumsräumen und dem kunstvollen Garten des Lenbachhauses erhellte Asphalt und Fahrzeuge. Durch Spezialbegriffe fiel die Werbung eines Lieferwagens auf, *Innovative Lösungen für die Versorgung und Rückgewinnung der Edelgase Krypton, Neon, Xenon und Helium.* Vermutlich waren die ungreifbaren Stoffe lebenswichtig, und ein weltweites Netzwerk verbarg sich hinter Gewinnung und Vertrieb von Krypton. Gase, auch Edelgase schüchterten ein. Der hintere Teil eines Gelenkbusses, klotzige Konstruktion für enge Spuren, schlenkerte hinter dem Faltenbalg gefährlich neben einem Radfahrer. Der wurde rechts von einem Motorrad überholt; im Nu hätten Opfer der Kollision bluten können. Obwohl sie auf dem Gehsteig fuhr, wich die junge Frau auf einem Tretroller intuitiv aus. Dabei schien sie für einen Augenblick auf eine Fußgängerin zuzuhalten, die wild gestikulierend in ihr Handy schrie: «Morgen … Nein … heute …» Gekonnt, im letzten Moment, bog der Roller um die Passantin. Nur ein feines Geräusch war von fern zu hören, gerade so, als würde ein Metallverschluss an der Umhängetasche der Rollerfahrerin über den Lack eines geparkten Cabrios schrammen. Sie entschwand, leicht kurvend, in den Abend.

Die halbe Menschheit gehörte eingelocht, empfand man, zu Beruhigung, Diät und Andacht in dunkle Kasematten gesperrt. Nach der Haft würde man einander freundlich begrüßen, lächeln, bescheidener und rücksichtsvoll das Leben neu beginnen. Doch jeder katapultierte sich in den eigenen Orkus, als gäbe es kein wünschenswertes Morgen mehr. Was sogar stimmen mochte. Ältere beneideten Jüngere nicht mehr um die Zukunft. Solche Verfassung hatte es noch nie gegeben. Das konnte im Heyse-Zentrum genauer bedacht und dann nach Lösungen gesucht werden.

Von den berühmten Gemälden des Blauen Reiters im Lenbachhaus erblickte man von draußen nichts.

Ein spezieller Termin, gewiss. Antonia Silberstein wartete an der Mauerecke auf die Nachhut. Von einem Zettel las sie ab: «Die Villa ist unter der Nummer D-1-62-000-4133 in die Denkmalliste eingetragen. – Das steht nun fest. Aber lässt freie Hand für die zukünftige und vor allem angemessene Nutzung.»

Bradford freute sich.

Rammstein wummerte wieder.

«Heyse hat seine Mutter nicht umgebracht. Julie starb friedlich, so friedvoll das sein kann, in Berlin. Höchstens seine Schwiegermutter», scherzte er. «Nach dem Tod seiner Frau führte Sophie Kugler für eine Weile den Haushalt. Erst 1867 heiratete Heyse wieder.»

«Anna Schubart, nicht wahr?», fragte Therese Flößer, «eine waschechte Münchnerin, eine Landsfrau. Anna Schubart muss schön, gescheit gewesen sein. Sie hätte ich gerne kennengelernt.»

«Die Seele des Hauses, voller Grazie, zuvorkommend und verbindlich», bestätigte der Experte.

«Zuvorkommend, was für ein hübscher Begriff», sagte Ortrud Vandervelt und bemerkte, dass auch ihre Strümpfe ruiniert waren, «jemand erahnt die Wünsche, Gedanken und Regungen eines anderen im Voraus und leistet ihm eine Hilfestellung, ganz zurückhaltend. Auch Höflichkeit ist schön.»

Die Truppe schälte sich aus dem Dunkel.

«War es hier, wo er seine Falkentheorie entwickelt hat?», interessierte sich Flößer; geistige Beschäftigung schien von manchen Unannehmlichkeiten abzulenken.

«Falken?» Silberstein drehte sich vorne um. «Vogelzucht? Vielleicht klären Sie mich auf.»

«Zwar unterschrieb Heyse mit dem Komponisten Engelbert Humperdinck und anderen Prominenten einen Aufruf des ersten Bundes für Vogelschutz», sagte Bradford, «doch darum geht es hier nicht. Der Falke gehört zu seiner Novellentheorie. Er leitete sie von einer Novelle Boccaccios ab, in der ein armer Ritter seiner Angebeteten das einzige Kostbare opfert, das er besitzt, seinen Falken, den er der Ahnungslosen zum Schmaus brät.»

«Ist sehr delikat», sagte Deng Long, «gab es einmal beim Laternenfest. Ragout. Aber das ist teuer.»

China schien für Europäer eine einzige Herausforderung zu sein.

Bradford winkte ab, um dann fortzufahren: «Eine erschütternde Geschichte, bei Boccaccio, auch mit Kindestod. Aber sie endet halbwegs gut. Heyse erkannte, dass es in einer Novelle ein Grundmotiv, mitunter ein zentrales Wesen geben muss, zum Beispiel den Falken, worin sich die Gefühle und die Schicksalswendungen verdeutlichen.» Deng Long schwieg. «Gar nicht so einfach … Aber wenn wir heute fortwährend um die Mauer eines Hauses schleichen, dann wäre die Mauer das Zentralmotiv.»

«Fabelhaft», gestand Flößer zu.

«Das wird sie», mutmaßte Long.

«Heute», Vandervelt wischte ihren Rock ab, «dürfen Sie keine Novelle mehr schreiben oder etwas als Novelle bezeichnen. Das Publikum, vielleicht auch bald die Buchhändler, würden nicht mehr wissen, was eine Novelle ist. Bald soll man auch einen Haiku als Roman bezeichnen. Ein Jammer, Novellen sind etwas Edles, fein gebaute, übersichtliche Geschichten, mit einer nachdenkenswerten Botschaft. Liebe mit Vernunft. Oder liebe und sei so unvernünftig wie noch nie.»

«Novellen sind dann und wann», meinte Bradford, «wieder sehr erfolgreich. Vieles kehrt zurück, wie in der Mode. Und Heyse war in dieser Gattung Meister. Nicht ausufernd wie mancher Roman, eher wie ein Stromstoß.»

Silberstein versuchte, ihre Vogelzucht aus der Welt zu bekommen, aber das gelang mit keinem Lächeln.

«Sie kennen sich aus», lobte der Germanist die Begleiterin in ihrer schicken, dunkel rot-violetten Kleidung, «Vandervelt. Sie sind die Schriftstellerin?»

Das «Ja» klang äußerst gereizt, «das – bin – ich.»

Herr Deng schien das Heikle der Erkundigung seines Mannes zu erfassen und griff helfend ein: «Er liest meist nur Altes. Heyse, Goethe, Spielhagen.»

«Und Sie schreiben Romane? Welche? Vielleicht kenne ich doch das eine oder andere?»

«Nicht jetzt!», beschwor Silberstein.

Ortrud Vandervelts Stirn lag plötzlich stark in Falten. Die Miene vereiste. Machte sich jemand über ihr Schaffen, ihren mühsam erkämpften, kleinen Ruhm lustig? Dabei widmeten sich Dozenten an Universitäten erfreulicherweise doch immer mehr auch der deutschen Gegenwartsliteratur. Gleichwohl konnte es geschehen, dass einige leseträge Jahre weiter von allem Geschriebenen nur noch die Jugendfassung von *Moby Dick* und Agatha Christie präsent wären.

Der Professor blickte sie ehrlich und offen an.

«Ortruds jüngster Roman heißt *Stuckaturen der Emotion*», sprang Therese Flößer ein, «er stand auf der Südwestfunk-Bestenliste und ist wirklich spannend. Anhand einer Frau, die in eine Dreierbeziehung gerät, wird noch wesentlich mehr aufgerollt, Bedrängnisse, Zukunftssorgen, ein Architekt wird auf furchtbare Weise ausschlaggebend, auch zwei Krankenhausclowns, ein IT-Spezialist, dem Fehler unterlaufen.»

«Das sollte ich lesen», sagte Harald Bradford, «oft braucht es den persönlichen Kontakt, um auf Bücher gestoßen zu werden.»

«Wissen Sie, Herr Professor», Vandervelts Gesicht entspannte sich kaum, «wenn Sie süffige Lesestündchen genießen wollen – und das ist legitim –, bleiben Sie bei Spielhagen oder Isabelle Allende oder wie die Bestsellerstars alle heißen. Für die wahre Literatur existiert nur ein Credo, nämlich: Alles.»

«Alles?», fragten Silberstein und Flößer gleichzeitig.

«In den *Stuckaturen*, die meine Freundin knapp darlegte, bin ich dem Alles nur, doch immerhin ein kleines Stück näher gekommen. Ein Buch, das man, das Frau aufschlägt, muss die Welt sein. Der Architekt, die Clowns, der IT-Spezialist, auch der Kiffer sind ja nur Stellvertreter für Menschentypen in Situationen. Doch auch darum handelt es sich nicht.»

«Sondern?» Die Stadträtin staunte über die plötzliche Emphase der Schriftstellerin. «Worum geht es dann?»

«Jedes Zucken der Gegenwart», Vandervelt ließ sich vor dem verdutzten Zufallspublikum jetzt kaum unterbrechen, «jeder Klang aus der Vergangenheit, jedes Licht, jede Äußerung von überallher, müssen sich zum Leib des Romans formen. Sie können nicht etwas schreiben, behaupten, erzählen und etwas anderes weglassen. Falls Sie etwas weglassen, versündigen Sie sich an der Welt und verraten deren Fülle. Alles, was ist, hat zu sein. Oder was zu sein hat, ist auch.»

«So geht es mir mit dem Heyse-Zentrum», schob Silberstein mit einem Nicken ein: «gedacht und schon wie vorhanden.»

«Auf dem Weg, das Universale darzustellen», die Autorin reagierte auf die Unterbrechungen zunehmend unwirsch, «wenn Sie es denn wissen wollen, befinde ich mich. Die *Stuckaturen* sind ein Vorspiel, in sämtliche Emotionen und Gegebenheiten einzudringen. Die Aufgabe ist unendlich, aber ich stelle mich ihr. Russische Intellektuelle haben mich verstanden. Ein Buch muss ein Spiegel der Welt sein. Nicht nur ein willkürlicher, fahrlässiger Ausschnitt. Man lebt auch nicht mit einem Geliebten zusammen, von dem man nur den Schuh besitzt. Ein Goldschmied hat es einfacher, er nimmt einen Edelstein und schleift ihn. Das Juwel der Literatur ist die Welt, das Ganze, alles. Ich lasse von dieser Überzeugung und diesem Anspruch nicht ab.» Die Baurätin sagte nichts. «Die Passagiere im Flugzeug», Vandervelt wies hinauf nach Norden, «die dort mit blinkendem Licht davonfliegen, gehören in eine Geschichte hinein, die jetzt an diesem Ort spielt. Sonst betrüge ich um ein Stück Gegenwart und Sein. Ich muss das Gras nennen, das hier wuchert, den Riss in der Mauer. Ohne den Riss gibt es auch kein abschließendes Wort über Heyse. Alles muss die Literatur benennen und festhalten wollen: Pisse, Novelle, Dreck am Bein, den Namen des portugiesischen Außenministers, die Wellen, die am Strand von Ostende auslaufen, die Melancholie jedes Einzelnen, die kleinen Aufschwünge, den Tropfen am Eimer.»

Perplex stand die Baurätin im Abend und schien aufs Geratewohl applaudieren zu wollen.

«Großartig», schwärmte Harald Bradford, «das höre ich in keiner Vorlesung. Lebendige und kühne Literatur. Ich bewundere Sie.»

Die Russlandheimkehrerin nickte matt.

«Warum schreibst du nicht mit diesem Schwung?» Therese Flößer blickte die Freundin herzlich aufmunternd an. «Schreib doch einfach mal so, wie du erzählst. Das ist packend.»

«Um Himmels willen, Therese», kam es zurück, «das wäre ja wie Tolstoi, wie Dickens –»

«Ja, und? Ist doch nicht schlimm.»

«Neunzehntes Jahrhundert. Reichhaltige, aber, von heute aus gesehen, noch heile Welt –»

Bradford wiegte den Kopf. Dachte er an die Elendsschilderungen der damaligen und bleibenden Großschriftsteller, an die zerrissenen Charaktere, die sie maßgeblich dargestellt hatten?

«Heute», und Vandervelt schien letzte Energien in sich zu sammeln, «heute muss ich alles, was ich erzähle, zusammenfüge, erkenne, zusätzlich in das Säurebad des Zweifels tauchen. Gnadenlos.»

«Ach so.» Silberstein klang ein wenig enttäuscht.

«Kein Satz, kein Gedanke, keine Wahrnehmung darf unbefragt bleiben. Ich sehe alles, aber ich darf keiner Erscheinung und keinem Wort mehr trauen. Zertrümmerte Gewissheiten sind zertrümmert wiederzugeben. Mensch und Zeit sind explodiert. Und nur keine Handlung, die klare Zusammenhänge vortäuscht und das Abgründige verschleiert.»

«Du klingst jetzt irgendwie sehr deutsch», sagte Flößer, «ich weiß gar nicht, warum, so unfreudig.»

«Am besten, ja, schriebe ich nur das Alphabet auf. Im Alphabet ist alles. Ich gebe das Material vor, und der Leser sortiert es sich wahrheitsgemäß zu seinen eigenen Gedanken und Gefühlen. Durch das Alphabet ist alles möglich und alles wahr.»

«A, B, C, D –. Das kann man doch nicht machen», stand für die Stadträtin fest. Bradford stimmte zu.

«Nein», erklärte die Schriftstellerin, «aber ich tendiere zu dieser erregenden Fragmentarisierung der Welt. Wir und alles sind immer nur Bruchstück, wenn nicht Schutt.»

Das gefiel sichtlich keinem.

«Viel Theorie.» Harald Bradford wiegte den Kopf.

«Und wie», machte sich Herr Deng, der offenbar in großen Teilen prächtig verstand, hilfreich bemerkbar, «heißt bei diesem Plan denn der erste Satz des neuen Buchs, das Sie vielleicht schreiben, wo Sie alles in Säure tauchen und wo dann auch China vorkommen muss?»

Vandervelt lächelte ihm zu. «Ganz einfach, Herr Deng: *Was war, was ist, was sein könnte, sie spähte, er spähte, wir, sie spähten zum Fenster hinaus. So meinte man. Im ersten Moment. Doch vielleicht war es anders. Blätter oder Schatten oder nur eine Erinnerung an Peru? Kleiner Raum wird großer Raum. Großer Raum ist klein. Prüfe es. Horchten sie nur? Doch was heißt nur? Leben war da, bevor es vielleicht verschwand, Regungen, unsere, ihre, unsere? Das Spiel des Nichts. In Klänge hinein ...* Wie gesagt, Worte sind beinahe hinderlich, um das kaum Fassliche, das nötige Alles, zu fassen.»

Herr Deng drückte der Autorin, ein wenig verzweifelt, die Daumen.

Therese Flößer meinte, sagen zu müssen: «Ein wertvolles Projekt. – Ja, wer weiß denn? Vielleicht sogar epochal.»

«Bitte niemals», antwortete die Freundin, «wenn es fertig werden sollte, in zehn, fünfzehn Jahren, ‹wertvoll› oder ‹experimentell› sagen, sogar der Begriff ‹literarisch› verschreckt jeden. Es soll, so wünscht man, alles einfach sein. Bekannt. Und gleichzeitig neu. Das ist so, als ob Sie bei Fragen der Mathematik oder der Musik nicht mehr ‹mathematisch› oder ‹musikalisch› sagen dürfen. Literatur hat sozusagen literaturfrei zu sein. Neuerdings.»

«Versprochen», meinte Flößer.

«*Stuckaturen der Stuckatur*», gab die Autorin preis. «Auch eine Liebesgeschichte. Am Rande, oder in der Mitte, wer weiß? Wie im

Leben. – Jedes Wort hat wie das Letzte und Höchste zu sein, zu dem Frau, man fähig ist. Gleich dem letzten Atemzug.»

Man blickte zu Boden.

Bis auf die Stadträtin. «Wir müssen.»

«Und Sie meinen», hakte Professor Bradford vorsichtig nach, «Heyse hätte bei seinem Werk nicht auf das Vollendete, das Endgültige und auf die Welt geachtet?»

Die Autorin antwortete nicht.

«Zumindest hat er so viel zu Papier gebracht, dass es wie eine Welt ist. Jeder zu seiner Zeit.» Herr Deng wagte sich weit vor.

In der Häuserschlucht

Die Flaggen neben den Propyläen flatterten kräftig.

Zuerst wärmlicher Wind, dann Nieselregen, nun Abend mit treibenden Wolken. Die bayerischen Wetterwechsel waren nicht für jeden leicht zu ertragen. Die Kiesel der Isarstrände schienen gleichsam im Schädel zu rasseln. Womöglich war München nicht noch größer geworden, weil manche sich nach klarer Luft, berechenbaren Jahreszeiten sehnten und wegen Kopfschmerz und Migräne wieder fortzogen.

Es waren nur noch wenige Meter.

Sie passierten eine unansehnliche, geschlossene Toreinfahrt.

Die beiden seitlichen Risalite der Villa lugten herüber.

Hinter den Fensterkreuzen spukte in den Johannisnächten die erdrosselte Schwiegermutter oder wohnte sonst wer. Vielleicht trat der Geist des Nachts auch in den verwilderten Garten hinaus und begoss mit einer Kanne ohne Wasser Kräuter und Sträucher. Ungeahnt. In der Nähe des Königsplatzes und von U-Bahn-Eingängen. Was wusste man? Womöglich versammelte sich der gesamte bayerische Königshof im Morgengrauen und ungesehen zwischen den Tempelbauten, und Damen in Krinoline, Adjutanten in Gala-Uniform, Kammerjungfern, Silberpagen, früh und spät verstorbene Prinzen und Prinzessinnen, gelegentlich Gäste aus der Wiener Hofburg tanzten in akkuraten Reihen eine Polonaise. Auch Sisi, die Münchnerin, mit der verheilten Stichwunde am Herzen? Die Lakaien standen mit Tabletts und leeren Gläsern für den Hofball parat.

Man meinte, es sei Gegenwart, aber vielleicht verhielt es sich ganz anders.

Der Eingang war ein steinernes Tor. Zwei kantige Laternen obenauf. Die Hausnummer existierte gleich zweimal. Auf einem Emailleschild, sodann in Form von zwei eisernen Zweien.

Johannes Brahms war auf das Grundstück geeilt. Richard Wagner nie. Der Hausherr mochte den umtriebigen Sachsen nicht und verabscheute seine Musik, die Klangwogen, die sein Gehör und sein Gemüt begruben, das fantastische Schwirren der Instrumente, den donnernden Ritt der Walküren, das unablässige Zusammenfließen und Auseinanderstreben der Töne – da, plötzlich ein Leitmotiv! alle in Habachtstellung! –, diese Orgie von Himmelsklang und Rumms und die Gurgeln der Sänger, die man vor Kraftaufwand beinahe glühen sah. Zu viel Rumor für jemanden, der im Sinne Goethes und dessen gesunden Menschenverstands den klaren, stillen Umriss des Golfs von Neapel genoss, kontemplierte, anbetete, o schönes Sorrent. Das Ideale musste man verkünden, das Entzückende, Duftige, das Maßvolle. Nach einem Tohuwabohu von Intrigen, vier Opernabende lang, rasenden Göttern in Felljoppen und mit geschwungener Lanze brannte Walhall nieder. Wem war damit gedient? Gewiss, im Kern mochte alles Chaos sein. Doch damit trat man nicht auf die Bühne. Das war wohlfeiler Untergangs-Deutschismus. Hier im Hause verkehrte man international und empfand auch so. Das mochte blässlicher wirken als Germaniens lodernde Götterburg – natürlich auch hinreißend in Musik gesetzt –, doch der Künstler musste aus dem Tragischen, aus dem Abgrund wieder dem Segensreichen zustreben. Deutschland, Europa, eine zivile Welt – wenn das kein heldenhaftes Ziel war? Brahms war auch Klassiker, die Wagnerianer hassten ihn, – und Brahms selbst hätte gerne Walzer komponiert, das leichte, beseligende Drehen und Wenden auf dem Parkett. In dieser Hinsicht verzagte der Symphoniker am Genie von Strauß.

Komm herein, Johannes.

Und wie geht's, Paul?

Endlich Ruhe, die Gören sind zu Bett.

Ich kenne niemanden, der so hingebungsvoll mit seinen Kindern spielt wie du.

Je nun, wenn ich mit Franz und Clara über den Boden krabbele, fühle ich mich selbst wieder jung.

Und keine dichtenden Krokodile in Sicht?

Poetenrunde ist dienstags. Wird lästig. Gereime, Witzeleien, eine Menge Neid untereinander. Auch die Zeitungen drucken nicht jeden. Der junge König ist fast nur noch in den Bergen und verbaut Unsummen. Kein Leser.

Und, eine Idee für eine Oper, Paul? Aber bitte keine weitere Undine, Melusine oder eine andere Wassermaid, die an den Menschen verzweifelt. Das Sujet ist durch.

Leg erst mal ab, Johannes. Hast noch Schnee auf dem Hut.

Ich kann alles, du weißt, Lieder, Chöre, Ouvertüren. Aber eine Oper? Die braucht ein besonderes Feuer. Es gibt schon so viele.

Wie Verse in der Dichtung. Wir stehen immer am Ende der Traditionen. Ich les dir mal was vor.

Gern bei einem Sherry, Paul.

Hab was Feines, via Bremen direkt aus Jerez.

Mehrere Namen auf dem Klingelschild.

Silberstein setzte ihre Brille auf und beugte sich vor: Etwas Unleserliches … *Seishuber, Bartholomäe, Kontor.*

«Bei wem hat der Idiot uns angemeldet?»

Die Erlanger rätselten, wer gemeint sein konnte.

«Ist doch egal, wenn keiner da ist», erklärte Therese Flößer.

«Das war's dann wohl», sagte Vandervelt und rieb sich in ihrer dünnen Lederjacke die Arme warm.

Die Stadträtin klingelte. Zuerst bei Seishuber, auch beim Kontor. Mit der flachen Hand drückte sie alle Tasten. Es schien, als würde es hinter der massiven Metallpforte, auf dem Grundstück, im Gebäude auf einmal sogar noch stiller werden.

«Unheimlich.»

«Das ist das Knarren der Äste.»

«Sie waren nie hier?», wurde Bradford gefragt.

«Ich kenne ihn aus Büchern. Das Haus war vergessen. Ich habe daran kaum gedacht. Wie … kein Organist beim Spielen an die Stube von Johann Sebastian Bach denkt.»

Der Professor trat einen Schritt zurück. Er schaute die Mauer entlang, fixierte das Tor, sein Blick glitt über die Scheiben. Das graue Haar des Halbamerikaners schimmerte nun silbern. Er wirkte bewegt. Feuchte Augen, eine Träne? «Hier bin ich. Dort war er. Seit wie vielen Jahren sind wir verbunden? Das Werk eines Verschollenen. Ausgestoßenen. Mein halbes Leben. In Erlangen trug ich über ihn vor. In Ottawa, in Cambridge sprach ich über ihn. Mein Aufsatz *Dichter ohne Publikum* wurde gerade ins Französische übersetzt. Heyse, du weißt es.»

«Ich weiß es, ich musste die Novellen einscannen», sagte Deng.

«Gib her», reagierte sein Mann, «bitte.»

Plötzlich kam es der Berchtesgadenerin in den Sinn, dass beider gemeinsame Kinder Zabaione-Farbe haben müssten, durchaus attraktiv, aber so weit war die Medizin noch nicht. Deng Long zog einen Laptop aus seiner Umhängetasche und reichte ihn dem Gefährten. Der schaltete an. Schnell floss blaues Licht über sein Gesicht. Silberstein spähte von der Seite auf das Display. War man nicht bereits vertrauter miteinander? Sie gewahrte perfekte Ordnung:

P. H. Lyrik
P. H. Novellen
P. H. Frauenbefreiung
P. H. Romane
P. H. Italien. Gardasee. Haus
P. H. Tierschutz
P. H. Hass!
P. H. Geistesblitze
und mehr.
Harald Bradford scrollte, öffnete eine Datei.
Schaute abermals zur Villa hin. Las.

> *«O Rom, der Städte Königin,*
> *Wie schwebt auf deinen Hügeln jetzt*
> *Mit Flügeln, die der Südwind netzt,*
> *Melancholie so bang dahin!*
> *Durch deine stillen Gassen weht*
> *Die Asche toter Majestät.»*

«Das passt», gestand Herr Deng zu, «hierher. Die Dichtung über
Raffael. Ob nun Rom oder Villa.»

> *«Wo war die weltgepriesne Tat,*
> *Die deine Schwelle nicht betrat,*
> *Und wo ein Gräul so gottverflucht,*
> *Der nicht Asyl bei dir gesucht.»*

Die Frauen, Deng sahen die steinerne Schwelle.

«Die herrschgewalt'gen Geister all
Sahst du an deinem Throne knien;
Sie wussten: Wem du Macht verliehen,
Dess Nam' umflog den Erdenball.
Heut eine Greisin tiefgebeugt,
Kahlhäuptig mit verdorrter Kraft,
Die nie mehr ein Lebend'ges gesäugt,
Verstummt, versteint für Leid und Lust
Von Kummerspur gefurcht die Wangen,
Drin längstvergessne Tränen hangen –
Die öden Gräber hütest du
In schlaflos reueloser Ruh.
Es trägt das Band um deine Scheitel
Das Königssprichwort: Alles eitel!
Dein Stab, der einer Welt gedräut,
Zur morschen Krücke ward er heut
Und gräbt nur Zeichen ohne Sinn
In Staub und Moder vor sich hin.
Wem jetzt dein Hauch die Seele streift,
Der wird ernüchtert und gereift.»

Eine Mutter mit ihrem Kind an der Hand blieb neben dem gerührt
Vortragenden und beinahe inmitten der Gruppe stehen. «Das ist
ein Gedicht, Lena. Horch mal. Das reimt sich alles und ist schön.
Ganz seltene Wörter. Die funkeln.» Bradford, aber auch Antonia
Silberstein kämpften nun fast mit den Tränen.

«Doch manchmal, wenn zur Frühlingsnacht
Im Strom sich kühlt der Sterne Pracht,
Wenn rings des Nachttau's weiche Wellen

Der Greisin hagren Leib umschwellen
Wacht in den Augen, einst so kühn,
Noch auf ein mattes Freudenglühn.
Bekränzt mit Veilchen immerjung
Lehnt neben ihr Erinnerung
Und singt und sagt dem stumpfen Ohr
Ein Lied verschollner Tage vor.»

«Ist das Lied schon aus?», fragte das Mädchen.

Bradford streichelte ihm über den Kopf, obwohl man so etwas nicht tun durfte.

«Nein», sagte die Stadtbaurätin, «denn es ist Frühlingsnacht. Wir werden wieder singen.»

Die Mutter musste das Kind von den fünfen fortziehen.

«Ich», Ortrud Vandervelt räusperte sich höchst dezent, «ich will natürlich keine Spielverderberin sein. Aber es holpert ein bisschen in diesen eindrucksvollen Versen ... knien und verliehen ... man sagt nicht kni-en. Ein Hauch unsauberer Reim.»

«Exzellentes Gespür», bestätigte Bradford, «eben selbst Schriftstellerin. – Doch Heyse fügt natürlich absichtlich und unter der Hand Rhythmusirritationen und Reimverschiebungen ein. Damit Monotonie vermieden wird, das Ohr nicht schlummert. Sonst hätte er verlieh'n geschrieben. Sie haben diese Kunst perfekt bemerkt.»

«Ganz sicher? Kein Versehen?», fragte Flößer.

Träume

Der imposante Götterbaum im Vorgarten knarrte.

Die Torlaternen blieben finster.

Die Villa schwieg.

Nichts rührte sich.

Auf seltsame Weise war es undenkbar geworden, sich voneinander zu verabschieden und getrennt nach Hause zu gehen. Was sollte man dort? Auf Ortrud-Karen Vandervelt warteten die Post und die E-Mails einer Woche. Erdrückend. Sie konnte sich natürlich auch einfach aufs Bett fallen lassen, wirr von Hermelin, Aeroflot und dem Obelisken auf dem Karolinenplatz träumen. Doch zum Ausschlafen bliebe immer noch Zeit. Antonia Silberstein grauste geradezu vor ihrem Flur und dem effizienten Luftbefeuchter. Alles proper, allerdings zu beengt, wenn auch elegant, doch Luxuriöseres wurde in der teuren Stadt auch für eine leitende Beamtin unerschwinglich. Kein Platz für Gesellschaften, die doch eine Stimulanz des Lebens waren. Sie wollte nicht schon Rente proben und sich mit einem Apfel und einem Bildband in den Sessel neben die Stereoanlage setzen. Das gute Gerät mit Kassettendeck war wahrscheinlich längst zur Antiquität geworden. Andererseits war man nur noch zu Hause, wenn alles ausgeschaltet und auf Abstand blieb, vor der Welt sicher. Doch selbst dort könnte sie keine Avocado verzehren, ohne am Austrocknen der Böden in Südamerika mit schuld zu sein.

Sogar Therese Flößer machte keine Anstalten, zur U-Bahn zu humpeln, sich zwischen undichterische Leute zu zwängen und vielleicht zu verpassen, wie das Tor sich öffnete. Dabei wäre sie daheim warmherzig empfangen worden. Die Berchtesgadenerin lebte mit Otto zusammen, einem Witwer. Otto war liebenswürdig, ruhig, einigermaßen füllig und stutzte seinen Graubart alle paar Wochen. Außenstehende hatten den Eindruck, dass Otto dort sitzen, stehen oder liegen blieb, wo man ihn zurückgelassen hatte. Genau der Richtige für eine Bibliotheksarchivarin. Der Pensionär machte die Betten, bügelte und variierte die Abendsalate. Manchmal unternahm das Paar Reisen an die Ostsee, ins Friaul, erkundete das böhmische Bäderdreieck um Karlsbad, machte einen Abstecher in die phänomenale Klosterbibliothek von Osek. Dort harrte Otto neben seiner Partnerin aus, die sich über kostbare Handschriften beugte und ihm Feinheiten der Buchmalerei erläuterte. Finanzielle Sorgen musste sich das sanfte Paar nicht machen. Therese hatte mit ihren Brüdern das elterliche Gehöft unweit vom Königssee geerbt. In einer der Ferienwohnungen verbrachten beide manches Wochenende. Am Jenner konnte sie bequem Ski fahren. Otto studierte währenddessen im Internet Oldtimermodelle. Schläfrig war der gebürtige Sauerländer keineswegs. Otto war Jazzkenner. Ihn faszinierten das Ineinanderfließen und die Symbiose von klassischen Rhythmen des Swing und Bebop mit dem Free Jazz. In Verbundenheit mit ihm war auch die Flößer Stammgast beim alljährlichen Jazzfest in Burghausen geworden. An der Salzach nächtigten beide im Hotel Post. Dass Otto eigentlich Ralf hieß, wussten wenige. Als er mit seinem Zwillingsbruder zur Welt kam, hatten die Eltern im Überschwang, die Mutter voran, den Nachwuchs Rolf und Ralf genannt und so taufen lassen. Die Eingebung war bald für alle zum Problem geworden. Sogar engste Verwandte konnten beide nicht einmal namentlich auseinanderhalten, und auch die Eltern mussten äußerst deutlich Ralf! oder Rolf! rufen, damit die Zwillinge wussten, wer von ihnen gemeint war. Irgendwann wurde der Zweitgeborene kurzerhand in Otto umbenannt. Diese Maßnahme mochte feine seelische Narben hinterlassen haben.

Es war merkwürdig, dass Therese und Otto nicht heirateten. Das hätte Steuern gespart, doch vor allem blieb, zumindest pro forma, Unabhängigkeit bewahrt. Er saß derzeit sicher in der Küche. Einer der Guten im Lande.

«Du kannst doch ein bisschen in die Lokale ausschwärmen», meinte Herr Bradford zu Herrn Deng, «wir treffen uns später im Hotel.»

Die Damen horchten.

«Nö, keine Lust. Überall Frauen.»

Die Damen hoben die Brauen.

«Das mein ich nicht so», entschuldigte sich der junge Mann, «Sie sind super, glaube ich, echt nice.»

«Was dann?», erkundigte sich Vandervelt.

Dem Professor schien es recht peinlich, aber Herr Deng war sehr direkt, wenn nicht gelegentlich unverschämt: «Wir sind ja manchmal in München.» Das *a* mutete nach Art der Chinesen manchmal ganz leicht gaumig an und klang fast erotisch. «Aber Kneipen für Männer sind weg.»

«Nanu, bei der Fülle an Lokalen? Da gibt es für alle das Passende.»

«Schwule machen schöne Atmosphäre. Lustig und frei. Und schon drängeln die Frauen sich hinein. Attraktive Männer. Immer höflich und nett.»

«Fast», entschlüpfte es Harald Bradford.

«Und tolerant. Was wollen Frauen dort, hm? Sie machen die letzte Männerwelt kaputt. Frauen in schwulem Lokal, das passt nicht. Ich geh auch nicht in Frauenkneipen. Haben Frauen manchmal kein Taktgefühl?» Der Gefährte geriet geradezu in Rage, aber offenkundig waren ihm und seiner Lebenswelt etwas Schlimmes widerfahren. «Überall Sopran, wo es knackig, wo Spaß und Kumpel waren. Aus. Besetzen auch die Theke. Gi-gi und Mi-mi.»

«Long!», rief Bradford, «shut up.»

«Wo Kerl drauf steht, ist Frau drin. Lieber Heyse jetzt, dann Hotel.»

Die Damen hielten nicht mehr die Luft an, aber ließen den Ausbruch auf sich beruhen. Und Deng Long schüttelte Vandervelt unversehens die Hand, «Sie nicht. Sie sind fein. Und spannend kompliziert.»

«Wie bitte?»

«Tolle Jacke. Sie nehme ich sogar mit.»

Das war nun wiederum inkonsequent. Wie schön das schwarze Haar aus dem Fernen Osten glänzte, dem reinen Nacken schien ein Duft zu entströmen. Um den täglichen Anblick der Mandelaugen konnte man Bradford, womöglich voreilig, beneiden.

«Sie sind aus Rotchina emigriert?», wollte Flößer wissen.

«Hongkong.»

«Er hat gottlob noch einen britischen Pass. Jetzt auch einen deutschen.»

«Da steht Ihnen die Welt offen.»

«Manchmal kommt seine laolao, Madame Deng, seine Oma und kocht vier Wochen lang. Entenhälse in der Suppe, ganze Hühnerkrallen, eine Art grüne Pflaume mit Chili gefüllt. Ich lebe vom Reiskuchen.»

«Hongkong liegt bei Kanton. Und in Kanton speisen sie alles außer Tischbeine.»

«Wir haben Hongkong immer Freiheit und Glück gewünscht», stellte Flößer für alle klar. Sie und Frau Silberstein räusperten sich.

Damit schien auch das Thema vom Ausschwärmen des jungen Mannes in die homosexuelle Gastronomie, die seiner Meinung nach unter weiblicher Kundschaft litt, erledigt. Beide Angereiste mochten sich für heute noch arrangieren, und Bradford konnte den Rammstein-Fan später zärtlich in die Arme schließen.

«Gehen wir um den Block.» Der Vorschlag der Stadträtin wurde nicht erwidert. «In einer Viertelstunde werden Bartholomäe, Seishuber oder sonst wer da sein und öffnen.»

Der Vorschlag der Stadträtin wurde nicht erwidert.

Eine leichte Böe ließ Regentröpfchen über die Autodächer tanzen.

Der nächste Gelenkbus fuhr vorbei.

Studenten der TU querten die Luisenstraße.

Einige betraten eine Gaststätte namens VON&ZU. Das Lokal warb auf einer Tafel mit *Café Wein Trallala*. Schmal und unscheinbar öffnete es sich zur Straße hin. Deng Long warf einen Blick durchs Fenster. Innen schien das VON&ZU auch eng, aber tief und lang zu sein und gut besucht. Um schlichte Holztische saßen junge Leute vor Laptops, mit Unterlagen. Teegläser und Kaffeetassen. Gewiss waren es gleichfalls Studenten, die bedienten. Ziemlich ehedem-berlinerisch wirkte das VON&ZU, wie Berlin vor Regierung und wohlhabendem Zuzug, unprätentiös, entspannt, wie verräuchert aus Zeiten, als in Gaststätten noch geraucht werden durfte. Wahrscheinlich gab es alternative Cola und Limonaden.

Deng hörte von hinten seinen Mann erklären, nach seiner Art fast dozieren: «Heyse war zweiundvierzig Jahre alt, erfolgreich und allgegenwärtig, als er 1872 das Vorstadthaus erwarb und vom Architekten, Neureuther hieß er, ausbauen ließ. Die Villa am Gardasee kaufte er nach einer Lungenentzündung erst Jahre später dazu, als Winterquartier.»

«Wer taats eahm ned gönnen?», fand die Bibliothekarin, «wir haben mit dem Gedanken an ein Apartment in Kroatien gespielt. Aber man muss sich dann dauernd darum kümmern.»

«Am Gardasee trafen zu einem runden Geburtstag über tausend Glückwunschtelegramme ein. Das Postamt von Gardone war damals nur auf ihn abgestellt. Er war schließlich auch Mitglied mehrerer italienischer Akademien. Heyse selbst kannte seinen Platz und unterstützte andere, mit Rat und Tat und bisweilen auch mit Geld. Was wollen Sie mehr?», fragte Bradford im Licht der Gaststätte, aus der einige Leute kamen. Sie knöpften Jacken zu, verabschiedeten sich voneinander, eine Dampfwolke breitete sich aus, ein junger Mann rauchte E-Zigarette, Herr Deng machte der Schar Platz, die sich nicht um Bradford und seine Ausführungen kümmerte.

«Über seine Produktivität», hörte die Heyse-Gruppe, «hielt Theodor Fontane fest: *Alle zwei Jahr ein Kind, alle Jahr ein Drama, alle halb Jahr eine Novelle.* Und der Freund konstatierte überdies: *An Eleganz, an Zauber des Vortrags, vor allem an dem echten Poetentalent, unter stiller Einwirkung äußerlich einfacher, maßvoller Worte das Herz einzuspinnen, zu rühren oder hinzureißen, kommen ihm wenige gleich.* Heyse versorgte Menschen, die vielleicht sonst kaum gelesen hätten, kaum in sich gegangen wären, mit Gefühlen, Begeisterungen, tragischen Liebesgeschichten oder amüsanten. Denn das Spielerische sollte nicht verloren gehen, das den Menschen zum zivilen Wesen macht. Spielerisch, wie der Reim es ist. *Du hast dich leider fortgemacht / Wie eine Diebin bei der Nacht, / Doch scheidend ließest du zum Glück / Mein Herz, das ich lieb, zurück.* – Wir sollten alle in Reimen sprechen, wir würden dann viel froher sein. Nun?»

Lippen schienen sich zu bewegen, doch ein Reim wollte ihnen so unvermittelt, und gegen jede Gewohnheit, nicht entschlüpfen. Nur Antonia Silberstein probierte: «Ich wandle durch die Münchner

Nacht und bin so glücklich um den Schlaf gebracht. Die Fraktion werd ich überzeugen, sich meinem Wunsch zu beugen. – Ja, wir sollten auch wieder spielen. Froh miteinander umgehen.»

«Brava, das klingt wie Heyse nach dem ersten Schluck Morgenkaffee. Keine Frage, er trug dazu bei, seine Zeit, die natürlich voller Lebenskämpfe war, den üblichen, mit farbiger Sprache, mit ein bisschen Formgefühl zu bereichern, einigen Geist zu retten und auf Schönem zu beharren. Und Empfindungen nahm er ernst. Sollten wir ihm dafür nicht danken? Aber wie wird er geehrt?»

«Wir brauchen das Heyse-Zentrum. Menschen, alle, die Besinnung suchen und das Hoffnungsvolle brauchen, sollen dort ihren Hafen finden. Das überzeugt jeden im Stadtrat.»

«Es muss nicht nur edel und erhaben zugehen, es kann auch lustig und abgründig sein, vor dem Tod», vermischten sich die Stimmen.

«Wie auch immer, lebenswert, lebensbewusst, solange der Atem reicht.»

Für manche Verse schien Bradford seine Dateien nicht zu brauchen.

«Manchmal ist es auch nur ein Sprüchlein, das durch seine Nachdenklichkeit erfreut und stärkt.

Du ziehst hinein, du ziehst hinaus,
Ein flücht'ger Gast im eignen Haus.
Drum wirb dir Liebe zum Geleit:
Sie legt ins Heut die Ewigkeit.»

«Das sollten wir über dem Eingang anbringen lassen», bedachte die Silberstein.

Sie gingen schweigend. Nicht allzu lang.

In einem Wickeltuch trug ein Vater sein Baby vor der Brust. Er küsste es kurz auf den Kopfflaum.

«Stimmt es denn wirklich», Therese Flößer räusperte sich, «dass Thomas Mann über ihn urteilte: *Heyse ist von fast unanständiger Fruchtbarkeit?*»

«Das sagt gerne jemand, dem die poetische Botschaft selbst vielleicht nicht so leicht von der Hand ging. Oder der vielleicht auch mit Neid zu kämpfen hatte.»

Mit einem Blick auf Ortrud Vandervelt fragte sich Therese Flößer, ob Neid so dauerhaft sein konnte, dass er sogar noch nach gut einem Jahrhundert in der Freundin rumorte.

Die Drohne wurde wieder laut. Beinahe wollte man sich ducken. Auch der Säugling lugte in die Höh.

«Es gibt schärfere Statements», sagte die Schriftstellerin von der Seite. «Auch ich habe mich leidlich vorbereitet, wie Sie wissen. Ein Zeitgenosse meinte: *Heyse lesen, heißt ein Mensch ohne Geschmack sein – Heyse bewundern, heißt ein Lump sein.*»

Bradford lächelte gelassen: «Halten Sie mich für einen Lumpen?»

Vandervelt stöhnte verdrossen. «Es bleibt alles Salonpoesie. Wohlmeinend. Aber die großen Salons gibt es nicht mehr.»

Das Luftgerät war abermals fort.

«Wir beleben sie neu», entfuhr es Silberstein, «beisammen sitzen und sich Eindringliches vorlesen. Aber wir haben ja nun unseren Spaziersalon. Was für ein Abend. Er erfüllt mich schon jetzt. Warum habe ich nicht schon früher Dichterhäuser gegründet? Meist Verkehrsberuhigung, Planfeststellungsverfahren, Hochbauprobleme.»

«Liebenswerte Strophen, Herr Professor, und Geschichten für höhere Töchter, gut versorgte Matronen und Ehemänner, die sich zwischendurch den Anschein geben, kultiviert zu sein. Damals mitten im Imperialismus, Kolonialismus und der Ausbeutung sämtlicher menschlicher und natürlicher Ressourcen. Heyse konnte ihr Kulturalibi sein.»

«Und Ihre Leser? Dulden die keinen Raubbau, und sind sie reine Humanität?», fragte Bradford.

«Bitte keine Häme und keinen Streit mehr», bat die Rätin auf dem Pflaster. «Das wird auf Konferenzen zu seinem Geburtstag diskutiert werden können. Oder meinetwegen am Jahrestag der Nobelpreisverleihung.»

«Sie haben die Schule besucht und Abitur gemacht, Frau Vandervelt», mutmaßte Bradford.

«Keine Häme», wiederholte Silberstein.

Er hatte einen seiner Ordner geöffnet und stand im blauen Licht. «Und Sie kennen sein Gedicht *Frauenemancipation*? 1865 sorgte es in Deutschland für großen Wirbel und Empörung in der Männerwelt. Frauen verlieh es Selbstbewusstsein. Heyse war, und wir danken es ihm, ein maßgeblicher Beförderer der Selbstbestimmung von Frauen. Long weiß das schon. Auch dank Paul Heyse entstanden Gymnasien für Mädchen, wurde Bildung für Frauen sehr allmählich selbstverständlich. Er war deutlich: *Wagt, frei zu sein!* Mehr Revolte war in Deutschland wahrscheinlich nicht möglich.»

Sie trotteten der nächsten Querstraße entgegen, um den Block zu umrunden. Das Leben blieb ein Walzwerk unter elektromagnetischer Spannung.

Gab es die Villa überhaupt?, fragte sich Therese Flößer plötzlich. – Sie hatte hinter einer Mauer ein Gebäude gesehen. – Ja. – Zweifelsohne. – Aber was für ein Bauwerk war es gewesen? Der Abend mit Klumpfuß, mit Erlanger Mischpaar und der Sibirienreisenden war dermaßen abstrus … die eilende Frau mit Küchengerät unterm Arm am Königsplatz, das Hocken unterm Obelisken, Café Trallala … Sie, Therese F., war im Literaturarchiv vorm PC eingeschlafen und träumte, dass sie mit einer Stadträtin durch den Abend humpelte, eine Drohne über ihr schwirrte, dass sie vielleicht nie geschriebene Gedichte vernahm und über ein Millionenprojekt befinden sollte … Lola-Montez-Bar, Atrium, kahler Götterbaum, *Stuckaturen der Stuckatur*, Zanker-Waschmaschinen im Hinterhof, lebensbewusst vor dem Tod, VON&ZU … krauses Zeug. – Selbstverständlich öffnete in einem Traum oder in einem Albtraum keine Menschenseele, kein Spukgeschöpf, wenn man an einer Eisenpforte klingelte. Es gab die Mieter in einer Heyse-Villa gar nicht, die vergessene Villa existierte gar nicht, Schimäre, ein Frühlingswahn … Sie war nach einem langen Tag über den Folianten eingenickt, nicht zum ersten Mal, Otto wartete, während sie schlummernd auch mit Frauenbefreiung, Anti-Heysianern und im Quintett abermals an einer Pforte in der Nacht schellen wollte. Unweit griechischer Tempel. Irrsinn. – Sie schlief gut, tief, die Stirn auf dem Arm, schnarchte womöglich in warmer Kellerluft, im Archivstaub, hoffentlich weckte sie die Kollegin bald auf. Eine Böe strich durch die Straße. Aber auf der verharrte sie keineswegs, und Ortrud saß in Wirklichkeit zu Haus. Das Hämmern von Rammstein, alle Kultur und vielleicht auch der Rest waren nur ein Traum.

«Ist Ihnen nicht wohl, Frau Flößer? Kommen Sie?», fragte die Baurätin. «Der schwere Rucksack. Sind Sie müde?»

«Nein. Ich schlafe.»

«Nanu.»

«Wandgemäuer, Dächer weit und breit,
Trostlose Ziegeleinsamkeit;
Ein Kater, der auf Spatzen jagt,
Kein grüner Halm – Gott sei's geklagt!»,

vernahm sie ein Phantom, das sich Bradford nannte. Und sogar
reglos auf ihrem Stuhl im stickigen Büro, Arme und Kopf auf der
Tischplatte, holte sie auf.

Auf der Piste

In verstreuten Institutsgebäuden der Technischen Universität wurde noch gearbeitet. Hinter Fenstern im ersten Stock erahnte man Messgeräte, Bohrmaschinen, Kastenschränke. Licht hinter Milchglas mochte ein Labor beleuchten. Manche Experimente und biochemischen Prozesse mussten Tag und Nacht observiert werden. Vor einem Eingang rauchten junge Männer, vermutlich Studenten aus dem Nahen, aus dem Mittleren Osten. Einer zeigte den anderen etwas auf seinem Smartphone, sie redeten und lachten. Aus dem Gebäude trat ein anderer Student oder Assistent. Der rauchende Pausenhaufen verstummte. Die Gesichter wurden ernst, mehrere geradezu grimmig. Hinter ihnen schloss der europäische, sportliche Typ in Shorts und weißem T-Shirt sein Fahrrad auf und schwang sich auf den Sattel. Die Kippa saß fest auf seinem hellen Schopf. Er radelte los. Rücklicht und Vorderlicht funktionierten. Vor dem Eingang schien es für einen Moment zu brodeln. Unversehens lagen Verachtung, Hass, krude Erzfeindschaft, ja Gewaltwille in der Luft. Dabei konnte es nicht die erste Begegnung zwischen den Studenten mit dem jüdischen Kommilitonen oder Fakultätsangestellten sein. Der verzog keine Miene, fuhr vom Gehsteig auf die Straße, schaute sich nach dem Verkehr hinter ihm um oder ob jemand am Eingang ausspuckte.

Es war mutig geworden, Kippa zu tragen.

Beklommen und zornig hatte Ortrud Vandervelt den kleinen Vorgang wahrgenommen und zu deuten versucht. «Haben Sie,

Herr Deng», sie wandte sich nach hinten, wo der eingebürgerte Hongkonger freundlich lächelte und die Kopfhörer abnahm, «Kontakt zu Ihren ehemaligen Landsleuten, die jetzt die Welt bereisen? Wir wissen nichts über die neuen Gäste. Sie wirken so still und emsig und tragen oft diesen Mundschutz. Die Luft in China muss viel schlechter sein. Es ist doch schön, dass viele Chinesen jetzt andere Zonen kennenlernen.»

Herr Deng winkte mit dem Zeigefinger ab. «Keinen Kontakt, nein. Manchmal fragen sie mich, wenn ich in Nürnberg bin, nach dem Weg. Dürer-Haus. Kaiserburg, Würstchenbraterei. Oft keine guten Landsleute. Viele spießig. Viele gehorsam, Teile vom kommunistischen Volk, auch mit Angst. Aber stolz auf Chinas Macht. Sie haben ihren Alltag. Schwierig. Die Welt wird bald chinesisch, meinen sie. Mir kommen sie vor wie Roboter, kein Altchina aus dem Märchen. *Swen-Kong, der König, trägt den Fürstenhut von Schillerseide ...*»

Die Schriftstellerin war verblüfft, dass Deng Long plötzlich seinen Arm unter ihren schob. «Die würden mich in ein Lager sperren, abknallen», vertraute er ihr an, «wenn sie wüssten, dass ich mit einem Mann verheiratet bin.»

«Wir sind ein kleiner Rest von freier Welt.»

«Ja», bestätigte der junge Mann. «Bordeauxrot im Haar steht Ihnen gut.»

«Hat sich bewährt. Und Ihre Salons laufen gut?»

«In Coburg brauche ich noch ein Hamam. Teuer, aber das kommt an, schwitzen, dösen und vergessen im Dampf.»

«Nur zu.»

Derzeit ging jeder für sich, bis auf das Paar aus Bad Harzburg und Hongkong.

Bradford horchte nach oben. Eine Männerstimme. «... Ich glaube, meine Damen und Herrn, das Thema galoppiert noch nicht. Und ich habe noch einige To-dos für Sie, wenn Sie wirklich proaktiv denken wollen …» Hinter aufgekippten Schwenkfenstern wurde noch unterrichtet, Köpfe, eine Leinwand, darauf Linien und beschriftete Rechtecke, der Dozent, ein Powerpointer? «Schlauen wir uns auf, ich schwöre Ihnen, Ihr Gehalt wird später absolut performance driven sein …» Wahrscheinlich Betriebswirtschaft, Business Management. «Nun mal los, und zwar mit den Low-Hanging-Fruits, den einfachen Kunden, für die Quick wins … Der Flow jedes Einzelnen und das Get-together müssen sich immer ergänzen … Und Sie können nicht mehrmals mit einem Kick-off starten. Dann sieht's am Tagesende trübe aus. Also asap. Und beziehen Sie die Developer ein, jemand muss den Hut aufhaben. Klar, insgesamt Teamspirit und Konkurrenz …»

Bradford lächelte. Asap kannte er noch von seinem Vater. Der Befehl hatte in Grafenwöhr für die Gefechtsbereitschaft und besonders die Raketen gegolten. In drei Minuten alle antreten. As soon as possible.

«Um den ganzen Block?», fragte Therese Flößer.

Weit vorne an der Straßenecke hörte die Stadträtin den Ruf von hinten nicht. Sie stand in Gelblicht und Radau. Hier war kein Durchkommen. Das hätte sie wissen können. Mit einem Blick erfasste sie, dass die Baustelle korrekt gesichert war, an den Absperrschranken im Meterabstand mindestens sechs Leuchten. Die neue Asphaltierung der Theresienstraße war weit fortgeschritten. Mit Schaufeln streuten Arbeiter in Schutzwesten Splitt auf den kaum mehr dampfenden Belag. Eine der vorzüglichen Vibrationswalzen der Stadtwerke presste die Steinchen als Schleuderschutz in den Asphalt. Schon wurden sogar Schachtdeckel der Kanalisation wieder freigelegt. Silberstein freute sich an der tüchtigen Nachtschicht. In harter Arbeit, in der Hände Arbeit lag große Ehre. Es gab kaum eine

Nation Osteuropas, mittlerweise halb Afrikas, die nicht in den Bautrupps vertreten gewesen wäre. Von kulturellen Konflikten, die eskaliert wären, war ihr nichts zu Ohren gekommen. Wer Unruhe stiftete, der saß wahrscheinlich nicht lange mit im Bauwagen. Nicht weit von ihr pausierten einige Arbeiter auf einem Splittcontainer, aßen etwas, tranken Softdrinks oder aus Thermoskannen. Die Zeiten mit Bier, viel Bier, auch auf Baustellen, waren vorüber. Übermäßiger Schlendrian und Suff, zumindest in der Öffentlichkeit, wurden nirgendwo mehr geduldet. Ein Arbeitsunfall unter Alkoholeinwirkung, und die Existenz war aufs Spiel gesetzt. Immer reibungsloser und flinker sollte alles funktionieren. Teer hatte ehedem berauschender geduftet als das stabilere Asphalt-Beton-Gemisch. Ein dürrer Typ mit Vollbart und ein Bursche fegten überschüssige Steinchen zusammen. Bauarbeiterinnen erblickte man selten, hier gar nicht.

Die Stadträtin hob die Hand. «Alle Mann zurück.»

«Ins Café», schlug Therese Flößer mit matter Stimme vor.

Der Zustand der Heyse-Gruppe war bedenklich. Ortrud Vandervelt erkannte Laufmaschen, die das Mauergestrüpp in ihre Strümpfe gerissen hatte. Flößer sank mit der Schulter gegen die Quader des riesigen Altbaus der TU. Vor ihr wippte Herr Deng zu einem Rhythmus in seinen Ohren. Professor Bradford trug sein strahlendes Laptop wie eine Monstranz vor sich her. Durch die Kehrtwende hörte er abermals den Managementkurs über sich. «… Ups and Downs werden uns nicht erschüttern … solange die höchste Visibilität gewährleistet ist und reported wird …»

Vandervelt lachte plötzlich, allerdings verhalten, und deutete auf die Fenster eines Eckhauses: «Entschuldigung, aber manchmal fallen mir, vor allem auf Reisen, Erdgeschosswohnungen an einer Straßenkreuzung auf. Ich bin dann erschüttert und dankbar. Wenn ich in kleinen Zimmern mit den Fenstern zu einer Kreuzung wohnen müsste, wäre ich nach zwei Wochen tot. Wie überleben Menschen es, nicht einmal lüften zu können, ohne den Verkehr noch lauter über dem Küchentisch und im Bett zu hören? Es gibt Wunder an Gewöhnung, auch wenn die Lkws im Klo bremsen.» Das Klingeln ihres Telefons lenkte sie ab. Es musste die Tochter in Edinburgh sein. «Mayonnaise selber machen? Na gut. Das ist einfach, aber braucht Gefühl. Du nimmst ein Eigelb. Dann rührst du möglichst gleichmäßig Öl ein. Kein Olivenöl. Der Geschmack würde bitter. Sonnenblumenöl …»

Bradford war durch das Auseinanderdriften der Gruppe ein wenig verunsichert. «Wollen Sie noch?», fragte er die Stadträtin.

«Wieso? Es ist ein Arbeitstermin. Meinen Sie, man schnippt mit dem Finger, und ein Kulturpalais steht da? Es geht nicht nur um Sie und mich. Es geht um die Nachwelt. Soll sie sich in einem Heyse-Zentrum zusammenfinden, um Gedanken auszutauschen und Probleme der Welt zu lösen, oder nicht? Und ich muss Bescheid wissen. Will es auch.»

«Damals war hier alles noch grün, denke ich, grüner», sagte er in der Häuserschlucht, «Vorstadtgärten, erholsame Spazierwege, Singvögel.»

«Vielleicht sogar Nachtigallen», meinte Flößer. Mal blieb sie zurück, mal holte sie auf.

«Nach dem Tod seiner ersten Frau verlor Heyse noch drei seiner sechs Kinder. Die Tochter Marianne starb mit anderthalb Jahren. In derselben Nacht, in der sein Sohn Winfried geboren wurde, 1871, erlag der elfjährige Ernst qualvoll einer Hirnhautentzündung. Der Vater, ohnehin ein Kinderfreund, geriet an den Rand des Wahnsinns. Freunde vermochten kaum, ihn zu trösten.»

«Solche Verluste, die Vielzahl können wir uns kaum mehr vorstellen.» Silberstein hatte die Hände verschränkt, ihre Tasche schwankte am Arm. Die Drohne war zu hören.

«Hier wird er entlanggegangen, -gelaufen, -gestolpert sein, um des Kummers Herr zu werden. Nachts, wenn wenige Menschen ihn sahen. Er fand zu einer Trösterin, der Dichtung. Nichts von Salon, von Kunstfertigkeit, äußerlichem Glanz findet sich in den Terzinen, die er seinen toten Kindern widmete. Sie wahren die Form, aber sind grausam.

> *Ich stand und sah ihm nach mit leeren Händen.*
> *Ich hatte nichts als meiner Tränen Tau*
> *Zum Totenopfer, Kind, dir nachzusenden.*

Nach Ernsts Tod stellte er das Begräbnis nach»; Bradford las jetzt im Licht –

> *«Mit Kränzen, wie kein Bräutigam, geschmückt,*
> *Mit Feierkleidern angetan aufs Beste,*
> *Doch deine großen Augen zugedrückt,*
>
> *So fuhrst du weg zu deinem letzten Feste,*
> *Langsam im Schritt. Warum dich übereilen?*
> *Gern wartet jener Wirt auf seine Gäste.*
>
> *Doch Jeden drückt zu schwer die eigne Last,*
> *Als dass er lange dächt' an andere Dinge.*
> *Still ist's im Saal. Man hört das Flattern fast*
>
> *Des weißen Falters, der mit hast'ger Schwinge*
> *In bangen Kreisen durch die Lüfte zieht,*
> *Als sei's ihm nicht geheu'r im Totenringe.*

Und wie er jetzt den stillen Knaben sieht,
Lässt er sich rasch auf seine Stirne nieder,
Wie auf ein heilig blühendes Gebiet;

Als hab' auf diese sanften Augenlider
Der Tod kein Recht, als kehre, statt zur Gruft,
Die blasse Lilie zu den Blumen wieder

Hinaus in Sonne, Lenz und Lebensluft! –

Und doch», sagte Bradford, «erregten diese Wehklagen Anstoß. Der liberale Heyse, hieß es wie so oft, sei obendrein gottlos. Denn wie schrieb er dem Sohn nach?

Kein Ernst und Drüben, nur Jetzt und Hier.
Erbetteln will ich nicht vom Selbstbetrug
Den feigen Trost. Das Eine wissen wir:

Auch wir vergehn; und das ist Trost genug.

Winfried wird sechsjährig auf einer gemeinsamen Reise mit dem Vater durch Württemberg an Scharlach sterben.»

Eine Weile ging man schweigend, mäanderte auf seinen Spuren, einiger Verkehr rauschte, die vermutlich arabischen Studenten waren verschwunden, Therese Flößer bekannte: «Die Ernst-Gedichte sind mir immer ans Herz gegangen.» Ein Tretrollerfahrer trennte kurz die Pilger und Wandernden. Die Diplom-Bibliothekarin hatte abermals den Eindruck, als wäre sie am Ende des Arbeitstags eingeschlummert, als wäre der Hongkonger eine Schimäre, als hätte die Stadträtin nie im Gelblicht gestanden. Im Café musste sich dieser Zustand eines Wachtraums wieder klären. Vorerst fasste sie den Krückengriff fester und folgte. Wollte Ortruds Tochter abends in Schottland wirklich wissen, wie man Mayonnaise selbst anrührte? Auch das war vielleicht Irrsinn, ein Trug, womöglich hatte sie sich als geübte Skifahrerin auch nie verletzt, und der Kunststoffklumpen um den Fuß gehörte nur zur Gespensternacht. Hauptsache, sie endete nicht siech in einer Novelle mit Neapolitanern und Falken, woraus es dann kein Entrinnen mehr gäbe. Sie räusperte sich. Das funktionierte ganz normal. Zumindest war es die große Stunde des Spezialisten aus Franken.

«Die Vergänglichkeit stärkte seine Menschenliebe. Er war ein treuer, gutherziger Freund. Und so, wie ihn Kinder erfreuten, in ihrer Unbefangenheit und Offenheit, so wichtig war ihm das Los von Tieren.»

«Oxia», warf Herr Deng ein.

«Ja, das *Hundegrab von Oxia*. Es ist das erste Gedicht, vielleicht der erste Text gegen Tierquälerei überhaupt auf der Welt.»

«Von ihm.» Nun war auch Herr Deng stolz.

«Der Sultan hatte damals den Befehl gegeben, Istanbul von Hunden zu säubern. Die streunenden Tiere müssen in der Tat eine Plage in der Stadt gewesen sein. Aber was geschah? Die Hunde wurden eingefangen, zu Tausenden. Sie wurden für eine kurze Strecke verschifft und auf der Felseninsel Oxia ausgesetzt. Dort gab es weder Futter noch Süßwasser. Ein entsetzliches Grauen! Elendiglich verhungernde und verdurstende Kreaturen zerfleischten sich. Gerüchte über das Verenden in Massen drangen nach draußen, nach Europa, hierher. Heyses Mahnruf rüttelte die Gemüter wach und wurde ein immenser Schub für den Tierschutz.

Wer sind die Jammervollen? Was verbrachen sie?
Unschuld'ge sind's, hier grausam eingepfercht
Von Menschen, die unmenschlich sind, denn gut
Und edel sei der Mensch, indessen sie
Vergaßen aller Güte, dass es hier
Nur Tiere *gilt, und für die Folterung*
Von armen Hunden keine Rechenschaft
Zu geben ist am Tage des Gerichts!
Und keinem fiel es ein, dass täglich *hier*
Ein unerhörter Frevel wird verübt.»

«Ich wusste nichts», sagte Silberstein.

«Deswegen wurde ich gerufen. Deshalb bin ich da.»

Für Bradford blieb der braune, fast knisternde Kunstfasermantel der Beamtin gewöhnungsbedürftig; sie hingegen fand das grau-blau-quadrierte Sakko des Wissenschaftlers mutig bis verfehlt. Hatte der schönheitsbewusste Gefährte vom Perlfluss wenig Einfluss auf das Outfit seines Mannes? Deng Long war durch seine schneeweiße, eng sitzende Hose immer bestens zu orten.

«Mir schwirrt der Kopf. Natürlich weiß ich nun viel mehr als der Kulturreferent. Eine Menge Verse.»

«Schnipsel aus dem Werk. Schnipselchen. Wenn ich Kunsthistoriker wäre und Sie ein Malermuseum gründen wollten, würde ich Bilder vorzeigen. Bei einer Gedenkstätte für die Jahre Freddie Mercurys in München würden wir uns in seine Songs vertiefen –»

«Yeah.» Herr Deng bekam vieles oder alles mit.

«Beim Dichter ist es eben Geschriebenes. Bei einem verstoßenen Dichter Vergessenes.»

«Das ist alles sehr komplex mit Heyse und mit vielem verwoben, mit seiner Zeit, seinen Kindern, mit dem Sultan.» Vandervelt horchte bei dieser Bemerkung der Stadträtin auf. Zeigte die Kämpferin fürs Zentrum eine erste Schwäche, erlahmte der Schwung? Kapitulierte sie mit ihrem Großprojekt? Die Zipfel ihres blauen Halstuchs hingen schlaff.

«Gar nicht komplex, Frau Silberstein», nutzte Vandervelt den Moment: «Uns werden Highlights, the best of aus dem Werk präsentiert. Täte ich auch. Aber er war, soweit ich mich kundig machen konnte, ein Vielschreiber –»

«Genau», nickte Harald Bradford, «wie Guy de Maupassant in Frankreich, wie Dostojewski, wie Martin Walser und andere.»

«Walser. Jetzt kein Walser-Museum, noch nicht», wehrte die Rätin ab. «Und was haben Sie, Vandervelt, gegen ein Gedicht, das die Tierwelt schützen will? Gegen sein Eintreten für die Frauenrechte?»

«Nichts», resignierte die Schriftstellerin. Sie griff in ihre Umhängetasche und zog, da sie plötzlich heftigen Hunger verspürte, noch eingeschweißte Verpflegung von Aeroflot heraus.

«Was haben Sie denn da?»

«Pute. Russische. Kann man nach dem Gedicht eigentlich auch nicht mehr essen.» Sie biss ins Sandwich. Auch Therese brauchte einen Happen.

«Das ist das Böseste», und Deng Long griff nach dem Laptop, den Bradford festhielt, «Nicht!», «Doch! Die Frau Silberstein muss wissen.» Irritiert schaute man zu, wie der Franke und der Hongkonger am leuchtenden Gerät zerrten, darum rangen – «Long heißt Drache. Er will mein Lebenswerk zerstören», rief Bradford. Long beugte sich vor den Bildschirm, war flink mit den Fingern auf der Tastatur … «Das ist von einem Mitdichter, von Herrn Bierbaum», der junge Mann las ab:

«Nun aber flüstert leise:
Ich singe von Paul Heyse.
Blast duse, alle Flötchen,
Es gilt jetzt unser Goethchen ...»

«Stop it, Long!»

«No. Du hast mich so verheyst. Aber du kommst nach Coburg nie mit ...»

«Was soll ich in deinem Salon? Augenbrauen zupfen lassen?»

«Der Damen holdsten Sänger,
Den süßen Backfischfänger.
Gesalbt sind seine Löckchen,
Und alle Unterröckchen
Beginnen bang zu zittern,
Wenn Heyses Duft sie wittern:
Klettenöl und Patschuli,
Höheretöchterpoesie.»

Long gab den silbrigen Apple wieder frei. Die Damen atmeten auf.

«Das ist nicht witzig. Das ist gravierend, nämlich antisemitisch. Das ist gegen Minderheiten und möglicherweise auch neidvoll. Hatte ich es dir nicht erklärt? Die gesalbten Löckchen sind eine widerliche Anspielung auf Heyses Abstammung, auf jüdische Schläfenlocken. Der Jude, sogar wenn er getauft war, als Lüstling. Zeitlebens gärte der wachsende Antisemitismus um ihn. Er ließ sich davon nicht beirren und einschüchtern. Ich lösche den Schmutz jetzt.» Bradford tat's.

«Okay», Long blickte zur verschwundenen Schmähung. «Weg.»

«Vielleicht tut uns jetzt ein Geistesblitz Heyses gut. Die Datei wird nicht gelöscht», sagte Bradford. Zu seiner Verwunderung sah er plötzlich die Finger Silbersteins vor sich, die selbst auf das Heyse-Falken-Symbol tippte. Der Eintrag war schnell geöffnet. Bradford fasste sich und überflog die Zeilen, «es geht um Lebensart, das Miteinander, die Leichtigkeit.

> *Geselligkeit will uns nicht glücken.*
> *Uns fehlt dazu der Anmut Gaben.*
> *Nie harmlos sich in andre schicken,*
> *Das heißt in Deutschland Charakter haben.»*

Vor einem Institutsgebäude durchsuchte eine Alte einen Abfalleimer.

Der Malteser Notdienst fuhr mit Blaulicht, aber ohne Sirene vorbei. Er hielt unweit der Baustelle.

Hinter den Fenstern der Eckwohnung im Erdgeschoss, direkt an der Ampel, wurde, wie man sehen konnte, das Abendbrot aufgetischt. Was es wohl gab? Leberkäsaufschnitt, Gurke, Pfefferminztee? Das betagte Ehepaar nahm womöglich mit Stöpseln im Ohr in der Essecke Platz. Neben der Wanduhr blickte der Gekreuzigte zu Boden. Auf der Anrichte lief der Fernseher.

Gardinen in der schnurgeraden Luisenstraße waren unmerklich beiseitegeschoben worden. Hinter der Scheibe eines dunklen Wohnzimmers hatte ein Mann mit Fernglas Posten bezogen und beobachtete die Straße. Eine andere Mieterin einige Häuser weiter hatte ihr Opernglas hervorgeholt und gleichfalls den Store um einen Spalt geöffnet. Tag und Nacht ließ sich unten vielerlei observieren. Ein krachender Auffahrunfall, Cabriofahrer, die telefonierten und ihren Wagen knapp noch auf die Spur zurücklenkten, Radfahrer ohne Licht in Massen, sogar Mütter mit unbeleuchteten Kinderanhängern. Eine Genugtuung war es, wenn eine Polizeistreife einen Falschparker in einer Feuerwehrzufahrt dingfest machte und eine halbe Stunde später der Abschleppdienst den SUV, einen dieser Safarikübel im Nahverkehr, zum Abtransport durch die Luft schwenkte. Nachts schlenderten und torkelten Angeheiterte und Betrunkene übers Pflaster. Paare blieben eng umschlungen in einem Eingang stehen. Meistens blieb alles still und friedlich, und eine Ordnung herrschte. Tagsüber quollen die Studierenden aus den Gebäuden und marschierten zur Mensa. Hübsch, wenn auch selten, waren afrikanische Studentinnen in farbenprächtigen Gewändern ihrer Heimat. Kenia? Professoren eilten zu ihren Veranstaltungen. Sie waren nur noch selten an ihren Anzügen zu erkennen. Dauernd wurden Häuser eingerüstet, die Fassade, obwohl sie hinterher kaum einladender aussah, renoviert. Einige Gerüstbauer mit gebräunten, gestählten Oberkörpern entzückten wohl nicht nur manche Passantin, die aus dem trüben Tagestrott gerissen wurde. Aber sich scheiden lassen, um mit einem ukrainischen Kontraktarbeiter zusammenzuleben, ihn in das deutsche Alltagsleben und in die Familie einführen, die Einbürgerung eines Lubomir oder Sviatoslav vorantreiben? Es blieb bei Visionen, auch von einer gemeinsamen Feriendatscha am Schwarzen Meer, und bei unbewussten Regungen, wenn die Burschen Gestänge stemmten und sich in die Hände spuckten. Warum spuckten Männer häufiger als Frauen? Waren die Speicheldrüsen unterschiedlich beschaffen? Musste, wollte ein Mann triebhafter und aggressiver ein Revier markieren? Keine Talkshow zu diesem Thema konnte das Urphänomen beseitigen. Erst genetische Eingriffe würden die Menschen gleicher und verwertbarer machen. Straßenfeste wurden unten nie gefeiert, erstaunlicherweise trotz der verbreiteten Lust auf Festivitäten und Trara –, die Luisenstraße war wohl zu unbehaglich, keinerlei Begrünung, wenige Altmieter, einige Schnellimbisse in der Nähe, deren Betreiber vermutlich wenig Sinn für Bierstände, Kinderkarussell und Partylaune unter freiem Himmel hatten. Sogar während des Oktoberfests schlüpften nur wenige Anwohner in Tracht aus dem Haus, und es blieb links und rechts bei Geschäften für Elektrotechnik, Malerbedarf, Copyshops, der Beratungsstelle des schwul-lesbischen Sportvereins *Team München*.

Der Mann stellte sein Fernglas scharf, die Mieterin hinter dem Store drehte an ihrem Operngucker. Die Truppe unten schien vollends den Kurs verloren zu haben. Zuerst waren sie nach Norden marschiert. Die Untersetzte strebte voran wie ein Feldmarschall. Einmal neben, dann hinter ihr ein Mann mit offenem Computer. Alle paar Meter ballte sich der Haufen, dann lockerte er sich wieder. Die Versehrte mit Gehhilfe hatte es besonders schwer, Schritt zu halten. Vor allem palaverten sie ohne Unterlass, mal zum Nebenmann, zur Nebenfrau, sogar nach hinten riefen sie, sie hoben die Zeigefinger, die Anführerin stemmte die Hände in die Hüften, immer wieder schlingerte der Dünne in heller Hose durch die Schar. An der Baustelle hatten sie prompt kehrtgemacht, und nun schnatterte und deklamierte der Tross neuerlich und in die andere Richtung. Falls diese Leute nicht verrückt waren, dann handelte es sich womöglich um eine künstlerische Aktion, eine… Streetperformance – was wusste man? –, die geprobt oder schon aufgeführt wurde. Das Lenbachhaus mit seinen Ausstellungen und Aktivitäten, das Kunstareal waren nah, da mochte auch die Luisenstraße zum Schauplatz für eine Darbietung werden, die irgendetwas bewusst machen sollte. Aber was? Dass der Mensch in einem unablässigen Gesprächsballett lebte? Dass Behinderte und Fremdländische in jeden Austausch einbezogen gehörten? An der Theresienstraße wäre ein Auto fast in den ebenso ruhelosen wie hartnäckigen Wanderkraal gefahren. Nun hatten sie sich vom Gehweg sogar herunter auf die Fahrbahn debattiert, die Dünne verzehrte eine Schnitte, allesamt retteten sie sich zurück auf den Bürgersteig, von unten vernahm man vage … «Es wird gebaut!» … «Wird es nicht!» … Der Beobachter ließ sein Fernglas sinken und schloss die Gardine, die Mieterin mit dem Theaterglas hatte nichts weiter vor und zog den Stuhl heran. Ein Glas mit Sherry stand bereits auf ihrem Fensterbrett.

«Dort ums Eck», entsann sich Therese Flößer und hielt inne, «war ehedem die Praxis meiner Dermatologin. Längst im Ruhestand und vielleicht schon tot. Dass auch Ärzte sterben, ist bedrückend.»

Man stimmte zu.

Vandervelt rauchte. Herr Deng war meistens um sie.

Harald Bradford strahlte die Stadträtin an, als hätte sich ihm das achte Weltwunder offenbart.

«Was ist denn?»

«Dies hier gibt den Ausschlag.» Er tippte auf seinen Monitor. Die Bücherstapel, die Flößer im Rucksack trug, sowie die Notizen und Kopien, die sich die Schriftstellerin vor ihrer Reise gemacht hatte, waren obsolet angesichts des schnellen Zugriffs, den der Experte auf das Œuvre hatte. Allerdings schien der Bildschirm allmählich zu dunkeln, der Akku schwächelte.

Vorgebeugt und mit zusammengekniffenen Augen hinter ihrer Brille entzifferte Silberstein unter einem Wordkomplex *Engagement*. Der Erlanger hatte stärkere Gläser.

«Bei seiner Nordpolexpedition von 1893 nahm Fridtjof Nansen das Werk Paul Heyses mit auf sein Schiff *Fram*. Eine der skandinavischen Ausgaben.»

«Um die lauen Reime in der Arktis zu entsorgen?» Sonst neigte Vandervelt nicht zu Spaß und Heiterem. Sie war Autorin in einer wie immer schwierigen Zeit, die von Psyche, Intellekt und Haltung alles abverlangte. Wozu da lachen?

«Nach drei Jahren in Schnee und Eis und mancher Lebensgefahr schrieb Nansens Leutnant Johansen in seinem norwegischen Deutsch hierher nach München» – alle sahen sich um –, «*Ich danke Ihnen für alles, was Sie geschrieben haben. Ich danke Ihnen auch für meine kameraden. die anderen lasen auch mit lust die novellen aus der warmen, hellen welt im süden. Es wurde im sinne so wunderlich hell dabei, wenn die polarnacht kam und sich hart auf unsre gemüther legte. Eine schöne gabe hat derjenige erhalten, der etwas hervorbringen kann im leben seiner nebenmenschen zu erleuchten.*»

«Das ist mehr als rührend, das ist bewegend», gestand Silberstein. «Wem wird solches Lob zuteil? Er bezauberte Männer im ewigen Eis. Und rettete dadurch vielleicht Leben. Ein fester Stipendiatenplatz sollte einem Norweger oder einer Norwegerin vorbehalten sein.»

Flößer musste darüber nachdenken.

«Und ja, der sozialistische Dramatiker Dulk», der Dozent hielt seinen Laptop ziemlich schräg, «Albert Dulk, ein feuriger Rebell und Frauenschwarm – eine Art Rudi Dutschke seiner Zeit –, Dulk, der sowohl in einer Felshöhle auf dem Sinai gelebt hatte, als auch später in Rekordzeit den Bodensee durchschwamm, wurde aus politischen Gründen inhaftiert. Heyse unterstützte ihn mit Geld. Lange, bevor es den PEN gab.»

«Das sind Geschichten. Entdeckungen. Immer wieder andere. Bekomme ich im Amt nie mit», bemerkte die Stadträtin, «man tippt etwas an. Und schon sprudelt die halbe Welt heraus.»

Vandervelt wiegte den Kopf.

«Wird mir täglich serviert», meinte Deng.

«Ungefähr gleichzeitig» – Harald Bradford blickte beinahe entschuldigend – «wurde Heyses biblisches Drama *Maria von Magdala* in New York uraufgeführt. In Preußen und Bayern war es verboten worden. Das Stück ist gewagt, aber durchaus spannend, Stoff für einen Film oder eine Serie à la *Ben Hur*. Der Neffe von Pontius Pilatus und Judas lieben die schöne Ehebrecherin Maria von Magdala. Sie aber erliegt der Ausstrahlung Jesu. Der Neffe Flavius verspricht ihr für eine Liebesnacht, Jesus vor seiner Kreuzigung zu retten. Judas wiederum will mit Maria fliehen. Überdies verlangt der Hohepriester Kaiphas, dass sie Jesus verführe und gefügig mache. Ganz geschmackssicher ist dieses Schauspiel nicht. Andererseits, Leidenschaften lassen sich kaum zügeln.»

Silberstein reagierte nicht.

Bradford schaute sie seltsam, fast scheu an.

«Bitte?» Sie mochte den Blick nicht.

«Sind Sie», fragte er, «selbst jüdisch?»

«Sind Sie Methodist? Nein, kann ich nicht vorweisen. Eigentlich eher banal. Soweit ein Großonkel herausgefunden hat, haben Vorfahren in den Stollen der Silbergruben im Erzgebirge gearbeitet. Hauer? Steiger? Sogar Bergmeister?» Sie lachte. «Jedenfalls auch schon mit Ausschachten und Bauholz beschäftigt.»

«Entschuldigen Sie die Frage.»

«Wieso? Mit Jüdischem sind wir alle eng verbunden. Harald klingt allerdings germanisch.»

«Ist es auch. *Der im Heer Waltende.*»

«Sehen Sie, wie alles fortwirkt.»

Irgendwo troff es von Bäumen.

Fahrzeuglichter streiften sie.

Man setzte sich wieder in Bewegung.

«Eine Übersetzung für dich in den USA wäre auch schön», munterte die Archivarin ungeschickt ihre Freundin auf. – «Deutsches wird kaum mehr übersetzt», kam es kühl zurück, «gerade die Angelsachsen und die Hispanophonen, also die halbe Welt, wollen im eigenen Saft schmoren. Deren Problem, wenn sie aus anderen Kulturen nichts mehr erfahren.»

«Aber eben darum», nutzte die Stadträtin die Steilvorlage, «muss geplant und gebaut werden. Hier sollen sich alle Kulturen füreinander öffnen. Auch Übersetzerseminare sind denkbar, für Deutsch ins Ausländische.»

«Das wird nationalistisch», fand der Hongkonger.

«Wenn es dem Guten, dem Wahren und Schönen, dem weiten Gedanken dient, droht keine Gefahr. Auch ich möchte Frau Vandervelt übersetzt sehen», erklärte Silberstein. Die Angesprochene schürzte halb geschmeichelt die Lippen.

«Auf Long hören Sie nicht», empfahl Bradford.

«Sie waren bei Engagement», trieb die Anführerin die Debatte weiter.

«Ja, das ist nun ein gewaltiges Kapitel, aber ich versuche, es kurz zu machen –»

«Ins Café!», begehrte Flößer laut auf und schien mit ihrer Krücke fast zuschlagen zu wollen.

«Sind Sie wieder wach? Schlafen Sie nicht mehr?»

«Ich weiß nicht», klang es nun sehr leise. «Otto. Ich bin gar nicht gestürzt. In Berchtesgaden schlafe ich immer am besten. Ob die Mayonnaise gelungen ist?»

Man ließ das Gemurmel auf sich beruhen. Herr Deng war bereit, der Archivarin den Rucksack abzunehmen, und zog die Gurte geschickt über die Schultern. Er machte zwei einander ähnlichen Frauen, vielleicht Schwestern, Platz. »… Ich wollte nur fünfundsechzig Gramm Gemüsesülze, aufgeschnitten. Meinst du, der Bursche an der Fleischtheke hätte das hingekriegt? Immer sechzig oder achtundsechzig Gramm. Ich hab mich dann beim Filialleiter beschwert. Weißt du, Gesi, was der mir geantwortet hat? Bitte gehen Sie zur Konkurrenz und kommen Sie nie wieder. Ich werde mich bei REWE beschweren.» Die Schwester schien den Vorfall nicht allzu tragisch zu nehmen: «Hat er die ganze Sülze aufgeschnitten, um die Gramm hinzubekommen?» «Fast. Ich bin die Kundin.» Herr Deng stellte sich die mutmaßliche Vegetarierin vor einer Schüssel mit in Ingwer-Knoblauch-Sud gesottenem Entenklein seiner laolao vor. Eine Köstlichkeit. Nicht zuletzt die großen Teigtaschen.

Die Absätze der Geschwister klackten.

«Seine Rolle und sein Wirken im kulturpolitischen Leben jener Jahre waren überragend», legte sein Lebensgefährte dar: «Er war Mitbegründer der Deutschen Schillerstiftung. Es war die erste Standesvertretung für Schriftsteller. Die Stiftung beriet in Fragen von Tantiemen, Honoraren, Autorenrechten. Sie unterstützte nach Möglichkeit notleidende Künstler. So schrieb der damals mittellose, heute hochgerühmte Wilhelm Raabe aus Braunschweig direkt in die Luisenstraße … Moment … *Wenn Sie noch in der Schillerstiftung was mitzureden haben, so sorgen Sie dafür, dass man mir nochmals drei Jahre lang wie bisher freundlich unter die Arme greife.* Heyse selbst beschäftigte zeitweise zwei Gehilfen für Vertragsverhandlungen. Frühe, wenn nicht die ersten Literaturagenten. Sie handelten Honorare aus, er verglich die Angebote und entschied.»

«Völlig legitim.»

«Ebenso legitim und im Sinne unabhängiger Künstlerexistenz riet er seiner Kollegin Marie von Ebner-Eschenbach, eine der schönen Stimmen im weiblichen Literaturkanon, vor einem Vertragsabschluss ... Augenblick ... *Ihre übermäßige Bescheidenheit verleitet Sie zu einer schlimmen Verkürzung Ihres Vorteils. Wollen Sie einen Augenblick rechnen?»*

«Auch reizend formuliert.»

«*Nun, 6 Bände in einer Auflage zu 5000 Exemplaren multiplizieren sich zu 30 000. Rechnen wir davon ab die Herstellungskosten mit höchstens 30 000 Mark. Und 33 1/3 Prozent Rabatt an die Sortimenter, so blieben Reingewinn für den Verleger 50 000 Mark. Und er wagt Ihnen ein Honorar von 1000 Mark anzubieten! O Landgraf Ludwig werde hart. Nein, beste Kollegin, so dürfen Sie uns den Markt nicht verderben.»*

«Eine völlig neue Seite vom schönen Sorrent und der Waldeslust. Er wüsste, wenn er auch die Lohnkosten eines Verlags ausgespart hat, wie man sein Zentrum finanziert.»

«Da haben Sie das Unpoetische. Das Bedienen des Publikums, und den Nektar aus den Blüten saugen.»

«Sie, Frau Vandervelt, geben Ihre *Stuckaturen* gratis ab?»

«Wer war Markgraf Ludwig?»

«Landgraf ... Das war eine Redewendung. Heyse war ein freier Geist, der Haltung bewies. Er war Ritter des Maximilians-Ordens für Wissenschaft und Kunst. Als der religionskritische Dramatiker Ludwig Anzengruber, den er vorgeschlagen hatte, als neues Mitglied abgelehnt wurde, gab Heyse seinen Orden zurück. – Er legte gleichfalls seinen Posten in der Jury des Schillerpreises nieder, eine der höchsten Auszeichnungen im Lande. Mehrmals hatte Kaiser Wilhelm II., der die Schlussentscheidung traf, Kandidaten der Kommission abgelehnt, die vorgeschlagenen Dichter waren ihm zu modern und aufmüpfig, und einer von ihnen, der Bühnenautor Ludwig Fulda, war Jude. Heyse hatte genug von der kaiserlichen Kulturpolitik: *Bis zu einer Revision der Statuten muss ich daher bitten auf meine Mitwirkung nicht rechnen zu wollen.* Ein Affront ersten Ranges, die Luisenstraße gegen die Hohenzollern.»

«Immer viele Fürsten in Deutschland. Und Ministerpräsidenten. Wie die Warlords früher in China.»

Man stutzte. Das war alles nicht vergleichbar oder vielleicht doch, jedenfalls ein anderes Thema. Bradford konzentrierte sich wieder.

«Noch gravierender, und das darf man nicht unter den Tisch fallen lassen, war Heyses Aufbegehren gegen ein neues Zensurgesetz, die Lex Heinze. Zur sogenannten Hebung der allgemeinen Sittlichkeit hatte der preußische Kulturminister ein Gesetz erlassen, das die staatliche Kontrolle über Zeitungen, Bücher, Theaterstücke und Ausstellungen drastisch verschärfte. Deutschland, bis in die Gedichte hinein, auf dem Wege zum Polizeistaat. Eigentlich ohne jede Not, das Land florierte, aber das Regime wollte alles durchdringen und beherrschen, man kennt das. Mit vielen anderen und im besten Bürgersinn verwahrte sich Paul Heyse, allerdings vergeblich, gegen die Freiheitsberaubung.»

«Mit alldem Explosiven hatte ich nicht gerechnet», sagte die Stadträtin.

«Ich wusste das ungefähr.» Therese Flößer war anscheinend wieder bei der Sache. «Er gehörte zur modernen Zivilgesellschaft. In der Villa galt Freiheit. Es gibt ja auch einen Roman von ihm, in dem ein Paar ohne standesamtliche und kirchliche Trauung sich das Ja-Wort gibt, heiratet, wilde Ehe. Das war ein Knaller.»

«Komm, Lena, der Onkel liest wieder ein Gedicht vor.» Mutter und Tochter, die kürzlich oder wie vor einer Ewigkeit vorbeigekommen und stehen geblieben waren – als man selbst noch in die andere Richtung ging –, waren ihrerseits auf dem Rückweg, vielleicht von einer Tante. «Veranstalten Sie jetzt hier immer Lesungen?», fragte die Frau mit dem Kind an der Hand. Die Kleine in einem hellen Mäntelchen blickte erwartungsvoll den Franken an.

«Äh, nein, später im Zentrum, vielleicht.»

«Ach was», schaltete sich Vandervelt ein, griff ihre Unterlagen aus der Umhängetasche und zog geschwind ein Blatt heraus; überaus freundlich blickte sie das Mädchen an. «Natürlich lesen wir hier Gedichte, Herrn Heyse sind sie problemlos aus der Feder geflossen, und sie sind auch gar nicht schwierig, für Jung und Alt, und am Ende schläft jeder ganz, ganz tief ein.» Sie begann säuselnd, aber geradezu bösartig:

> «Die Fähnlein wehn, die Frommen gehn
> Hoch zur Kapell' mit Glock und Sang.
> Gewimmel rings und bunter Drang
> Tät mich nach allen Seiten drehn.
>
> Und wer da pilgert' nah und fern,
> Ein Bratwurst hielt in Händen sein;
> Drin biss er fromm und tapfer ein
> Und sagt ein Gratias dem Herrn.
>
> Die Bratwürst' und der saure Wein.
> Die sind des Festes Kron' und Ziel.
> Sie essen viel, sie trinken viel
> Und rosenkränzeln zwischendrein.»

Das Kind lachte verstört.

«Das erste Gedicht war schöner. Ich weiß nicht, ob das was für Lena ist.» Die Mutter zog das Mädchen fort.

Vandervelt rief den beiden noch hinterher: «Und dafür, Lena, sollen hundert Millionen Euro investiert, verbuddelt werden. Mit so viel Geld könnten du und alle deine Freundinnen die schönsten Kitaplätze bekommen. Ein schönes, neues Schwimmbad mit Turbo-Rutschen könnte gebaut werden.»

«Das waren wohl ihre letzten Bündnispartner», glaubte Bradford feststellen zu können, «jedem entgleitet mal flache Gebrauchslyrik.»

«Mir nicht», hörte man Silberstein lachen. «Doch! Ich bin inspiriert ... Übers Zentrum haben wir nun gut gesprochen, im Grunde ist es damit fast schon offen ... Zu Debatten, zu geistiger Bereicherung lädt es ein, es fehlen zum Äußeren jetzt nur noch Dach und Stein.»

«Heyse-Schule», lobte Flößer.

«Soll ich das so dem Stadtrat vortragen?», lächelte die ehemalige Fraktionsvorsitzende und überlegte, «wenn ich dermaleinst viel Zeit haben sollte, könnte ich mein politisches Leben, eine Menge Begegnungen, Krisensituationen in Verse fassen, als Memoiren ... Das Königspaar der Niederlande trug sich ein ins Goldene Buch, doch wehe, Tinte klckste aufs Tischtuch. Na ja, Heinrich Heine werde ich nicht werden.»

«Wo Sie gerade Heine sagen», freute sich Harald Bradford, «die Loreley – *Ich weiß nicht, was soll es bedeuten* – kam am Ende nach New York.»

Bereits völlig gefasst auf Absonderliches, Neuigkeiten und Sensationelles, nickten einige Bradford zu.

Deng verdrehte die Augen.

«Der Düsseldorfer Bürgermeister hatte angeregt, so um 1890,

Heinrich Heine, dem großen Sohn der Stadt, ein Denkmal zu errichten. Der Entwurf sah einen Loreleybrunnen vor, opulent, kühlend im Sommer. Allerorten wurde zu Spenden aufgerufen. Hier machte sich unser Dichter für den anderen großen Dichter stark. Dann begann der Radau. Die einen wollten Heine, den Großmeister satirischer Poesie, romantischer Andacht, den Kritiker von Kleingeisterei ehren. Allein Kaiserin Sisi stellte für die Ehrenfontäne fünfzigtausend Gulden bereit. Dagegen erklärte plötzlich eine breite Front von Judenhassern und selbst ernannten Spätgermanen Heine zum Nestbeschmutzer, dem kein Gedenken gebühre. Rechte Blätter überschlugen sich in rassistischen Phrasen», das blaue Licht schien nur noch matt: «*Haben denn die jüdischen Weltvampire, Rothschild und Genossen, nicht Geld genug, um ihrem Stammesbruder ein Denkmal zu errichten? ... Heine, der das deutsche Volk beschimpfte und verhöhnte, soll ein Denkmal gesetzt werden? ... Blut ist in der Tat ein besonderer Saft.*»

«Es fehlte nur noch der Führer, um den Irrsinn zu bündeln.»

«Auch dort in der Villa stapelte sich die Hasspost. Heyse erhielt Morddrohungen.»

«Alles wiederholt sich. Keine Ruhe ist garantiert.»

«Angesichts der Schmutzkampagne zog Elisabeth ihre Offerte zurück. Leider. Als Kaiserin wollte sie nicht in niedrigste Triebe, Hass und Hetze, verwickelt werden. Obgleich die Skulptur und die Wasserschalen bereits fertig waren, verzichtete Düsseldorf auf den Brunnen. An dessen geplantem Standort stehe, was man übersehen hätte, bereits ein Kriegerdenkmal.»

«Wir bauen.»

«Heyse blieb standhaft, so weit wie möglich. Ausgewanderte Deutsche in den USA zeigten Interesse an Heines Loreley. Die Luisenstraße bestärkte die ferne, offenherzige Gemeinde: *Es ist mir hoch erfreulich, während in Deutschland bei diesem Anlass die ganze Wut der antisemitischen Partei, die unserm Jahrhundert zur Schmach gereicht, sich in zahllosen Hetzartikeln entfesselt, unter den deutschen Landsleuten in Amerika den Geist der Gerechtigkeit zu Worte kommen zu hören. Wie aber auch vor einem völlig unbestechlichen Geschworenengericht das Urteil über Heines Charakter ausfallen möge: nur die gehässigste Beschränktheit kann seine dichterische Bedeutung bestreiten und sich dagegen auflehnen, dass sein Bildnis in seiner Vaterstadt aufgerichtet werde. In der Tat, – ein Franzose, Engländer, Italiener oder Russe, der in den Städten Deutschlands so manche Standbilder von Männern findet, muss mit Recht erstaunt sein, die Züge des Lyrikers, der der Weltliteratur angehört, nirgend verewigt zu sehn.* – So gelangte die deutscheste aller Flussnixen, die sich das goldene Haar kämmt, mit dem Abbild ihres Dichters und seinen personifizierten Eigenschaften Satire, Humor und Melancholie nach New York. Von Manhattan wanderte sie irgendwann in die Bronx. Und wird gerade renoviert.»

«Ein Brunnen?», fragte die Stadträtin.

Bradford verstand sie richtig. «Natürlich viel moderner. Vielleicht mit einer Anspielung auf die *Waldesnacht ... Fernes Flötenlied vertöne, das ein weites Sehnen rührt ...* mit Brahms, Hugo Wolf und den sechshundert anderen Komponisten, die seine Strophen vertonten? – Wasserspiele sind immer eine Freude und wohltuend.»

«Was meinen Sie, Flößer?»

«Ins Café! Loreley singt ihre Lieder. Wie weckt man sich selbst auf? Wenigstens sitzen. Den Hermelin werd ich auch noch sehen. Sibirien brennt, die Schwaden steigen auf. Amazonien wird entwaldet. Am Brunnen vor dem Tore – ich schwebe, nein, jetzt bin ich wieder da. Oder doch nicht?»

«Es hat sich am Fuß doch wohl nichts entzündet?»

«Espresso. Doppelter. Stuhl.»

Mit ihrer Gehhilfe holte sie zum Antreiben aus. Der Hintern, stramm und solide unterm Rucksack, der am besten zum Schlag einlud, war der vom Drachen. Deng machte einen Satz nach vorn. Der Berg ragte auf am Horizont. Von Ferne hörte sie Glocken.

Das Gewitter

Viel wohl hab' ich, ach, allzu viel
Meines Innern der Welt gegeben.
Immer fühlt' ich mein Saitenspiel
Mit dem Herzen zugleich erbeben.

Hätt' ich's klüger doch überlegt,
Leid und Freude für mich behalten!
Wer sein Herz in den Händen trägt,
Dient zum Spotte der Welt, der kalten.

Um die Grate des Monte Baldo schwebten Wolkentupfer.

Der Frühdunst über den Inseln löste sich auf.

Morgenfrisch und kaum mehr verschleiert begann die Weite des Wassers bläulich und smaragdgrün zu schimmern. Fast meinte man, die Glockentürme und blass das Rot der Schindeldächer von San Felice del Bonaco und von Salò zu erkennen. Scheinbar lautlos näherte sich das Postschiff von Norden, der Rauch zerfloss achtern, die Schaufelräder hinterließen zwei helle Schaumspuren. Habsburgs Doppeladler auf kaisergelbem Schlotband war noch ein undeutliches Gespinst. Am Ufer versammelten sich die Gepäckträger, zweirädrige Karren für Reisetaschen und Schrankkoffer standen bereit, Personal des Grand Hotels Fasano und des Savoy Palace harrte livriert auf angemeldete Gäste. Der König von Sachsen war nach einwöchigem Aufenthalt mit seiner Begleitung wieder abgereist. Dieser Tage aber sollten aus Wien oder Meran die Erzherzogin Maria Josepha mit ihrem Sohn Karl – nach Erzherzog Franz Ferdinand der zweite und noch blutjunge Thronanwärter Österreich-Ungarns – eintreffen. Zum Kuren? Oder zu einer Behandlung in der gerühmten Zahnklinik des Doktor Rohden? Das neue Casino würden eine Habsburgerin und der mögliche Erbe des Vielvölkerstaats kaum aufsuchen. Reisepässe benötigten sie wahrscheinlich nicht, wenn die kaiserlichen Hoheiten vom österreichischen Nordufer des Sees, von Reiff aus – das die Italiener Riva nannten –, die Schiffstour in den Nordzipfel des Königreichs Italien unternahmen. Und sie träfen wahrscheinlich auch nicht mit dem Postdampfer ein. Wie wunderbar übrigens, Österreicher zu sein, Bürger des K.-u.-k.-Reichs, von Lemberg in Galizien bis nach Südtirol, von Nordböhmen bis Sarajewo konnte man sich ungehindert fortbewegen, Mitbürger mit anderen Sprachen und Kulturen treffen. Österreich-Ungarn, ein Kontinent innerhalb des Kontinents und trotz der oft nur nachgeplapperten Meinung, ein altmodisches und unregierbares Staatsgebilde zu sein, natürlich unendlich viel moderner und effizienter als Russland, Spanien, als sämtliche Balkanländer und der südliche Nachbar Italien. In Österreich-Ungarn funktionierten Telefone. Woanders wurden Leitungen erst geplant. Leider und wohl zu aller Schaden vertrugen sich die Nationen der Kronländer des alten Kaisers in Schönbrunn immer weniger, wollten unabhängig und separat und offenbar auch beengter sein. Die Krise musste bewältigt werden.

Auf der Uferstraße fuhren Einspänner.

Ein Automobil verließ die Zufahrt der Villa Norsa.

Fischernetze trockneten am See. Die Boote lagen vertäut und schwankten kaum.

Ein Eselskarren rumpelte über das Pflaster. Der Bursche hockte auf den Melonen, die er transportierte.

Vor fünfzig Jahren war Gardone Riviera, wovon die Leute gelegentlich erzählten, noch ein Nest mit ein paar Handwerkern, Fischern und Pächtern gewesen, mit Kindern, die an die Spinnereien der Umgebung vermietet wurden. Arm, ohne Gassenbeleuchtung und im Winter oft mühsam erreichbar. Doch die uralte Ansiedlung lag im Paradies, am Gestade eines der schönsten Seen, umfasst von Bergen, an denen sich das Auge nicht sattsehen konnte. Früchte und Blumen schienen ab dem Frühjahr die Hänge zu überschwemmen. Um 1870 verliebte sich der Ingenieur Luigi Wimmer in den Ort und krempelte ihn mit den Einheimischen, die er für sich gewann, um. Eine Wasserleitung wurde verlegt, gegen das Sterben an Cholera und Typhus eine Hygiene-Verordnung erlassen, der Schiffsanleger gebaut, erste Gäste trafen ein. Wimmer wurde Bürgermeister und Hotelier. Der Baedeker machte den schon mediterranen Zauber Gardones international bekannt. Der Kurverein erhob die Kurtaxe und tagte im Kurcafé Kurgarten. Grand Hotel folgte auf Grand Hotel, und ein Zuzügler zog den nächsten nach sich. Oftmals aus Deutschland. Der Kunstsammler Günther erwarb die Liegenschaften des Conte Arrighi und brachte in der neuen Villa seine Skulpturen unter, für Notfälle stiftete der Industrietechniker Buschmann die *Station zur Pflege bei plötzlichen Krankheitsfällen*, der Journalist Piltz gründete das Regionalblatt *Der Bote vom Gardasee*, größten Effekt aber machte die Familie Langensiepen aus Magdeburg. Der Gießereibesitzer bewaffnete Teile der Zarenarmee und ließ sich nicht nur einen Palazzo errichten, sondern gleich noch einen eleganten Turm im Hafenwasser dazu, der zum Wahrzeichen wurde. In Gardone erging man sich auf der Promenade, speiste in Dorfner's Restaurant, suchte die *Internationale Apotheke* auf, und nur selten berichtete der *Bote* von einem Duell oder einem Selbstmörder, der im Wasser vor dem Casino gefunden worden war.

Trotz aller Reize und Opulenz hatte der Dichter Rainer Maria Rilke den Aufenthalt im nicht weit entfernten Arco bevorzugt.

Friedrich Nietzsche und die Brüder Heinrich und Thomas Mann waren in Riva abgestiegen.

Der Garten der Villa Annina war ein Naturwunder, wie alles rundum. Zypressen, Pinien und Agaven säumten den Rasen und die Gehpfade. Die Zitronenbäume blühten und vermischten ihren Duft mit dem von Rosen und Jasmin. Wilder Goldregen floss die Fassade herab, wo unten in Tonkübeln Oleander seine weiße und rote Pracht entfaltete. Das Haus selbst schien geräumig zu sein, besaß Terrasse und Balkone, doch wirkte es durch einen Erker und einen schmalen Giebel, das Spitzdach, eher deutsch als italienisch.

Der alte Herr im Sommeranzug saß neben einem Tisch im Korbstuhl. Er begutachtete seine Zeichnung. Am liebsten und immer wieder skizzierte er die Olivenbäume. Es glich einer Meditation, die Konturen des wilden Wurzelwerks, Licht und Schatten auf den knorrigen Stämmen, den Ausdruck der Äste wahrzunehmen, wie von verschlungenen Armen, und aufs Papier zu bringen. Er legte den Block beiseite. Auch Landschaften und Menschen konnte er, ja, recht meisterhaft, festhalten, aquarellieren. Aber nicht hier, im Garten. Eigentlich war er Langschläfer. Doch das Frühjahrslicht lockte unwiderstehlich aus dem Bett und eine geradezu manische Neugier, die Farbe, die Weite, das Spiel des Sees zu betrachten, den Umriss des Felsmassivs vom Monte Baldo, der in wechselndem Grau und Widerschein über Wasser und Land herrschte.

Durch die Stämme der Pinien hindurch erkannte man erste Sportsegler. Eine einmalige Friedenszeit, welche die Menschen genossen, Fortschritt in allen Bereichen, immer schnellere Eisenbahnen, elektrisches Licht, biochemische Arzneien, der energische Kampf, nicht nur von couragierten Engländerinnen, für das Wahlrecht der Frauen,

Kongresse zur Völkerverständigung, das mittlerweile internationale Rote Kreuz, Hochzeiten zwischen den Herrscherfamilien. Hoffentlich würden die Menschen im langen, regen Frieden nicht vergessen, was Krieg bedeutet. Der letzte große, gegen Frankreich, lag über vierzig Jahre zurück.

«Paul!», rief aus dem Haus eine Frauenstimme. «Wird Kröner zum Mittagessen bleiben?»

«Das weiß ich nicht.» Er sprach zwar über die Schulter nach hinten, aber so leise, dass ihn womöglich niemand verstand. «Kröner telegrafierte, dass er nach Mailand einen Abstecher mache, ein paar Tage bleibe und mich natürlich sehen wolle.»

«Was?», rief die Frau nun von der Terrasse.

«Kröner kommt die paar Schritte vom Savoy zu Fuß», rief er jetzt nach hinten, «und vielleicht lädt er uns zum Mittagessen ein.»

«Was soll ich der Köchin sagen?»

«Ein paar Ravioli mehr und Salat wird sie immer machen können.»

«Ravioli. Für Adolf von Kröner.»

«Genauso frisch geadelt wie ich, für besondere Verdienste am Volk und für die Kultur.»

Die Frau kam mit einem Teller in der Hand. Sie trug ein blassblaues Hauskleid mit weiten Ärmeln und einem Atlasband ums Dekolleté, auch ohne Korsett war die Hüfte schmal, der Saum ließ sommerlich die Knöchel frei. «Ein paar Oliven und Käse für zwischendurch», sagte sie. «Ja, soll er uns einladen. Er hat bestens an dir verdient.»

«Hat?» Paul Heyse blickte von unten seiner Frau ins Gesicht.

«Du willst mich missverstehen», reagierte sie. «Schreib den Roman fertig, und frischer Rubel wird rollen.»

Er nahm den Strohhut von einem Blätterstapel neben dem

Zeichenblock und setzte ihn auf. Nach beinahe vierzig Jahren der Ehe, seiner zweiten nach dem Tod Margarethes, die ohne grundlegenden Streit, Trennungsabsichten verlaufen war – auch ein Wunder –, harmonierten der Mittsiebziger und die sechzigjährige Anna oft auch ohne Worte. Sie legte ihm die Hand auf die Schulter, er umfasste ihre Finger. Beide sogen den Morgenzauber ein. Sie wussten, dass sie durch Fügungen, durch ihre Lebensläufe bevorzugt waren, um über den Gestaden des Gardasees die Winter- und Frühjahrsmonate verbringen zu können. Trotz ihres fortgeschrittenen Alters erinnerte Anna noch sehr an das Porträt, das Franz von Lenbach von ihr gemalt hatte: der klare Blick über die Schulter dem Betrachter zugewandt, ebenmäßige Züge und eine Haarpracht, die sich über das Musselinkleid ergoß. Meisterwerke, die Dargestellte und ihr Bild. Nunmehr hätte Anna Heyse die attraktive Tante von Effi Briest sein können. Und sie konnte im Gemahl auch immer noch den hochgewachsenen, fast schlaksigen Mann mit dunkler Lockenmähne erkennen, in den sich nicht wenige ihrer Freundinnen und Besucherinnen verguckt hatten. Ob es nicht vielleicht doch zu Rendezvous in Schwabing gekommen war, wollte sie gar nicht wissen. Ihr eigenes Verhältnis mit einem Schreiner aus Nymphenburg hatte kaum ein Jahr gewährt, bis er nach Panama ausgewandert war. Tempi passati und doch nicht, die Phasen ihrer beider Leben überblendeten sich. Und sie waren als Paar, glückhaft, noch wach, taten ihre Arbeit, genossen das Dasein, interessierten sich für den Lauf der Welt, waren offenherzig auch als Gastgeber, wünschten das Gute. Sie nahm die Zeichnung von den Baumstämmen wahr, daneben den Blätterstapel mit seiner Handschrift und seinen Korrekturen. Ehedem hatte er weniger korrigiert, waren die Zeilen leichter geflossen.

«Hast du wieder in Buddenbrooks gelesen?», fragte sie vorsichtig, «das tut dir nicht gut. Das ist eine Familiengeschichte. So etwas planst du gar nicht.»

«Ach was, Thomas Mann», sagte er verhältnismäßig ruhig, «dekadent. Einer stirbt nach dem anderen. Das weiß man ohnehin, das muss man nicht so detailliert mitteilen. Diese Hingabe an den Pessimismus ist mir zuwider.»

«Aber sehr in Mode.»

«Dieser Autor hat keinen Tropfen Leidenschaft in seinen Adern. Alles hanseatisches Gespreize und ein Stil! Man fängt einen Satz an und weiß nicht, wo er aufhört, so viele Nebenregungen und Nebengedanken sind darin eingepfercht. Dieser junge Mann reißt eine ganze Generation in den Abgrund des Trübsinns. Aus Lebensunwillen. Außerdem hat er mich nie um ein Gespräch gebeten. Ungezogen.»

«Ich wollte dich nicht aufregen, Paul. Und was ist ein Dichterling – er wird nie vertont werden – gegen das Füllhorn deiner Fantasie? Du hast Hunderte von Liebesgeschichten geschrieben, und auch mit manchem leidenschaftlichen Mord die Leser in Atem gehalten. Und wie dein junger Ritter … wie heißt er noch?»

«Attilio Buonfigli.»

«Die Novelle bleibt mir fast die liebste.»

«Das ist schön, ich danke dir.»

«Das ist Italien. Das ist Kraft. Du schreibst Gemälde, wie Rubens sie malte.»

Der Sechsundsiebzigjährige war's zufrieden. Er rieb sich mit den Handrücken die Augen, ächzte ein wenig.

«Du solltest die Brille aufsetzen. Sie ist keine Tischdekoration, Paul.»

«Ich weiß, aber noch geht's ja halbwegs.»

Ihr noch immer dunkles Haar war leicht hochgesteckt, ein Kranz von Locken war auch in die Stirn frisiert. Sie nahm den Sonnenschirm, der über Nacht auf der Gartenbank liegen geblieben war, und spannte die Seide über sich und ihrem Mann auf.

«Der andere … Es geht mir nur um deine Augen, Paul …»

«Welcher andere?»

«Nun, der andere, der so viel von sich reden macht, hat eine Sekretärin, der er alles diktiert. Das schont die eigenen Augen.»

«Welche Sekretärin?»

«Also», sie ließ sich auf der Bankkante nieder, «dieser Gerhart Hauptmann diktiert seine Werke, wie man hört. Auch so kommen viele Dramen zustande, und es ist gesund. Er geht auf und ab, deklamiert wie ein Schauspieler, und sie schreibt mit.»

«Der Tag begann ruhig und schön, Anna!», er fixierte sie, «und jetzt kommst du mir mit einer Sekretärin und einem Schmutzfink. Was dieser Herr aus Schlesien diktiert, ist abscheulich und nichtig.»

«Ich meine ja nur. Wegen der Augen.»

«Schmuddelkram, Annina. Die Hälfte seines Bühnenpersonals säuft, die übrigen brabbeln unverständlichen Dialekt, alles findet in Küchen, Kellern und auf dem Dachboden statt. Es kann gar nicht ruppig genug sein, was er seiner Sekretärin diktiert. Und das Ganze schimpft sich Naturalismus, allein seine Titel – Die Weber, Bahnwärter Thiel, fehlen nur noch Die Ratten. Er meint, dem Volk aufs Maul zu schauen, ich lege dem Volk die Worte in den Mund, die es lernen sollte. Denn das ist Idealismus. Das Schöne muss triumphieren, Ideal und Harmonie, und nicht die Vertiefung ins Hässliche, egal, ob mit oder ohne Sekretärin.»

«Paul, wenn ich gewusst hätte.»

«Hättest du wissen können, mein Schatz. Jetzt werde ich erst recht ohne Brille schreiben. Ein Schöpfer schenkte mir viel Jugend. Und dich. Und die Kinder, die überlebt haben. Und die, die in meinem Herzen bewahrt bleiben. Ich bin das neunzehnte Jahrhundert.» Er schlug mit der Hand nur leicht auf den Tisch. «Ich habe schon für die Rechte von Schriftstellern gekämpft, als Herr Mann noch seine Schulkameraden anhimmelte und Herr Hauptmann, seltsame Namensverwandtschaft, noch nicht einmal geboren war. Das Ringen um ein Ideal, um Harmonie, Verständnis und ein wechselseitiges Geltenlassen. Um Moral und Edelmut.»

«Jetzt bilde ich mir ein», Anna Heyse drückte sanft das Knie ihres Mannes, «dass ich dich für heute ein wenig in Schwung gebracht habe. Unabsichtlich.»

Er blickte skeptisch, bot ihr eine Olive an – sie winkte ab – und griff selbst eine.

Die Bläue wurde berauschend. Die Wärme gab den Zikaden ihren Einsatz. Einige Zitronen würde man noch ernten und sie mit in den Norden nehmen. Auch der Vorrat an Olivenöl war noch aufzustocken, in München war es nicht immer zu bekommen und auch als Gastgeschenk ein Trumpf: *Ah, euer Öl aus dem Süden.»* *«Direkt aus der Presse.»* *«Was genau bereitet man damit zu?»* – *«Salat.»* Manche Freunde umschmeichelten sie, um eine Einladung an den See zu bekommen oder das Haus sogar im Sommer zu bewohnen. Doch in der Villa Annina sollte während der eigenen Aufenthalte Ruhe herrschen. Vor sieben Jahren, 1899, hatten sie das Anwesen unweit der Uferpromenade erworben. Dem Sohn Franz, der unvermittelt angereist war, dem haltlosen Trinker, hatten der Bardolino und die exquisiten italienischen Liköre nicht gut getan; er war aus seinem verschwitzten Bettzeug gerutscht und in die Osterien getorkelt. Ein Fall für ein Elendsdrama von Gerhart Hauptmann. Sie hatten für das Sorgenkind telegrafisch abermals eine Kur in einem speziellen Sanatorium organisiert, damals in Braunau im oberen Österreich. Sohn und Tochter des Magdeburger Erzgießers Langensiepen tranken auch, die Mutter war tablettensüchtig, sie konnten einem leidtun, auch der Vater und Industrielle; – aber was ging es einen an? Ihr Hausarzt Dr. Grassi hatte zu tun und kam auf seine Kosten. In ihrem Palazzo ein paar Hundert Meter entfernt verliefen sich die Schicksale, und bei Ortsfestivitäten, der Venezianischen Nacht, dem Fischerfest mit illuminierten Booten und Kapelle am Landungssteg spazierten die Langensiepens, Mehrfachmillionäre in Goldmark, Arm in Arm und in feinster Pariser Garderobe recht fidel und verschworen vorbei. Künstlerisch und mäzenatisch leisteten sie leider nichts. So würde ein Nachruhm ausbleiben, bis auf den Campanile am Ufer, den die Magdeburger der Gemeinde gestiftet hatten. Der grüßte allerdings bis weit über die Fluten. – Alles, jeder Schritt hier, jede Hysterie, jeder Liebeskummer, jeder Verlust unter Kristalllüstern und Orangenblüten konnte kaum geltend gemacht werden im Vergleich zum Darben von Hunderttausenden, eher Millionen, in den Hinterhöfen des Nordens, in den Arbeiterbaracken Turins, zum greifbaren Leid der Welt.

«Zio Paul!» Bei den Kapernbäumen zur Pforte hin raschelte es. Im hellen Kleidchen mit einer großen Schleife erschien der Morgenbesuch und trippelte zwischen Rosen und den Kräuterbeeten heran. Carlotta, die sechsjährige Tochter des Dottore Taddeo Grassi und seiner Frau Bianca. Dem Mädchen folgte schnüffelnd Martino, der altersschwache Schnauzer der einheimischen Arztfamilie.

«Kleiner Spaziergang, ihr beiden ... Andate di nuovo in giro», fragte der Dichter, «voi due?»

Carlotta erreichte den Sitzplatz auf dem Rasen vor Martino. Das Mädchen reichte brav die Hand, dann beugte sich Heyse herab, um Martino kurz im Nacken zu kraulen. Carlotta schielte nach dem Teller, ohne Begeisterung.

«Vorrei un pezzetto di ciambella?», fragte Anna Heyse.

Das Nachbarskind nickte. «Hortensias Kuchen müsste fertig sein ... Ma prima di pranzo non troppo.»

Carlotta stimmte zu.

«Allora venite, su», Anna Heyse stand auf. «Vediamo se la ciambella all'uvetta che ha preparata Hortensia è già pronta ... Vorm Mittag aber nur ein Stück.»

Hinter der Hausherrin unter dem Sonnenschirm erklommen Carlotta und Martino die Stufen zur Terrasse und verschwanden Richtung Küche im Haus.

Paul Heyse lehnte sich zurück.

Dachte nichts.

Fand das wunderschön.

Und dachte dann leider daran, dass er nichts dachte. So geschah das nun einmal immer. Nach dem Gespräch mit Anna versuchte er, sich jetzt deutlicher daran zu erinnern, dass er vor gut einem halben Jahrhundert, im Revolutionsjahr 1848, als gegen die absurde Allgewalt des Königs gekämpft worden war, Schubkarren voller Steine zu den Barrikaden in Berlin geschoben hatte. Gut so. Eine richtige Tat für die Zukunft und für die Menschenwürde. Ins Feuergefecht gegen die Bataillone des Herrschers hatte er sich nicht gewagt. War stattdessen zu den Studien der Gesänge von Troubadouren zurückgekehrt, hatte in Rom Licht und ungezwungene Lebensart entdeckt, war an den Hof Maximilians von Bayern berufen worden, um den Monarchen und sein Land mit schöngeistigen Neuigkeiten zu versorgen. Ein großzügiger König, mit seinem fortwährenden, bedauernswerten Kopfweh ... die tausend Gulden im Jahr lebenslang.

Nichts sollte dir den freien Blick beschränken
Denn wer die Wahrheit sucht, ist ihrer wert;

Heraufzuführen ihren lichten Morgen,
Die Blüte war's all deiner Fürstensorgen.

Völlig vorbei. 1850. Doch Erinnerung. Der Wissbegierige ruhte im
Sarkophag in einer Fürstengruft. Aber Geschichte bleibt der Humus
für alles. Ohne Geschichte gibt es kein Wissen, um nichts, auch
nicht über sich selbst. Wer ist man? Der, der man wurde. Aus dem
allgemeinen Gemenge, den Brüchen, dem Kummer und Glück der
Zeiten, ihren Erfahrungen, dem Erbe. Alsdann das Zerwürfnis mit
dem Märchenkönig und Weltflüchtling, auch schon lange ertrunken
oder ertränkt, tot im Starnberger See. Der strahlend schöne Wittelsbacher hatte es ihm nicht verziehen, dass er, der letzte Hofpoet, sich
zu Kanzler Bismarck und zur Reichseinigung bekannt hatte, für
einen großen staatlichen Fortschritt und gegen die Kleinstaaten.
Bismarcks Werk lag nun in den Händen eines zackigen Idioten,
Willem Zwo ... mochten dessen Großmannssucht und der Kadaver-
gehorsam, den er verlangte, kein Unheil heraufbeschwören. So viele
lechzten in halbwegs ruhigen Zeiten, in denen alles verbessert werden konnte, nach Schicksalsschlägen, wie um sich selbst nicht mehr
spüren, nicht mehr denken zu müssen, gehorchen zu dürfen. Diese
Narren, massenhaft. Sich in Kolonien austoben, Schätze raffen, anstatt nach einem Tagwerk den Abendhimmel zu genießen, die Nachbarn zu einer freundlichen Runde einzuladen, für das Leben zu danken und demütig dessen Geschenke zu genießen, den Schwachen
aufzuhelfen, Mensch mit Menschen zu sein. Legte solche Gedanken
jemand dem Kaiser nahe, dem neuen, nicht dem stillen, alten, ziemlich zivilen in Wien?

Die Tupfer um den Monte Baldo hatten sich kräftig vermehrt und
schlossen sich nach und nach zur Wolkendecke. Von Osten her, von

Venetien, schob sich schiefergraues Gewölk vor. Die Massierung verhieß für den Ortskundigen und vielleicht schon für den Nachmittag nichts Heiteres. Venedig schickte die Gewitter.

«Jemand da?» Ein Mann schaute sich an der Gartenpforte um. Auch ohne Antwort öffnete er sie und betrat das Grundstück. Sein Blick erfasste die Villa Annina, die Blumenstauden in Töpfen und Amphoren, den Baumbestand auf dem zum See hin abschüssigen Terrain. Er schwang den dünnen Gehstock und ließ den Eindruck auf sich wirken. Der Herr war nicht groß, eher untersetzt. Er mochte die Sechzig überschritten haben. Seine Kleidung hätte für einen hochalpinen Kurort besser gepasst als für den mondänen Platz am See. Zur leinernen Trachtenjacke trug er Knickerbocker aus Cord und dunkle Straßenschuhe. Dem Sohn eines württembergischen Armeeverwalters mochten äußerliche Gepflogenheiten nicht geläufig sein, oder sie waren für ihn gleichgültig. Adolf von Kröner, seit zwei Jahren in den persönlichen Adelsstand erhoben, war auch mit gestreiften Strümpfen unter dem Kniebund eine beeindruckende Persönlichkeit, ein Schwergewicht des kulturellen Lebens. Der Mann, der sich den Rohrstock über den Arme hängte und an einer Rose schnupperte, hatte ursprünglich Opernsänger werden wollen. In Paris hatte er sich bei besten Pädagogen den Anforderungen des Belcanto hingegeben, bis ihm das Geld ausgegangen war. Das Schauspielstudium in Weimar erwies sich als erschwinglicher, doch das Deklamieren allbekannter Verse von Schiller, der heroische Griff an den Degenknauf hatten den jungen Mann nicht erfüllt. Auch aus Geldnot hatte Adolf Kröner in München eine Buchhändlerlehre begonnen. Er war in den Literatenkreis der *Krokodile* geraten, und Begeisterung für neue Dichtung hatte ihn erfasst. Dafür wollte er wirken und ihr eine Bühne verschaffen, bei der er selbst der Direktor wäre. In jeder Hinsicht sehr gewagt und enthusiastisch. Nach einigen Anläufen gründete er in Stuttgart die *A. Kröner Verlagsanstalt*. Der risikofreudige Unternehmer besaß ein gutes Händchen, was die Auswahl seiner Bücher, deren Druck und Erscheinungsbild betraf. Das schöngeistige Publikum kaufte, und von nun an gab es kein Halten mehr. Er erwarb die *Schwäbische Volkszeitung* für den steten Geldfluss. In einem günstigen Moment kam *Die Gartenlaube*, das in alle Richtungen informative, illustrierte Magazin des deutschsprachigen Raums, in seinen Besitz. Die vielfältigen Berichte von Kriegsschauplätzen, aus Armenvierteln Hamburgs oder Bombays, von Fürstenhochzeiten, die Fortsetzungsromane der Eugenie Marlitt, Gedichte und Novellen von Eduard Mörike, Theodor Storm, Friedrich Spielhagen und natürlich Paul Heyse redigierte er selbst, falls es etwas daran zu korrigieren gab. 1889 kam es zum endgültigen, verlegerischen Durchbruch, der allerdings nicht über Nacht geschah, sondern immer wieder alle Kräfte brauchte. Der Mann, der durchs Gartentor der Villa in Gardone Riviera getreten war, hatte einen der ältesten und größten Verlage Deutschlands übernommen, die *J. G. Cotta'sche Buchhandlung*. Literatur, und damit der Geist der Zeit, die Rechtfertigung einer Gesellschaft, gingen nun endgültig nicht mehr an ihm vorbei. Er, Kröner, konnte Meinungen fördern, bestimmen, geistige Glanzlichter über das Land streuen und war eine kleinere, ätherische, aber wirksame Regierung neben den Regierungen. Und der kulturelle Wert einer Nation blieb wahrscheinlich entscheidender als ein weiterer Ministerwechsel von Kaisers Gnaden. Vierzig Bände mit Goethes Werken glichen einer kulturellen Verfassung. Otto von Bismarcks Memoiren waren auch ein sprachliches Feuerwerk. Mit der *Bibliothek der Weltliteratur* konnte jedermann seinen Horizont erweitern. Es war nur zu selbstverständlich, dass Adolf Kröner zum ersten Präsidenten des neu gegründeten Börsenvereins des deutschen Buchhandels gewählt wurde, der die Interessen des Verlagslebens bündelte und vertrat.

Das Gartentor fiel leise zu.

Und das war eine der grundlegenden Neuerungen gewesen. Ehedem hatte jeder Buchhändler den Verkaufspreis von Büchern selbst festsetzen können. Ein Chaos für alle. Autoren, Verleger schwebten im Dunkel, was Einnahmen und Verluste anging. Schwierige, aber gute Werke wurden verschleudert, Felix Dahns Verkaufsrenner *Ein Kampf um Rom* kostete um die Ecke noch mehr als nebenan. Manchester-Kapitalismus pur. Adolf von Kröner hatte die Buchpreisbindung ins Leben gerufen, der Markt hatte sich beruhigt, das literarische Leben war solider geworden. Palmolive-Seife kostete in jeder Drogerie auch immer 22 Pfennige.

Es war schwüler geworden.

Die Luft schien auf den Magnolienblüten und dem Geäst der Bäume zu lasten.

«Paul! Anna?»

Unterhalb der Terrasse umarmten sich die alten Freunde. Heyse gab acht, dass seine Zigarre den Weggefährten nicht anbrannte.

«Du bleibst länger?»

«Bin nur auf dem Rückweg von Mailand. Ging um Abwicklung von Lizenzen, Kooperationen.»

«Wird alles immer bürokratischer.»

Die Herrn begaben sich zu den wie dahingestreut wirkenden Gartenmöbeln. Kröner nickte anerkennend zum Haus hinauf, gewahrte den Uferpavillon, der zum Anwesen gehörte, er blickte auf den See hinaus, wo der Postdampfer wieder ablegte.

«Du bleibst zum Essen?»

«Gerne.»

«Eine Erfrischung?»

«Habe gerad gefrühstückt. Exzellent, das Savoy. Ja, hier lässt es sich aushalten. Anna geht es gut?»

«Sie wird gleich kommen.»

Beide nicht mehr jung, ließen sie sich mit einem Schnaufer im Korbgestühl nieder.

«Wie lange wird es noch gutgehen?», fragte sich Heyse eher selbst. «Die Abneigung gegen Deutsche wächst. Gestern erst im *L'Eco del Baldo* ein Artikel gegen die, wie es heißt, Germanisierung des Gardasees. Kann mittlerweile passieren, dass der Postbote nicht mehr grüßt.»

«Überall dasselbe. Abgrenzungen. Ausgrenzungen. Alle verkriechen sich gerne wie in Steinzeithöhlen.» Kröners schweifender Blick hielt inne, blieb auf dem Tisch haften. «Das freut mich ja nun besonders. Du malst. Und du schreibst.»

«Wann nicht?»

Der Verleger lächelte. «Auch in Mailand alle hochaktiv. Bahnbrechend, wie sie sagen.»

«So?»

Anna Heyse erschien nicht allein. In einigem Abstand folgten ihr auf kurzen Beinen Carlotta und der greise Martino, humpelnd neben dem Mädchen. Die Hausherrin begrüßte den Gast. Er revanchierte sich, ungewöhnliche Freizeitkleidung hin oder her, mit einem Handkuss. Man tauschte sich aus. Sie entschuldigte sich. «Ich muss noch etwas übers Menü grübeln. Ich werde euch Kaffee bringen lassen.» Sie klopfte ihrem Mann die Asche vom Revers, lachte, und die Dreierschar entschwand wieder zum Haus hinüber, Carlotta mit einem Kuchenbrocken in der Hand.

Der Verleger in Kröner regte sich. Der Herr über ein Druckimperium – nur Samuel Fischer in Berlin machte ihm ernsthaft Konkurrenz – war Tag und Nacht, und zwar vollständig, Motor seines

Unternehmens. Es schien, als könnte er durch den beschriebenen Blätterstapel schauen. Die Agaven wurden nachrangig.

«Ein neuer Roman? Dein –», er zählte im Geiste kurz nach, «dein sechster. *Kinder der Welt* erschien noch bei Hertz. Dann *Im Paradiese*, ein Husarenstreich. Dann *Der Roman der Stiftsdame*, wenn ich nicht irre, *Merlin* ... Und nun?»

«*Gegen den Strom.*» Heyse rauchte ein wenig unruhig. Es war klar, dass nicht nur der vertraute Mensch sich erkundigte, sondern auch der Herr der Vorauszahlungen und des Verkaufs. Der rauchte behaglich. «Gegen den Strom warst du schon immer, Paul, jedenfalls dann und wann. Gerade in den Romanen.» – Heyse wies auf die Oliven und den Käse. – «Tolle Sache in den *Kindern der Welt*. Machst einfach einen Sozialisten zur Hauptfigur. Und, ja, wie dann der Schrei, das Röcheln Christianes das Zimmer erfüllten, während ihr Vergewaltiger noch etwas vom Boden aufklaubt, dann schattenhaft entschwindet. Zu neuen Verbrechen? So etwas durfte man nicht berichten, das schlug ein wie eine Bombe.»

«Die Anfeindungen, das habe ich bitter bezahlt.»

«Entschuldige, wenn ich nur platte Ausdrücke habe. Die zwanzig Auflagen hätte auch ich gerne an den Mann gebracht. Dies Vergnügen hatte der gute Hertz mit seiner Besserschen Buchhandlung. Nun denn. Nach sechshundert Seiten werden deine Kinder der Welt ruhig, umgänglich und versöhnen sich.»

«Mir war danach.»

«Nun ja, später warst du stolz auf Begegnungen mit Bismarck, unserem Sozialistenfresser. Kann man ja nachvollziehen. Der Glanz. Da wird mancher schwach.»

«Feindschaft liegt mir selten. Goethe traf Napoleon.»

«Übrigens, Paul», Adolf von Kröner beugte sich leicht vor, «ein so üppiges, bewegendes Werk, ich meine, alles zusammen ... Ich habe meine Fühler überall. Auch in Stockholm. Gut, dass wir uns mal unter vier Augen sehen. Es kann nur eine Frage der Zeit sein, ein, zwei Jahre, dass dir der Preis zuerkannt wird, als erstem Deutschen für literarische Werke. Das stellen wir dann ganz groß heraus.»

Paul Heyse wirkte geschmeichelt, aber nicht verlegen.

Das Hausmädchen, das sein weißes Häubchen offenbar rasch und ein wenig schief festgesteckt hatte, servierte Wasser und den Kaffee. Er duftete köstlicher als jeder andere nördlich der Alpen.

«Wer ist denn gegen den Strom?» Kröners Wissbegierde war nichts Neues und durchaus verständlich.

«Nichts. Niemand», wehrte der Dichter ab. «Man sollte nichts zu früh preisgeben.»

Der Großverleger brauchte nur einen Moment zu warten. Er bemühte sich nicht mehr, sich in die empfindlichen Seelen seiner Autoren hineinzuversetzen, die ihre geheimnisreichen Projekte, die stets die Welt verändern sollten, für sich behalten wollten, dann jedoch zumindest Andeutungen verlauten ließen. Offenbar erstickten Schriftsteller sonst.

«Sechs Männer, Adolf –»

«Ja?»

«– sind von der Welt angewidert. Ein Maler, der trotz der Zensur seine nackten Gestalten nicht übermalen will. Dazu ein getaufter Jude, der allem Glauben entsagt und auch seinen Sohn vom Religionsunterricht abmeldet. Das Kind wird darauf schikaniert und gelyncht. Ein Politiker, der das Gezänk von Parteien nicht erträgt …»

«Die Kompromisssuche? Unabdingbar. Hätte er sonst Politiker werden sollen?»

«Ein Hauptmann, der sich einem Duell verweigert, weswegen sich auch die Geliebte von ihm trennt. Und ein Arzt, den auch etwas quält. Sie ziehen sich gemeinsam in ein verlassenes Kloster zurück und leben wie ein Orden für sich.»

Der Lotse des deutschen Buchhandels hob den Kopf und blickte ins Firmament.

«Die Baronin von Rittberg reist zum Kloster. Ihr gelingt es, vorgelassen zu werden. Sie möchte den Hauptmann mit seiner reuigen Geliebten versöhnen.»

Kröner wedelte auffordernd mit den Händen. Der Ehering blinkte. «Darf man mal etwas hören?»

Zögerlich, aber dann doch, zog Heyse das unterste Blatt hervor. «Der Anfang –: Am Nachmittag eines heiteren Apriltages fuhr der alte, gelbangestrichene Omnibus des Gasthofs Zum Blauen Engel von dem Stationshäuschen der Lokalbahn nach der kleinen Stadt Windheim, die in einer weitgedehnten Tiefebene seit Menschengedenken weltentrückt sich eines idyllischen Daseins erfreute. Ein breiter Chausseedamm, über dem Moor und Heideland etwas erhöht, mit Pappeln und Ebereschen eingesäumt, verband das Bahnhöfchen mit der Stadt, die etwa zehn Minuten entfernt lag. In dem Omnibus, der schläfrig auf der gutgehaltenen Fahrstraße hinschwankte, saßen nur zwei Reisende, eine schöne, noch jugendliche Dame in einfachem Reiseanzug vom elegantesten Zuschnitt und ein junger Mann, in dem ein kundiger Beobachter sofort den Handlungsreisenden erkannt haben würde, auch wenn er nicht auf dem Sitz neben sich ein mit Wachstuch überzogenes Musterköfferchen stehen gehabt hätte.»

Er legte das Blatt auf den Tisch.

Die Zikaden zirpten. Auf irgendeinem Grundstück wurde ein Teppich geklopft. Der Dichter wartete.

«Das ist die Anschaulichkeit Heyses. Man sieht alles vor Augen. Die schwungvolle Psychologie. Der Handlungsreisende wird die Dame ins Gespräch ziehen.»

«Ohne Erfolg.»

«Und sogar ein Omnibus kommt vor. Jetzt, im Jahre 1906, verlierst du die Elemente der Moderne nicht aus dem Blick.»

«Ich weiß.» Der altgediente Schriftsteller nahm den Unterton wahr. «Es gibt nun auch Untergrundbahnen, Aeroplane, die Boote für Unterseefahrten, in den Laboratorien brodelt die Zukunft. Niemand, auch du nicht, kann auf dem Laufenden bleiben, was die Welt und das Leben umkrempelt. Wir sind alle machtlos gegen den Fortschritt, sein Volumen, und was die Erfindungen mit uns anstellen. Muss man sich für seine Ohnmacht entschuldigen? Nein. Ein Mensch bleibt ganz Mensch bis zum Schluss. Und bei mir sitzt die Baronin nun im Omnibus.»

«Ja, ja», beruhigte Kröner. «Muss es eine Baronin sein, Paul? Es gibt so viele andere Leute.»

«Adel meint bei ihr auch inneren Adel. Dazu darf man doch wohl stehen.»

«Selbstredend.»

«Kann sein, dass ich selbst zur Weltabkehr ins Kloster sollte.»

«Ja, gegen den Strom. Warum sollte man den Roman nicht als eine Verweigerung, Teil des Weltbetriebs zu sein, deuten und unter die Leute bringen?»

«Die Baronin wird im Kloster überrascht und freundlichst empfangen. Es gelingt ihr nicht, den Hauptmann wieder seiner früheren Geliebten, ihrer Freundin, zuzuführen.»

«Eine höchst private Geschichte, in der Tiefebene möchte man sagen. Trotz allem auch idyllisch. – Du hättest den neuen Bahnhof in Mailand sehen sollen. Enorm, wie eine Kathedrale. Von Idylle zwischen den Lokomotiven, im Gedränge, in dem Radau keine Spur mehr. Was für ein Kommen und Gehen. Tempo, Tempo, Geschrei und Hasten. Alles überschlägt sich. Faszinierend.»

«Bleib länger, Adolf. Ein paar Tage Ruhe werden dir guttun.» Beide nahmen das Eindunkeln am östlichen Horizont wahr.

Hufschlag von der Uferstraße beschleunigte sich. Einige Pferde vor ihren Wagen schienen angetrieben zu werden und schneller zu traben.

«Ein Hochwasser wird die Wende bringen.»

Kröner wusste im Moment nicht, worauf sich sein Autor bezog. Er wünschte ihm Ingenium, gemeinsamen Erfolg, auch oder gerade im hohen Alter. Doch das wurde nicht leichter.

«Über die Tiefebene und das Städtchen Windheim bricht eine Sturmflut herein.»

«Ich würde neuerdings immer von den, verzeih, Paul, Verniedlichungsformen mit -chen abraten. Die Leser um die Petroleumlampen oder unterm Gaslicht konnten vom Zierlichen und Zarten nicht genug bekommen. Nun schalten sie elektrisches Licht an, und alles ist härter.»

«Umso wichtiger, die ideale Wendung am Schluss. Nach Jahren des Rückzugs verlassen die sechs Eremiten ihre Klosterburg und greifen tatkräftig ein, um das Städtchen, die Stadt zu retten. Und so wird alles gut.»

«Ja, das wird sich verkaufen, mit dem Namen Heyse. Wenn dann noch zum Abschluss …»

«Bitte?»

«Zur Krönung der Preis kommt. Schreib sorglos weiter, Paul. Ich stehe zu dir.»

«Und was geschrieben ist, ist immer eine Welt, an der anschließend niemand mehr rütteln kann. Es mag dastehen, was will. Schreien mögen einige, wie immer. Los werden sie mich nicht.»

Adolf von Kröner erhob sich, trat auf den Autor zu und fasste ihn mit freundschaftlicher Kraft an den Schultern: «Lass uns nur machen. – Habe übrigens kürzlich den Heinrich Mann und Rilke als Autoren abgelehnt. Ich kann sie nicht einschätzen. Und Hermann Hesse ist woanders untergeschlüpft. Könnte dich freuen, ihr seid ja alle auch Konkurrenten.»

Heyse hob abwehrend die Hände.

«Weißt du, was sie jetzt in Mailand treiben?» Kröner nahm wieder Platz und spürte Appetit auf ein kleines Gabelfrühstück, ein bisschen Ragout oder Pastete, aber dergleichen war in der Villa Annina wohl kaum der Usus.

«Sie nennen sich Futuristen.»

Heyse hob die Brauen.

«Sie wollen demnächst mit einem Programm, einem Manifest ans Licht treten, ein gewisser Marinetti voran. Mir wurde so etwas wie ein Entwurf zugesteckt.» Kröner zog ein verknittertes, wenn auch gefaltetes Blatt aus der Tasche seiner Trachtenjoppe, «ich dachte, das musst du mal hören:

Wir wollen die Liebe zur Gefahr besingen, die Vertrautheit mit Energie und Verwegenheit.

Wir wollen preisen die angriffslustige Bewegung, die fiebrige Schlaflosigkeit, den Laufschritt, den Salto mortale, die Ohrfeige und den Faustschlag.»

Kröner holte Luft. *«Zu den Waffen!»*

Heyse wandte schockiert den Kopf ab.

«Besingen werden wir die vielstimmige Flut der Revolutionen, die Fabriken, die mit ihren Rauchfäden an den Wolken hängen, die Brücken, die wie gigantische Athleten Flüsse überspannen.

Museen sind öffentliche Schlafsäle. Reißt sie nieder.

Es lebe die Schönheit der Geschwindigkeit.

Ein Rennwagen, dessen Karosserie große Rohre schmücken, die Schlangen mit explosivem Atem gleichen, ein aufheulendes Auto ist schöner als die Nike von Samothrake.

Aufrecht auf dem Gipfel der Welt schleudern wir noch einmal unsere Herausforderung den Sternen zu!»

Keine Sturmflut war's, die den See heimsuchte. Doch eines der heftigsten Unwetter seit Jahren. Unter den Wolken, die am Nachmittag fast eine violette Farbe annahmen, breitete sich eine Schwüle aus, die alle Regungen bei Mensch und Tier erlahmen ließ. Nach zwei Flaschen Wein bei seinen Gastgebern zog sich Adolf von Kröner rechtschaffen müde in sein Bett im Savoy Palace zurück. Der Schlummer war kurz. Blitze zuckten über dem Monte Baldo, Donner hallte vom Bergmassiv wider, der österreichische Postdampfer steuerte außerplanmäßig in die Mole von Salò, bald blitzte es näher, am gegenüberliegenden Ufer über Garda, Sirmione wurde grell beleuchtet, im Grauvioletten donnerte es Schlag auf Schlag, Menschen hielten den Atem an, letzte Gäste flüchteten von den Gassen und der Promenade, Damen drückten sich mit ihrem verängstigten Hund auf dem Schoß in einen Sessel, möglichst weit von den Hotelfenstern entfernt. Regentropfen sprenkelten über das Pflaster und die Dächer. Es prasselte auf Pflanzenkübel, Palmen und Rebhänge, knallte binnen Kurzem gegen die Scheiben, auf Marmorbrüstungen, auf Schindeln und Kupferdächer, Hagelkörner hatten die Größe von Tennisbällen. Die Terrasse des Kurcafés wurde eine Wüstenei von Stühlen und Tischen im Nass. Wer am Vorhang auf den See schaute, sah ihn fast nicht mehr, hinter den an Tauen schlingernden und hüpfenden Booten verlor sich die Weite wie im Nebel, Blitze spalteten den Dunst, dort draußen gäbe es nur noch den Tod, der Campanile am Ufer wurde zur Fata Morgana in der Flut von oben und dem Dampf des Wassers. Es war, als löste sich Gardone von den Hängen, zerliefe in den Lago, verschwände von der Erde. Der Blitz schlug ins Leere, wo in wenigen Jahren der furiose und faschistische Dichter d'Annunzio sein Palastareal Vittoriale oberhalb der Villa Annina errichten lassen würde, wie um das Anwesen des Früheren und Fremden zu übertrumpfen, der Donner rollte gegen Abend aus, und ahnen konnte keine Seele, dass zum Ende eines zweiten Weltkriegs ein Sohn Mussolinis, Vittorio und seine Familie, letzte Zuflucht in den Räumen finden würden, in denen Kröner mit seinem Autor und dessen Gattin mittags mit ihren Gläsern angestoßen hatten.

Gardone Riviera war zerstoben, wie nie gewesen.

Der Postdampfer konnte erst am nächsten Tag seine Fahrt wiederaufnehmen. Der See schien ungetrübt. Wolkentupfer umgaben den Monte Baldo.

VON&ZU

Vor dem Lokal schien es gemütlich zu sein. Unter der Markise hatten es sich zwei Raucher auf den Kissen in einer längs aufgesägten und aufgebockten Badewanne bequem gemacht. Sie nahmen von den Ankömmlingen wenig Notiz.

Herr Deng spürte noch den Flößer'schen Schlag.

«Das wollte ich nicht. Des hod passt», die Archivarin schien mittlerweile zu halluzinieren, «die guten, alten Kröner-Ausgaben. Raritäten … annähernd holzfrei. Kein Papierfraß. Kein Gilb.»

Man konnte sich jetzt nicht um alles und jeden kümmern.

Die Gruppe schwankte mehr oder weniger in das Café VON&ZU hinein.

Wie angenehm die Wärme, aromatisiert durch den Duft von Espresso und Cappuccino. Das schmale, aber schlauchartig lange Lokal schien auch eine Weinhandlung zu sein. Auf Regalen, alten Anrichten prangten Batterien von Flaschen, auch, soweit es sich erkennen ließ, Honig und Konfitüren. *Genießen und mehr*, verhieß ein Schild.

Links die Theke mit Kuchen, Kaffeemaschine und Zapfhähnen.

AfD-Wähler nicht willkommen, las die Stadträtin auf dem Spiegel hinter den beiden Bedienungen, die Gläser spülten, Getränke aufschäumten.

Sie trat auf die Stellage mit Prospekten, Veranstaltungsflyern und diversen Gratis-Postkarten zu. Neben der nebulösen Werbung *Nicht Du. Nein, Alle* erblickte sie Karten mit einem Haus hinter Bäumen, darauf stempelartig der Aufdruck NOT NEGOTIABLE.

Sie zog ein Exemplar heraus; auf der Rückseite entzifferte sie: *www. change.org/de/Petitionen/an-den-bayerischen-landtag-rettet-die-paul-heyse-villa ... einer fünfstöckigen Blockbebauung weichen ... Jede Unterschrift zählt*. Die Bürgerinitiative. Sie nahm mehrere der Karten.

Das Café wirkte voll.

Herr Deng spähte nach freien Plätzen.

Sie folgten ihm.

Geschmackloser ging es kaum. Ein junger Mann mit einem Skelettmotiv auf dem schwarzen T-Shirt kam ihnen entgegen. Er setzte sich auf den freien Barhocker vor ein halbvolles Glas.

Mit diesem Todesaffen mochte flirten, wer wollte.

Es war eng.

Sie zwängten sich an einem Tisch mit Kartenspielern vorbei, ältere Herrn mit dem Blatt in der Hand, das Bierglas neben sich – eigentlich ganz gemütlich –, gerötete Haut, ergraut, im Pulli oder im Jackett, nicht einfach konzentrierte, sondern eher sture Gesichter, womöglich Männer ohne Witz, ohne jeden Charme, natürlich sauber, aber darüber hinaus nicht sonderlich gepflegt, Haare überall, keine Wonne für ihre Frauen oder für irgendwen, Kartenbrüder, Seniorenschar, statt im Reisebus um den Tisch. Vielleicht war ihre Stammkneipe geschlossen, die Runde hätte man in einer Pilsstube vermutet.

Eine Wand linker Hand, eine Reihe von Fenstern rechts.

Stimmen von der Seite. Bequem zurückgelehnt, unterhielten sich Leute vor ihren Getränken rücksichtslos laut. Vandervelt wusste, dass sie in deren Nähe angestrengt hätte weghören müssen, was unmöglich gewesen wäre, ehe sie – vielleicht – zornig eingeschritten wäre: *Mich interessieren Ihre Gespräche nicht. Sonst auch niemanden hier. Brüllattacken sollten Sie zu Hause absolvieren. Entschuldigung.*

Sie passierten die Gefahrenzone.

Weiter die Theke entlang.

«Der lactosefreie Macchiato ohne Koffein», rief eine Angestellte ihrer Kollegin vom Service zu.

Der Deckenventilator kreiste langsam.

Nach hinten ins Gedämpftere und Dunklere des Schlauchs, wo durch eine offene Tür die Küche zu erkennen war, schien sich vornehmlich Jugend zu versammeln.

Freundinnen beim Salat.

Jungs beim Steckschach.

Ein mutiger Gastronom, keine Musikbeschallung. Der Andrang sprach für ihn und viele seiner Gäste.

«Dumme können Sie über Dummheit nicht belehren, weil sie dumm sind», schnappte Antonia Silberstein eine Bemerkung der Vandervelt an Professor Bradford auf. In Russland, wusste Vandervelt nun, wären sie platziert worden, hier schob sich die Bedienung gleichberechtigt zwischen der Kundschaft hindurch. Die Autorin von *Stuckaturen der Emotion* nahm plötzlich betrübt die jungen Menschen um sich herum wahr. Sie mochten sich beim Wein austauschen, amüsieren, sollten studieren, Länder bereisen, ihrem Beruf nachgehen. Aber wer brauchte diese Generation und die Nachwachsenden? Was verhieß Jugend noch? Alles, was jemand benötigte, schien bereits erfunden und vorhanden zu sein. Die Welt war abgeschritten, schien fertig erkundet, gründlich ausgelaugt. Die Vorräte wurden verzehrt. Der Fortschritt, falls man ihn überhaupt wollte, ließe sich bestenfalls glimpflich gestalten. Mehr Aufgabe und Jubel waren schwerlich vorstellbar. Medikamente mit weniger Nebenwirkungen, die Wiederverwertbarkeit sämtlicher Produkte. Sie selbst, Ortrud Vandervelt, war noch Nachkriegsgeneration gewesen, gut stimuliert für Demokratie, Gerechtigkeit, Republik und ein einiges, gedeihliches Europa. Diese Ideale waren für sie selbstverständlich, unverrückbar und hatten sie gut belebt: Ich bin eine freiheitliche Bürgerin und stehe dafür ein. Welches intellektuelle Abenteuer, welcher Aufbruch sollten noch locken und begeistern? Die Luft wirkte verbraucht. Auch auf jungen und heiteren Gesichtern glaubte sie, trotz Cocktails und Snacks, Ermüdung und Ziellosigkeit zu registrieren. Zu viele wollten, dachten an nichts mehr, das über ihr flüchtiges, ja hastendes Selbst hinausreichte. Herden entlang des Abgrunds. Doch vielleicht irrte sie sich, und zwar gründlich, denn womöglich waren mehr Menschen denn je, und tiefer, um das Heil, die Würde, die Freiheit des Einzelnen und aller besorgt. Große Umbrüche im Denken und Handeln ließen sich kaum vorhersehen. Schon gar nicht von ihr, jetzt, an einem Irrsinnstag.

Sie versuchte, all ihre Gereiztheit zu unterdrücken.

Immer diese Großprozesse im Kopf, punktuelle und universale Gerichtsverfahren, auch Geistgeplänkel, sie ertappte sich zunehmend bei Selbstgesprächen.

Manchmal trank sie sich abends in eine Zufriedenheit, sonst entbehrt. Dann musste der Wecker lauter gestellt werden.

«Wir sind zu fünft», rief Bradford einer Kellnerin nach. Fort war sie mit leerem Tablett. Sie kehrte um: «Nur dahinten. Bis 21 Uhr.»

In der Enge sah sich Silberstein genauer um, tippte Bradford auf die Schulter: «Die Lola-Montez-Bar. Muss man gar nicht neu bauen. Gleich hier. Zwanzig Meter neben der Villa. Scheint ohnehin die Remise oder der Gartenschuppen gewesen zu sein.»

Bradford zwängte sich hinter seinem Lebensgefährten zwischen Stühlen, Leuten und Bänken hindurch in den freien Winkel. Er hielt inne. Er traute seinen Augen nicht. Und stürmte voran, soweit das möglich war. Neben dem leeren Tisch, den jetzt auch die anderen erreichten, drückte er die Stirn ans Glas des alten Fensters. Der Götterbaum. Die Mauer von der anderen Seite. Der Garten, im

Dunkel. Abgestellte Fahrräder, Treppenstufen, der Eingang der Villa. Aus dem Café hatte man direkten Einblick auf Heyses Grundstück. Das war ungeheuerlich, so nah war man dem kostbaren Boden noch nie gekommen. Während Deng Long Therese Flößer auf einen Stuhl half, Ortrud-Karen Vandervelt ihre turbanartige Hutmütze vom Kopf zog, munterte Bradford die Stadträtin neben sich am Fenster auf:

«O München, du vergnügte Stadt,
Wie sprießt so lustig Blatt an Blatt
In deinem goldnen Ehrenkranz,
Wie mehrt sich deines Ruhmes Glanz!
Da liegst du lachend hingestreckt,
Viel Türm' ins lichte Blau gereckt,
Und lässest dir gar wohl gefallen
Der jungen Isar kühl Umwallen.
Und nun, wie blüht in Saft und Kraft
Hier alle Kunst und Wissenschaft!
Freiheit, in Schenken, Gärten, Gassen
Dich unbeschrieen gehn zu lassen,
Und wenn ein Juhschrei dir entfährt,
Ist kein Gendarm, der dir's verwehrt.
O München, du vergnügte Stadt,
Wer würde dich zu rühmen satt!»

«Wenn Vandervelt nicht Direktorin werden will, dann Sie, Bradford», raunte Silberstein dem Experten zu. «Hier die Auffahrt mit einem Brunnen», sie spähte ins Dunkel, wo auch Kinderspielzeug im Gras lag, «dann die Villa. Dahinter die Bibliothek, die Konferenzräume, eine hauseigene Bühne. Die Stipendiatenwohnungen sollen schlicht und bequem sein. Irgend so etwas wie ein Digitallabor. Um ein Atrium die Schulungsräume für den H. K. S.»

Bradford rätselte.

«Bevor Sie kamen, hatten wir erwogen, ob wir hier nicht Sprachkurse anbieten sollten, für Ausländer und Deutsche, alle können einen Heyse-Kulturschein erwerben – und haben dann bessere Chancen im Leben. Ich überlege, ob zum Erwerb des Scheins nicht auch einige Besuche von Theatervorstellungen, Konzerten, Kirchen und Museen gehören sollten. Zu ermäßigtem Eintritt… oder meinetwegen gratis, wenn man sich im Kurs eingeschrieben hat. Ich muss das mit dem Kulturreferenten noch besprechen. Natürlich sollten auch alle den *Faust* lesen und diesen München-Hymnus. Was meinen Sie?»

«Das sind Visionen.»

«Das Zentrum, ich bin fest entschlossen, wird das Geistesleben rundum bereichern, kommunal und international. Gelder, die wir seit Jahrzehnten nach Berlin überweisen, werden wir nun hier investieren. Der Freistaat Bayern muss mit ins Boot. Und Kooperationen mit vielen Städten sind möglich. Prag, Madrid, mit unseren Partnerstädten Bordeaux, Verona, Kiew. – Skizzieren Sie erste Konzepte, Bradford. Erlangen ist keine Endstation. Empfangen Sie hier Kollegen, Wissenschaftler und Kulturenthusiasten aus aller Welt. Wir dürfen Zeit und Schwung nicht verlieren.»

Beide blickten im Innenhof auf Kisten mit Weinflaschen und einen Roller im Sandkasten.

«Sie belächeln mich?», fragte Silberstein.

«Nein.»

«Ich werde mich nicht beirren lassen, manchmal muss man eisern bleiben. Sonst tut sich nichts Neues auf. Kleiner und bescheidener als gewünscht kann immer noch alles geraten.»

«Bitte nicht. Unbedingt mit Bühne, Unterkünften, Bar und dem Brunnen davor.»

«Und am besten noch mit einem Salon für Ihren Mann. Sie kennen die politischen Hürden und die Planungsinstanzen nicht. Mein letzter Kampf. Sein Ende werde ich vielleicht nicht mehr erleben. Die Architektur muss vom Feinsten sein, einladend.»

Bradford wusste nicht, welche Art von Auffahrt, Wasserspiel, Gebäudekomplex, Lichthof, Innengestaltung, Heizungssystem und Begrünung sie neben ihm an der Fensterscheibe vor ihrem geistigen Auge sah. Tot und lichtlos ruhte das Domizil, die Wirkungsstätte, der Treffpunkt einstiger Prominenz aus aller Welt im Dichtergarten.

Das Tempeldach über der Skulpturensammlung in der Glyptothek und ein angestrahlter Torturm der Propyläen überragten ihn von ferne.

Therese Flößer bestellte einen doppelten Himbeergeist und einen doppelten Espresso. Die Übrigen folgten mit Wein, Café Crème, einem Bier und grünem Tee. Die übersichtliche Speisekarte war abgegriffen, doch bot sie durchaus Verlockendes, Gnocchi mit Ruccola-Pinien-Pesto, Cannelloni mit Ricottafüllung, einige Tapas und «Theatertoast», rief Harald Bradford, «den gibt es doch seit dreißig Jahren sonst nirgendwo mehr. Dabei so lecker, Toast, kleines Filet mit Pilzen und Käse überbacken. Nehm ich.»

«Einfache, auch preiswerte Gerichte, belegte Brote, auch Hawaii-Toast, Bockwurst!, werden nur ungern angeboten», wusste Vandervelt, «würden zu oft geordert werden, und die Gewinnspanne sei zu gering.» Die Stadträtin ließ für alle eine Käseplatte kommen.

Ortrud Vandervelt nahm vom Délice d'Argental. Ohne Kappe leuchtete ihr bordeauxrotes Haar prächtig. Sie musste die Russen beeindruckt haben. Sie tupfte sich die Lippen ab: «Wann ist mit dem Murks Schluss?»

«Welchem Murks?» Silberstein stellte sich dumm.

«Das Haus ist zu. Ich bin fertig. Therese holt sich noch eine Thrombose.»

«Bitte nicht über Gerinnsel sprechen», wehrte die Stadtbeamtin vehement ab, «die sind heimtückischer als alles andere. Gegen Gerinnsel kann man nicht vorbauen, wenn sie da sind, im Hirn oder sonst wo, ist man machtlos und tot. Natürlich oft nicht sofort. Aber ich denke mir, wenn man ein Gerinnsel spürt … vielleicht tut man das ja irgendwie, so eine innere Verstopfung unter dem Schädel, im Arm, Schwindelgefühl … dann schlägt das Herz so panisch schnell, dass es die Blutbahn wieder freiräumt.»

«Basta», Flößer schlug mit der flachen Hand auf den Tisch und trank.

Herr Deng wirkte nicht angetan vom Gespräch.

Vandervelt behielt den Experten und die Gastgeberin im Visier: «Denken Sie bitte nicht, dass ich eine Spielverderberin sein will. Selbstverständlich will ich die Künste ehren, die Künstler würdigen. Sie setzen mehr als andere aufs Spiel. Die Fülle ihres Ichs ist zugleich ihre Existenz, in toto. Sie säen das Nachdenkliche und das Gute. Was sie erschaffen, erlöst viele Menschen aus dem Trott, aus dem Tierischen. Sie machen das Dasein bisweilen sogar heiterer. Zumindest oberflächlich. Sie können Gewitter und Sonnenschein sein.»

«Schön verständlich, Trudl», lobte die Berchtesgadenerin ihre Freundin, die sie noch nie so genannt hatte. Weder Lob noch Anrede schienen die Bad Harzburgerin zu freuen. Sie blickte streng: «Sie können zitieren und erzählen, was sie wollen, mit beachtlicher Energie und Entschiedenheit … Himmlisches Sorrent, das Gedicht für die Hunde, den Kampf um das Denkmal für Heinrich Heine, für die Frauenbildung. – Es reicht nicht. Mir fehlen das Seelische und die Empörung über die äußeren Bedrängnisse des Menschen. Ich brauche einen Autor, zu dem ich in meiner Not fliehen kann, einen Gleichgesinnten. Die letzte Zuflucht unter Menschen. Er, sein Werk, nehmen mich auf, schließen mich in ihre Arme, trösten mich, spenden mir Mut. Wenige haben dieses Ingenium. Aber es gibt sie, diese Beschützer der Seele. Ich will mit einer Dichterin, einem Dichter durchs Finstere gehen und mit ihnen weinen können.»

«Ansprüche», verwunderte sich die Rätin.

«Sie meinen», Bradford sammelte sich, «ich hätte mein Leben, mein Forschen, mein Lehren, mein innerstes Interesse, meine Sympathie an einen Unwürdigen verschwendet?»

Ängstlich beobachtete Deng Long jetzt seinen Mann, den speziellen Spezialisten, der nicht nur die Titel von beinahe zweihundert Novellen auswendig wusste, sondern auch deren Inhalt nacherzählen konnte. Was sollte der Kenner, wohl der kundigste auf der Welt, in Zukunft tun? Die Wohnung streichen?

«Er überbrückte, und er füllte eine Leere.»

«Welche Leere?», hakte Vandervelt nach.

«Es gibt immer eine Leere, oder sie droht. Wollen Sie diesen verlassenen Mann noch einmal verraten? –

Ich lag und schlief im Windsgebraus,
Da hab' ich ein Gesicht geschaut.
Viel Gäste kamen zu mir ins Haus,
Mein kleines Hündchen winselte laut.

Ich kannte sie alle ganz genau,
Es ward geschmaus't, getanzt, gescherzt.
Ich saß bei meiner lieben Frau
Und sah wie sie ihr Jüngstes herzt'.

Sie war ein wenig blass und still,
Doch schön wie je und sanft und gut.
Sie sprach: Was nur das Hündchen will?
Ich sprach: Es bellt aus Übermut.

Mein Vater schenkte vom besten Wein
Und rief: Das Leben, es lebe hoch! –
Meine Mutter lud zum Essen ein:
Kommt, Kinder wir haben Vorrat noch!

Dann fasst' ich meiner Liebsten Hand,
Sie küsste mich sanft und sprach: Gute Nacht!
Ich muss nun fort in ein andres Land;
Nimm unsre kleinen Kinder in Acht! –

Da schrie ich auf und sah mich verwais't,
Da krähte der Hahn und der Morgen graut'.
Mit den Toten hatt' ich zur Nacht gespeis't –
Mein kleines Hündchen winselte laut.»

Stimmen und Geräusche um den runden Tisch wurden wieder vernehmlich.

«Taufen Sie eine schönere Straße als die jetzige nach ihm, eine Allee, einen Platz mit Brunnen», sagte die Schriftstellerin leise, «und den dreckigen Tunnel, der nach ihm heißt, hat er nicht verdient. – Aber das große Projekt?»

«Sie sind hart», meinte Herr Deng.

«In diesem Fall Realistin.»

Von der Küche kamen Gnocchi und Theatertoast. Der junge Kellner hatte ein hübsches Gesicht und war blond gelockt. Er servierte die Speisen einzeln und mit nur einem Arm. Der andere hing schlaff und dünn aus dem T-Shirt-Ärmel. Sorgfältig reichte er die Bestecke. Auch das rechte Bein war unterentwickelt. Er bewegte sich auf einem hohen Schuh. Das VON&ZU war umso mehr zu loben.

«Kennen Sie», die Stadträtin räusperte sich, «Paul Heyse?»

«Nein», antwortete der Junge.

«Aber hier ist sein Garten, daneben das Haus.»

«Er wohnt nicht hier.» Das klang seltsam und abweisend.

«Weiß der Wirt etwas über ihn?»

«Nein. Und Toni ist nicht da, ich meine, der junge Marquês.»

«Toni Marquês?»

«Das Lokal und die Weinhandlung gehören dem Marquês Álvares Pereira de Melo. – Guten Appetit.» Er wandte sich ab.

«Nach den Morhenns nun ein Markgraf.»

«Warum nicht? Wenn's so ist.»

Die Frauenstimme kam von der Seite und vom Nebentisch: «Nach dem Grundstück sollten Sie nicht fragen», flüsterte sie. «Hier reagieren sie ganz allergisch. Alle naselang schleichen Investoren, Baulöwen, sogar schon Makler herum. Alles Spekulationsmasse. Es gab Proteste, Prozesse. Jeder, der fragt, ist verdächtig. Aber Sie sehen ja harmlos aus. Das Lokal war nach dem Krieg übrigens die Garage für einen Malerbetrieb. Prima umfunktioniert, nicht wahr? Ein Schlupfwinkel im Viertel.»

«Und die Mieter drüben?»

«Ein Uhrmacher, ein Konditor.»

Alle schauten Bradford an, der auch nichts klären oder weiterhelfen konnte.

«Veranstalten im Sommer wunderbare Feste. Für sich und uns Anwohner.»

«Es ist keiner da. Wir waren angemeldet», sagte der Professor. «Wir sind vom Bauamt.»

«Oh, auch das noch.» Abrupt widmete sich die Dame wieder ihrem Begleiter.

Halb auf dem Stuhl liegend, nahm sich Therese Flößer ein weiteres Stück Käse und ließ sich noch einen Schnaps kommen. Den Grafen Louis und Perceval Morhenn gehörte das Grundstück, ein portugiesischer Marquês erteilte keine Auskünfte, ein Uhrmacher und ein Konditor veranstalteten Feten, Heyse wurde von Geistern heimgesucht, auch die Stadträtin schien allmählich zu zerfallen – der Kellner erkundigte sich, ob es schmecke –, es verlief alles schön bunt, befand sich wohl stark in der Schwebe – vor allem sie selbst –, der Edelbrand war vorzüglich. Mehr ließ sich von einem Ortstermin kaum erwarten. Wie sollte sie Otto den Ablauf schildern?

Wir gingen? Wir standen.

Plauderten. Es war auch aufschlussreich.

Von einem Kulturschein ist die Rede.

Wir saßen? Gardone. – Zitierten, lasen vor. Meistens vom Laptop. *Und wer da pilgert’ nah und fern* – Unbekanntes und weniger Unbekanntes … *Lass die Waldesnacht mich wiegen* –

Debattierten. Kein Entschluss, einstimmig. Herr Deng hielt sich bedeckt. Ich habe ihn geschlagen. Nichts passierte.

Wie es eben so passieren kann.

Wir aßen und tranken einen Schluck.

Im vorderen Teil des Cafés standen Leute auf. Sie lugten durch die großen Scheiben auf die Straße. Tuschelten, redeten lauter und immer heftiger durcheinander. Die Tür wurde geöffnet und blieb offen. Eine Traube bildete sich. Auch draußen schien es einen Auflauf zu geben. Sirenen von Feuerwehr, Polizei waren zu hören. Eine

Unruhe erfasste das Lokal. Die Bedienungen hinter der Theke ließen Tassen und Gläser stehen, wischten sich die Hände trocken und traten gleichfalls hinter die Scheibe. Durch die Luisenstraße fuhren Rettungsfahrzeuge. «Ein Unfall?», hörte man. Bis nach hinten zur Küche erhoben sich gleichsam in einer Welle die Gäste von Stühlen und Bänken und drängten zum Ausgang.

«Ein Attentat», rief jemand.

«Ein Attentat?» Man sah sich erschrocken an.

«Nein, ein Unfall.»

«Was denn nun?»

«Bei der Schule?»

«Ein Stück dahinter.»

Wurde es in der Enge der Gaststätte gefährlich? Der Lärm von der Straße verstärkte sich, immer mehr Blaulicht. Einige standen im Nu blass und verstört da. Hauptsache, niemand würde jetzt Feuer sehen und «Feuer!» rufen. Auch das Heyse-Team hielt Ausschau nach einem Fluchtweg. Aus der Küche kamen der Koch und eine Helferin.

«Die Drohne?»

«Welche Drohne?», fragte es vorne und bald weiter hinten.

«Die die ganze Zeit gekreist ist.»

«Abgeschossen.»

«Was?»

«Endlich. Das dröhnende Scheißding!»

«War die privat?»

«Ist auf den Abstellplatz für die Stehroller geknallt.»

«Brennt's?»

«Zwei Fliegen mit einer Klappe. Nun ist Ruhe und Frieden», hörte Silberstein. Vom Eingang her passierte der sorgfältige Kellner mit hängendem Arm und verkürztem Bein die Tische und ratlosen

Gäste. Ruhig beantwortete er fragende Blicke: «Kein Grund zur Besorgnis. Nehmen Sie wieder Platz. Nur ein Bolzen. Aber gut gezielt. Jemand hat wohl mit einer Armbrust die Drohne abgeschossen. Offenbar niemand verletzt.»

«Womit?»

«Manche haben so was noch auf dem Dachboden.»

«Da!», schrie Therese Flößer. Beim Spähen nach einem Notausgang hatte sie aus dem kleinen Seitenfenster länger in den Garten gestarrt, auf die Villa. «Licht.»

Auch Herr Deng sah Licht. Bradford erkannte es. Vandervelt gewahrte Licht im ersten Stock, die Haustür der Villa stand offen. Licht fiel auf die Treppenstufen und auf den Gartenweg.

«Los», rief die Städträtin, «schnell.»

Hervorgekramte Geldscheine stopfte sie in ein leeres Glas.

Deng schnappte sich wieder Flößers Rucksack. Sie stemmte sich von ihrem Stuhl.

«Er ist da», Bradford zitterte am ganzen Leibe.

Nun hieß es, durch die Menschentraube zu kommen.

«Licht!»

Invasion

«Hallo, junger Mann.»

«Wohnst du hier?»

«Sind deine Eltern da?»

Der Junge, der zwischen den Pfosten des geöffneten Gartentors stand und das Geschehen an der Straßenecke beobachtete, mochte elf, zwölf Jahre alt sein.

«Wir möchten sie gerne besuchen.»

«Deine Eltern wissen, dass wir kommen.»

«Ich darf niemanden hereinlassen.»

«Aber wir sind's doch nur.»

«Wie heißt du denn?»

«Clemens.»

Der Junge sah auf einen Schlag fünf Fremde vor sich, die ihm nicht ganz geheuer waren. Mit Schwung versuchte er, die Bronzepforte zuzuwerfen. Die Stadträtin verhinderte es mit ihrem Fuß und stieß einen gedämpften Wehschrei aus. «Hab keine Angst», brachte sie unter Schmerzen heraus, «es geht auch um deine Zukunft.»

«Clemens, fürchte dich nicht.»

Verzweifelt, fast zum Erbarmen, stemmte der Junge sich noch gegen das Tor, keuchte, rief: «Hilfe!» und «Papa!», schließlich ließen seine Kräfte nach, er preschte davon, der Villa entgegen, «Papa! – Onkel Kilian!»

Ein unschöner Auftritt. Zögerlich traten die Heyseianer durch das Tor, setzten Fuß und Aircast auf anderer Leute Territorium.

«Ich geh da nicht mit», revoltierte die Schriftstellerin, «das ist geschmacklos und Hausfriedensbruch.»

«Wieso geschmacklos?»

«Der Junge hat gebrüllt, wir haben die Ruhe nicht gestört.»

«Man gibt doch nicht zwei Minuten vor dem Ziel auf.»

Sie mussten sich im Dunkel orientieren. Links befand sich der Sandkasten, den sie vom Café aus gesehen hatten, rechts von der Zufahrt stand ein Auto. Müllcontainer. Gehwegplatten waren in etwas unregelmäßigem Abstand verlegt. Ein Durcheinander und Ineinander von Garten, Vorhof und Abstellplatz. Ein wildes Idyll. Blumenbeete, eine Hollywoodschaukel, Kisten des Weinkontors Álvares, ein Wasserschlauch und eine Schubkarre.

Harald Bradford hob andächtig die Arme. Hier hatte der Nobelpreisträger gelebt. Auf demselben Weg wie sie jetzt war einst Theodor Fontane dem Haus des Freundes zugestrebt. Unter dem Baum hatte vielleicht eine Bank gestanden, auf der sich der Hausherr mit seinem gelegentlichen Gast Henrik Ibsen, gleichfalls lange Zeit Wahlmünchner, unterhalten hatte …

«Wann ist die Premiere?»

«In sechs Wochen, in Kopenhagen.»

«Nora oder Ein Puppenheim, ich kann mir unter dem Titel nichts vorstellen.»

«Eine einfache Geschichte, Paul. Habe sie aus der Zeitung. Wie meistens. Es geht um Erpressung, einen Schuldschein, um eheliche Treue. Nora, die Frau eines Bankangestellten, hat eine Unterschrift gefälscht. Ihr Mann erfährt davon. Wenn der Betrug ans Licht kommt, sind seine Karriere und sein Ansehen vernichtet. Er beschimpft seine Frau: Keine Religion, keine Moral, kein Pflichtgefühl! – So passiert's doch, Paul.»

«Ja, im gewöhnlichen Leben.»

«Schließlich merkt Nora, und das hatte ich dir schon einmal erzählt,

dass ihr Mann sie gar nicht liebt, sondern nur ein braves, hübsches Püpp-
chen für zu Hause und zum Vorzeigen haben will, mein Eichkätzchen,
meine Singlerche nennt er sie. Sie hasst das. Sie wagt den unerhörten
Schritt ins Neue, riskiert alles, sie verlässt ihn und die Kinder. Alles an
den Weihnachtstagen, von denen es heißt, sie müssten behaglich sein. Am
Schluss fragt Nora: Ich muss herauskriegen, wer recht hat, die Gesell-
schaft oder ich?»

«Es bleibt enorm, Henrik, was du aus Zeitungsmeldungen und Skan-
dalgeschichten herausholst. Die Figuren bei dir kommen wie von der
Straße und verschwinden wieder dorthin. Dazwischen geschieht die Kata-
strophe.»

«So seh ich's, so ist's. Der Alltag ist der Hexenkessel in den eigenen vier
Wänden. Da zeigt sich, welche Sehnsüchte und welche Kräfte jemand hat.
Jeder betrügt doch jeden und sich selbst obendrein.»

«Und das Gute und Stabile?»

«Ach, Paul.»

«Anna und ich werden uns die Münchner Aufführung anschauen.»

«Das hoff ich doch.»

«Du sprichst so klar und einfach wie deine Gestalten. Und sie sind
trotzdem geheimnisvoll.»

«Weil sie Menschen sind.»

Bradford stolperte fast über den Gartenschlauch.

Er fragte sich, warum sein Mann vorauseilte. Sonst zog er sich lieber zurück, wenn es in Erlangen wieder einmal um den Autor ging,
dessen unermesslich umfangreiche Korrespondenz längst noch nicht
vollständig eingetippt, digitalisiert und zugänglich gemacht war.
Wichtige Dokumente des Geisteslebens der Jahrhundertwende zwischen Biedermeier und Erstem Weltkrieg. Als die Wünsche und die
Gegenwart besonders heftig und grausam aufeinandergeprallt waren, das Deutschland der Weimarer Klassik, der klassischen Ideale –

Mäßigung, Entsagung, ästhetische Erziehung – und das der Industrie, der Beschleunigung von allem, der Rendite, dann das Deutschland der Schützengräben und des Giftgases. Was für ein Privileg Heyses, hochbetagt, von Ehren überhäuft, wenige Monate vor dem großen europäischen Massaker für immer die Augen geschlossen zu haben. Das unermessliche Leid und die tiefste Zerrüttung blieben ihm erspart.

«Henrik, wo bist du?»

«Doch hier, neben dir.»

«Betrug, Ehebruch, Erpressung, Einschüchterung, Befreiung, Selbstbetrug. Deine Stücke sprechen viele Menschen an.»

«Und du beherrschst noch jedes Versmaß.»

«Wie wahr bin ich?»

«Wir bemühen uns.»

«Wer wird bleiben?»

«Was, Paul, wird bleiben?»

«Wir sollten vor dem Tee, tea time, wie es jetzt heißt, noch ein paar Schritte gehen.»

«Gut.»

«Zum Kristallpalast?»

«Ein Wunderwerk.»

«Dort ist eine Orchideenausstellung.»

Bradford holte auf.

Vandervelt blieb immer weiter zurück.

Im Licht aus dem Inneren des lang gestreckten Hauses erschienen, fast nur als Umrisse, zwei Menschen.

«Was wollen Sie?», fragte ein Mann.

«Stürmen hier einfach herein! Der Junge ist völlig durcheinander», hörte man eine Frau. «Soll ich die Polizei holen?»

252

«Entschuldigen Sie», baten Therese Flößer und Herr Deng beinahe gleichzeitig, «entschuldigen Sie bitte.»

«Wir sind angemeldet. Herr Kienzlmayr muss uns angekündigt haben. – Wir wollen nicht stören. Im Gegenteil.» Auch die Stadträtin blickte entschuldigend, was im Zwielicht vor den Stufen wohl kaum jemand wahrnahm.

«Kienzlmayr?», hörte sie den Mann, «kenne ich nicht.»

«Von der Stadt. Ein Anfänger. Vermutlich ein Depp.»

«Von der Stadt lassen wir sowieso niemanden herein. Von den Banken auch nicht. Keinen Architekten und keinen Investor. Das ist ein Privatgrundstück, und auch als Mieter haben wir Rechte. Wir stehen jetzt unter Denkmalschutz. Ein langer Kampf.»

«Ich weiß. Ich bin informiert. – Wie schön Sie's hier haben», Silberstein wandte sich im Abendvorhofgarten um, «hier können die Kinder sich austoben –»

«Eben.»

«Eine Mauer gegen den Lärm.»

«Genau.»

«Mitten in der Stadt ein Elysium. Unsaniert und gewiss noch erschwinglich. Nur zu beneiden. Wer hat so etwas?»

«Wir. Seit zwanzig Jahren.»

«Dazu der Nimbus des großen Schriftstellers, der die Anlage gestalten ließ und hier arbeitete und lebte. Das Haus einer Berühmtheit. Wir verehren ihn alle.»

«Die spinnt», sagte die Frau im Eingang.

«Na, lass sie doch, Ingrid. Wenn sie's so meint. Wir wissen doch, wem wir Haus und Garten verdanken. Paul Heyse ist unser Glück.»

Bradford strahlte. Herrn Deng wurde fast übel. Sie waren auf Verrückte gestoßen.

Mittlerweile standen sich die Gruppen gegenüber und konnten

einander unter der Türlaterne gut erkennen. Clemens musterte die Eindringlinge und wirkte jetzt keineswegs durcheinander, sondern neugierig. Etliche Kinder, Jugendliche drängten sich hinter ihm, also vielköpfige Familien. Vorne standen ein Mann in langer, heller Kutte, womöglich der Uhrmacher in einem Werkstattgewand, und ein anderer in üblicher Freizeitkleidung. Der Konditor? Die Frau neben dem Kuttenträger war rothaarig, die andere, halb hinter dem zweiten Mieter, war vermutlich aus dem Badezimmer zur Tür gestürzt gekommen. Sie hielt eine Haarbürste noch in der Hand.

«Es handelt sich nur um einen Ortstermin seitens der Stadt, zum dem wir meines Wissens ordentlich angemeldet worden sind, aber wir kamen nicht herein.»

«Kunststück. Wir verdunkeln. Bei Terminen.»

«Ich verstehe das», erklärte Bradford. «Wenn Sie dermaßen bedrängt werden! Wenn Sie vielleicht ausziehen sollen und hier alles zugebaut werden soll.»

«Lasst sie doch. Gehen wir», meinte Vandervelt.

Jetzt meldete sich die Politikerin Antonia Silberstein: «Schauen Sie, es handelt sich hier keinesfalls um ein rücksichtsloses Entmieten, das versichere ich Ihnen als Stadtbaurätin –»

«Sie?»

«Dazu wären wir gar nicht befugt. Beruhigt Sie das? Wir wollen das Erbe Paul Heyses schützen.»

«Das tun wir auch», sagte die Frau mit der Bürste, und Clemens nickte, «das stimmt, Mutti.»

«Professor Bradford ist der größte Heyse-Experte der Welt, und auch wir anderen begeistern uns für sein Werk, für all das Bemerkenswerte, das er hinterlassen hat. – Und es gönnt Ihnen jeder, dass Sie unter seinem Dach wohnen, seinen Garten nutzen können. –

Wollen Sie uns nicht kurz hereinlassen? Nur, um einmal zu sehen, welchen Kulturschatz die Stadt birgt.»

«Sie mögen Heyse?», fragte der Mann in der Kutte.

«Mehr als das», rief Bradford, «ich verfasse die erste Biografie über ihn.»

«Die Stadt ist auf Ihrer Seite. Wir werden nicht dulden, dass Miethaie Ihr Idyll und dieses Areal zerstören. Nichts soll Ihnen zum Nachteil gereichen.»

Der gesamte Anlauf hatte lange gedauert und blieb verzwickt.

«Wenn das so ist. Schauen Sie sich kurz um. Aber die Kriegsschäden waren groß.» Die Bewohner der Luisenstraße 22, beide Paare und ihre Kinder, wichen zurück und gaben den Weg frei.

«Entschuldigen Sie. Wir sind alarmiert», sagte der Mann in Jeans und Baumwollhemd, «übrigens Seishuber.»

«Silberstein, Vandervelt, Frau Flößer hatte einen Unfall, die Bradford-Dengs.»

«Seit vier, fünf Jahren kämpfen wir, das ganze Viertel, gegen den Abriss und haben jetzt ein paar Erfolge erzielt. Vor Gericht. Wer hier wohnt, will nicht weg. Hier haben wir Freiheit und Ruhe, die Kinder hängen am Haus, alle. Treten Sie ein. Wir wissen, was wir dem vergessenen Dichter zu verdanken haben.»

«Und im Keller des Nordflügels habe ich gut Platz für die Werkstatt. Sie können alte Uhren, Pendülen und Chronometer nicht stapeln», erklärte der Uhrmacher. Die Kordel um seine Kutte war rot und hing locker.

Die Mieter wurden, wie es schien, zugänglicher. Beim Konditor spähte man intuitiv nach einer Spur Mehlstaub irgendwo, hatte Sahne, Torten, eine hohe Mütze und feines Gebäck im Kopf. Er trug Jeans, ein Baumwollhemd, wirkte wie frisch geduscht, und sein breiter Hosengürtel glänzte.

Im Pulk rückte man vor.

Vor einer Treppe im Flur wurde es eng, sehr beengt sogar. Die Archivarin zählte sieben Kinder, die ältesten waren vielleicht sechzehn. Wenn es einen Nordflügel gab, existierte auch ein Südflügel mit genügend Platz. Die Eindringlinge, Harald Bradford, hatten ihre Blicke durch ein weites Vestibül schweifen lassen wollen. Doch das war kaum möglich. Der Eingangsbereich vor den Stufen, die nach oben führten, hätte sich in einem beliebigen Wohnhaus befinden können. Die Bombenwirkung musste beträchtlich gewesen sein, und nach dem Krieg war offenbar schnell und sparsam wiederaufgebaut worden. Wo sich, alten Bildern zufolge, das Entree mit einer Statue des Betenden Knaben, schön griechisch, befunden hatte, schienen Zwischenwände eingezogen worden zu sein. Die Halle, die man sich mit luxuriöser Glasüberdachung vorstellen konnte: verschwunden. Diverse Schränke und Kommoden versperrten geradezu den Weg. Die Mieter hatten einen grünen Daumen, Farn, Gewächse aller Art prangten sattgrün in Töpfen allüberall. Doch wie aufmerksam und liebenswürdig: ein gerahmtes Porträt des greisen Schriftstellers schmückte eine weiße Wand.

«Sie verstehen. Unsere Wohnungen sind privat. Aber Sie können oben kurz Platz nehmen.»

«Wieso?», fragte eines der Mädchen. Ortrud Vandervelt war die Situation aufs Äußerste peinlich. Bei den Übrigen siegte die Wissbegier.

«Da hängt Annas Porträt.» Therese Flößer erkannte die dargestellte Schöne zwischen zwei Lichtöffnungen aus Glasbausteinen. Natürlich musste es eine Kopie des Lenbach-Gemäldes von Heyses Gemahlin sein, mit ihrem üppigen Haar und im duftigen Sommerkleid. Annas Blick zurück über die Schulter signalisierte vornehme Wachsamkeit.

Sechzehn Personen schoben sich die Stufen hoch. Erneut grüßte der frühere Hausherr von einer Fotoreproduktion. Diesmal sitzend und im Gespräch mit Adolf von Menzel, dessen Malerhände auf den Knien ruhten.

Ortrud Vandervelt wurde es unheimlich. Neben dem Treppenabsatz zum dritten Mal das Konterfei des Schriftstellers. Als junger Mann in Öl. Der helle Hut mit breiter Krempe, höchst modisch, saß leicht schräg auf wallendem, schwarzen Lockenhaar. Ein Prachtpoet. Der Shootingstar aus Berlin. Ein Jüngling zum Träumen. Aus ebenmäßigem Gesicht erfassten die Augen den Betrachter und luden ihn ein, forderten ihn auf, wozu auch immer. Eine Seidenschleife schmückte den Hals.

Heyses schienen nie ausgezogen zu sein.

«Sie sehen», der Uhrmacher an der Spitze des Zugs wandte sich nach hinten, «hier wäre nicht einmal Platz für ein anständiges Museum. Aber wir tun unser Bestes. Sammeln auch viel über ihn.»

Die Archivarin merkte spürbar auf.

«Ach, mit hundertzwanzig Millionen ließe sich schon etwas machen. Dies ist ja nur der Zugangsbereich, dann erst beginnt der Komplex», murmelte Silberstein und griff nach dem Geländer. «Sie können völlig unbesorgt bleiben», sagte sie lauter. «Nur in Abstimmung mit dem Denkmalamt ließe sich hier etwas verändern. Und ich kenne die Herrn. Sie sind strenge Wächter.»

«Das beruhigt uns auch», erklärte die Frau des Konditors, die beim Frisieren gestört worden war. Ein paar Metallspangen steckten im Haar. Von wem welcher Nachwuchs stammte, interessierte jetzt nicht. Doch den Nasen und der Haarfarbe nach gehörten die Rotblonden zum Uhrmacherpaar. Der Vater selbst hatte so feine Finger, wie man es für das Reparieren einer Pendüle vermuten konnte. Buk der Konditor daheim auch für seine Familie? Oder hatte er nach der Arbeit das Schichten und Glasieren von Prinzregententorten satt? Man hätte gerne eine seiner Spezialitäten probiert.

«In ähnlichen oder ganz anders gearteten Fällen», führte die Baurätin knapp aus, «hat die Kommune immer geholfen. Sie wissen, leidige Straßenerweiterungen, der Bau der neuen S-Bahn-Strecke durch die Stadt. Wo Mieter weichen mussten, haben wir Ersatz gefunden.»

«Wie schön», sagte die Konditorin.

Die Kinder blickten skeptischer.

«Wir haben Kommunalwohnungen in Waldtrudering. Gedeckelte Kaltmiete. Freibad in der Nähe. Viel Grün drum herum. Passable Busverbindungen. Mancher gäbe viel, um nach Waldtrudering zu ziehen.»

«Wir nicht», stellte Clemens fest.

Die mehrarmige Deckenleuchte stammte aus den Sechziger-, wenn nicht Fünfzigerjahren und mochte bereits zum Liebhaberobjekt geworden sein.

Flößer rutschte fast aus.

Herr Deng hatte beim Schnellstart aus dem Café den Laptop seines Mannes gerettet und hielt ihn unter den Arm geklemmt. Die Kopfhörer hingen um seinen Hals, und er hatte die Musik ausgestellt. Der Rucksack der Bibliothekarin war auf seinem Rücken gut aufgehoben. Aus jeder Bewegung war zu schließen, dass der Hongkonger von allen Anwesenden offenbar der sportlichste war. In seinen Salons nutzte er gewiss selbst die Fitnessgeräte. Oder lag in Erlangen und in Coburg der Schwerpunkt auf Maniküre und Pediküre? «Im Lande Wei... da trägt Sven Kong den Hut von Schillerseide ... im Maulbeergarten, gegürtelt mit den Perlenschnüren», flüsterte er und lachte.

Stufen knarrten.

Sie erreichten die Empore.

Das Stabparkett glänzte.

Zwischen den Wohnungen im oberen Stockwerk wurde es endlich etwas geräumiger.

«Hier haben Sie noch einen Blick von oben», meinte die Frau oder Gefährtin des Uhrmachers. Sie trug ein leichtes, geblümtes Kleid.

Auch von oben war nichts Spektakuläres zu sehen. Die Stiege, Pflanzen, Anna Heyse, Putzeimer und Schrubber in einer Ecke, hinter Glas ein Duplikat der Nobelpreisurkunde von 1910. Rosen vor der Silhouette Stockholms... *åt Paul Heyse... såsom hyllningsgård åt den... af vårlsberòmda noveller...*

Weshalb sich auf der Balustrade ein Tisch mit Korbsitzen befand, blieb rätselhaft. Trafen sich die Mietparteien hier manchmal auf neutralem Terrain? Zum Kartenspielen? Eines der Mädchen verabschiedete sich von ihren Eltern: «Nach dem Kino geh ich mit Linda noch ins Max.»

«Das ist aber reizend», bemerkte Therese Flößer und trat auf drei Kleiderpuppen zu, «bezaubernd.» Eine Puppe stand nackt da. Auf zweien waren bodenlange, weiße Umhänge drapiert. Die Stickerei am hohen Kragen und um den Saum funkelte. Der Satinstoff fiel in üppigen Falten herab. Aus demselben Material bestanden zwei Turbane mit Agraffen, aus denen Pfauenfedern ragten.

«Sie haben schön Fasching gefeiert?», freute sich die Bayerin, «oft ziehen sich die Leute nur noch Müllsäcke über und setzen sich eine Clownsnase auf.»

«Das ist fürs Sommerfest.» Die Bürste in der Hand der Frau des Konditors wirkte wie eine Waffe. Ihr Mann hatte dunkles, geschorenes Haar, der Schnitt war gewiss praktisch für die Backstube. Zur Kutte des älteren Uhrmachers passte sein grauer Haarkranz. Die

Feinarbeit im Keller mit Lupe im Auge mochte einen Zug ins Mönchische haben.

«Ihre berühmten Sommerfeste. Ja, wir hörten schon davon.» Vor Antonia Silbersteins innerem Auge hatte sich die gesamte Enge und Schlichtheit des Nachkriegsaufbaus längst in etwas Weites, Großartiges und Einladendes verwandelt. Der Brunnen vor der Villa durfte ruhig figürlich werden, dann gelangte der Besucher in ein Marmor-Entree – exakt hier –, und die Konferenzräume und Stipendiaten-apartments gruppierten sich rund um das Atrium. Bis nah an die Pinakotheken reichten die Bibliothek, ein Lesegarten ... Wenn man das Projekt mit Schwung in Angriff nahm, würde das Land das aufsehenerregendste Ensemble für den geistigen Austausch bekommen, ein kulturelles Forum, das bald in aller Munde wäre. Die Post musste zu einer Heyse-Briefmarke animiert werden. Ein Treffpunkt mit einer Dauerstellung, mit Wechselausstellungen, mit der Bronzetafel der Initiatoren am Eingang, einem Posten im Kuratorium, Empfängen, nicht unangenehmen Dienstreisen zu Partnerinstitutionen, zum Le Botanique in Brüssel, dem Továrna in Prag, ja, zum Centre Pompidou und Londons Barbican Center ...

Die Stadt hätte in ihre Zukunft investiert. – In Waldtrudering lebten Mieter auch kommod, in erholsamem Umland, und hatten keinen Ärger mit Altbausubstanz. Das Allgemeinwohl rangierte vor Einzelinteressen. Ewig konnte es hier nicht so marode bleiben.

«Das sind Mäntel für *Die Weisheit Salomos*», klärte der Konditor neben den Puppen auf, «ich kümmere mich um die Bewirtung.»

«Die ist bestimmt köstlich», meinte Flößer und strich mit der Hand vorsichtig über die aufwendige Stickerei.

«Wir haben einen großen Grill», sagte die Uhrmacherfrau. Zu Hause trug sie wahrscheinlich öfters oder immer Flip-Flops. Die Latschen wirkten gut gebraucht.

«Wir führen jedes Jahr ein Stück von Paul Heyse auf. Ich erledige die Näharbeiten.»

So schmal und leicht Ortrud Vandervelt auch war –, als sie mit ihrem ganzen Gewicht und Flimmern vor den Augen in einen Korbstuhl sank, ächzte das Geflecht und die Bambusbeine schienen sich zu spreizen. Frau Bartholomäe eilte, um Wasser zu holen.

«*Die Sabinerinnen, Die Göttin der Vernunft* und *Die Pfälzer in Irland* haben wir bereits gespielt. Auch die Nachbarn machen mit.» Der Konditor lehnte sich an die Wand. «Robert, der behinderte Kellner aus dem VON&ZU, hat in *Hadrian* den römischen Kaiser gegeben, empfindsam, nachdenklich. Stehende Ovationen.»

Harald Bradford suchte an der Balustrade Halt.

«Zuerst gibt es einen Umtrunk, Häppchen, Petits Fours, jeder bringt etwas mit oder spendet. Dann werden die Fackeln angezündet. Und wir spielen vor seinem Haus. Der Eingang mit der Laterne ist wunderbar für Auftritte und Abgänge geeignet.»

«Es gibt siebzig Dramen», brachte Bradford hervor.

«Sehen Sie, das reicht noch für unsere Enkel!» Auch der Uhrmacher blickte zufrieden: «Sie können ja mal vorbeikommen. Die Feste sind intim und gesellig. Nach dem Theater wird gegrillt und getanzt. Wir hatten auch schon ein Spanferkel. Ging weg wie nichts.»

«Das sind fünfaktige Schauspiele!», rief Bradford.

«Wir sind gut im Kürzen. Und er hat auch Einakter hinterlassen. *Ehrenschulden, Unter Brüdern*, ein Lustspiel.»

Vandervelt stöhnte.

«Haben Sie auch *Colberg* aufgeführt?»

«Noch nicht, das ist schwierig mit der französischen Armee und der Bürgerwehr. Den Kanonen. Außerdem ist uns *Colberg* ein bisschen zu nationalistisch. Das ist mit der *Weisheit Salomos* ganz anders.» Herr Seishuber, Spezialist für Konfiserie und überdies Büffetorganisator, pickte zwei der Kinder heraus. «Philipp, Leila, zeigt mal, was ihr könnt.»

Ortrud Vandervelt hielt die Augen geschlossen und umklammerte das Glas. Bradford fasste Deng am Arm, «die spielen Heyse ... niemand spielt mehr Heyse. Im Fackelschein. Long, das ist ein Weltwunder.» Der Gesichtsausdruck des Asiaten war schwer zu enträtseln.

Herr Seishuber klatschte in die Hände: «Salomo empfängt die Königin von Saba. Werden beide ein Paar? Heyse spielt die Frage, die Geschehnisse und einiges durch.»

Auf der Empore trat Philipp, ein Rotschopf mit ein paar Pickeln, auf Leila zu, die sich, offenbar in der Hitze Jerusalems, mit der Hand Luft zufächelte. Und Salomo breitete die Arme aus:

> *«So heiß' ich dich willkommen, Königin,*
> *In meinem Haus. Was immer deinen Augen*
> *Darin gefällt, sei dein.»*

Leila, die Königin von Saba, verneigte sich.

> *«Herr, du bist gütig. An der Fremden übst du*
> *Geduld und Nachsicht. Ein heitren Gast*
> *Erhofftest du; ein ernster nahte dir.*
> *Doch da du weise bist, wirst du verstehn,*
> *Was mich verschattet.»*

> *«Rede! Deine Stimme*
> *Klingt schwesterlich vertraut zu meinem Ohr,*
> *Als hätten wir von Kindesbeinen an*
> *Zwiesprach gepflogen.»*

Leila hob majestätisch ihren Kopf.

> «*Zu einem Weisen zog ich.*
> *In dem gepries'nen Richter Israels,*
> *Dem Herzenskünd'ger, hofft ich den zu finden,*
> *Der mir die bangen Rätsel lösen könnte:*
> *Wozu wir leben? Ob es Stillung gibt*
> *Für unsrer Seele Durst? Ob eine Rast*
> *Im ew'gen Wechsel dieser Erdendinge?*
> *Und tausend Fragen mehr. Wer aber trat mir*
> *Am Tor der Stadt entgegen? Nicht ein Greis,*
> *Dem der Erfahrung Schnee das Herz gekühlt,*
> *Der Pflug des Denkens tief die Stirne furchte:*
> *Ein Fürst im Flor der Jahre, dem das Auge*
> *Gleich einer Kriegesfackel glüht, ein Held*
> *In königlichem Prunk. Statt weiser Worte*
> *Gesang und Harfenspiel – und er fragt,*
> *Ob ich enttäuscht am Ziel der weiten Fahrt,*
> *Bereue, dass ich je sie unternommen?*»

Die Eltern und die Geschwister applaudierten. Bradford begann entgeistert zu klatschen. «Ich habe es bisher nur gelesen.» «Ihn zu spielen, macht mehr Spaß, als ihn einzuscannen», stellte Herr Deng fest, «nur Singen lockert noch mehr.»

«Nun ja, Sie haben's mitbekommen. Die Königin von Saba rechnet mit einem greisen Weisen, aber sie findet einen jungen Weisen vor. Warum das so schlimm ist, weiß ich nicht recht.»

«Sie zickt», urteilte der Uhrmacher.

«Kilian, du begreifst die Beweggründe und die Finten der Frauen nicht.»

«Stimmt, Marianne, verzeih.»

Die Bartholomäes lachten.

Vandervelt fasste sich an die Stirn.

«Die Königin misstraut jungen und baut auf gereifte Männer», fuhr Frau Seishuber fort, «warum, lässt sich nur vermuten. Prägung, Fügung? Darüber hat niemand Macht. Nach dieser Abfuhr verliebt sich Salomo in die schöne Sulamith. Kennt man aus der Bibel. Aber bei Heyse wird es plastisch. Ein wunderbares Stück. Es wird ein Erfolg. Philipp.»

> *«Schlank wie die Lilie bist du, Sulamith,*
> *Komm zum Zypressenhügel.*
> *Du bist so lieblich, dass mir alles lieb,*
> *Was dir gefällt. Und wenn wir droben sind,*
> *Sollst du mir auch die Rose pflücken, die*
> *Dort oben blüht.»*

«Weiß der Junge schon, was er da spricht? Die Rose pflücken», erkundigte sich die Stadträtin.

Der Bursche nickte. «Im weißen Mantel und mit Turban wird es noch schöner.»

«Na, sauber», entfuhr es Flößer. «Wenigstens nicht die neue Prüderie und Verklemmtheit. Ran an den Speck, wie's früher war.»

«Nach weiteren Turbulenzen kommt manches ins Lot, Salomo wird gepriesen, und jeder zieht seiner Wege.»

«Wie im Leben.»

Nach zweimaligem Klingelton unterdrückte Ortrud Vandervelt in ihrem Korbgeflecht einen weiteren Anruf ihrer Tochter. Die Mutter war zu schwach, völlig am Boden, überrollt, um sich abermals um die stumpfsinnige Mayonnaise in Edinburgh zu kümmern. Vermutlich hatte Tamara das Öl nicht gleichmäßig ins Eigelb geträufelt und verrührt. Sollte sich das verzogene Gör doch bei ihren paar Hundert Followern, Friends und sonst wem erkundigen oder sich eine Tube aus dem Supermarkt holen.

Wie unter altvertrauten Fachleuten wandte sich Professor Bradford an den Uhrmacher: «Wagen Sie sich bei Ihren Festen und Inszenierungen auch an die Geschichte um Ludwig und Juliane Hochstetten, um beider Freund Dr. Eckart heran?»

«Aber nein!», rief Bartholomäe laut durchs Treppenhaus, «das kommt kaum infrage. Allzu heikel.»

«Dachte ich mir», antwortete Bradford fast ebenso vehement.

Ratlos blickten Kinder und die Eindringlinge die beiden Herren an. Um wen und um was ging es?

«*Die schwerste Pflicht* ist ein zu brisantes Drama.» Der Uhrmacher strich sich nachdenklich über Haarkranz und glänzende Kopfhaut. «Wenn auch von größter und bleibender Bedeutung, das wurde mir sofort klar.»

«Richtig», sagte Bradford, «so etwas wie *Die schwerste Pflicht* hat es nie zuvor für die Bühne gegeben. *Die schwerste Pflicht* wurde meines Wissen bisher nie aufgeführt. Gerade das könnte Sie in diesem Haus doch reizen, die Welturaufführung.»

«Nein, nein», wehrte Bartholomäe ab. Er band die Kordel um seine Kutte fester. «*Salomos Weisheit* ist passender für das Gartenfest. Sinnlich. Orientalisch. Gewiss, *Schwerste Pflicht* bietet sich für unser Laientheater auch an. Es ist ja nur ein Einakter … Mit vier Personen leicht zu besetzen. Vielleicht sollten wir es mal im Winter probieren. An einem Kaminabend, zu Allerheiligen.»

«Ich würde sofort kommen», lud sich Bradford selbst ein.

«Herrgott noch mal. Welche schwerste Pflicht denn?», forderte die Stadträtin Auskunft.

«Nun», begann Bradford erstmals zögerlich. «Er –»

«Wer?»

«Wer schon? Er hat das erste Stück über Sterbehilfe geschrieben.» Vandervelt schloss die Augen. Flößer stand lauschend zwischen den Kindern, die eben noch Salomo und die Königin von Saba gewesen waren.

«In *Die schwerste Pflicht*», sprach Bradford in die kleine Runde auf der Flurempore, «leidet Ludwig Hochstetten, ein Beamter im Frühruhestand, zunehmend unter Wutausbrüchen und Wahnvorstellungen. Zu einem normalen Leben mit seiner Frau Juliane ist Hochstetten nicht mehr fähig. Alle ahnen, welche Krankheit den Bedauernswerten heimsucht: der in seiner Familie erbliche Wahnsinn. Der Freund und Arzt Dr. Eckart soll helfen. Juliane Hochstetten beschwört ihn, den Ehemann zu behandeln, ihn vielleicht in ein geeignetes Sanatorium, in eine Heilanstalt einzuweisen, bis zu einer Besserung oder Genesung.»

«Genau», sagte Herr Bartholomäe. Er fasste seine Frau liebevoll um die Hüfte.

«Der Kranke selbst vertraut dem Arztfreund an, dass es keine Heilung gebe, dass die Zustände schlimmer würden, dass er in seinem Wahn sogar zum Mörder werden könne. Er bittet den Arzt, fleht ihn an, ihm umgehend das Sterben zu ermöglichen. Ein grausiger Einakter. Revolutionär, fatal. Dr. Eckart leistet schweren Herzens Sterbehilfe. Bedrückt offenbart er Juliane, was nun geschehen ist. Die Erschütterte tröstet den problematischen Helfer ungefähr mit diesen Worten: *Ich danke Ihnen, mein Freund, in seinem und meinem Namen. Nein, ziehen Sie Ihre Hand nicht zurück, sie ist keine Mörderhand: eine ehrliche, treue, tapfere Freundeshand, deren Druck auch mich in dieser bitterschweren Stunde stärkt. Aber nun geb' ich sie wieder frei. Nun müssen wir scheiden – für immer!*»

In der Villa herrschte Stille.

Frau Seishuber hatte die Arme vor der Brust verschränkt, Frau Bartholomäe schüttelte den Kopf. «Das wird auch an Allerheiligen nicht gespielt», erklärte die Mutter und zog ihren Sohn Philipp an sich.

«Ein Stück über Euthanasie.» Ortrud Vandervelt nickte mit geschlossenen Augen.

«Ein heißes Eisen», sagte irgendwer.

«Zu heiß», bestätigte der jüngere Mieter, er strich Clemens über den Schopf.

«Nehmen wir's zeitgeschichtlich, ganz behutsam», Bradford räusperte sich, «damals, um 1880, auch hier im Haus, lag das Thema Erbkrankheiten, und wie man damit umgehen solle, in der Luft. Auch Alkoholismus, von dem gerade ärmere Bevölkerungsschichten betroffen waren. Der enge Freund Theodor Storm schrieb seine Novelle *Ein Bekenntnis*, in der gleichfalls ein Arzt Sterbehilfe leistet. Um seine Tat – den Mord? – zu sühnen, flieht er nach Afrika, wo er Kranken medizinischen Beistand leistet. Heyse verfasste sein Trauerspiel. Es endet leider leichtfertig.»

«Wieder einmal: leicht fertig», murmelte Ortrud Vandervelt.

«Wer wusste damals schon», fuhr Bradford fort, «dass sich aus zaghaft diskutierter Sterbehilfe bald Programme zur Tötung missliebiger Menschen, dass sich daraus Massenmord entwickeln könnte und würde?»

«Man spielt nicht mit dem Leben.» Der Satz von Frau Bartholomäe stand unverrückbar und mächtig im Raum. «Niemals.»

«Ein Einakter … ein Denkanstoß», sann Antonia Silberstein am Geländer der Empore. «Was der Autor am Schreibtisch bejahte, können wir verneinen. – Sollte es irgendwann einmal zu einer großen Konferenz über ihn kommen, vielleicht sogar in einem geeigneten Zentrum, das seinem Werk und seinem Wirken gewidmet ist», sie taxierte wieder die nachträglichen Zwischenwände im Gebäude, «dann können von Gästen aus aller Welt, Studierenden, dem Publikum viele Schwerpunkte diskutiert werden. *Heyse und der Tod – Heyse und die Liebe – Heyse und Italien – Vergessene Genies – Heyse und die Glanzzeit Münchens … Romantik digital … H. reloaded. HEY Heyse,* ein interaktives Programm für die Jüngeren. Klappern gehört nun einmal zum Handwerk … Ja, eine ganze Palette von Gedanken und Gefühlen kann sich entfalten. Und jedermann wird unendlich bereichert.»

«Eine Palette entfaltet sich nicht. Sie ist einfach da», hörte man Vandervelt. «Starr. Meistens mit Farbe darauf.»

«Ich bin nicht die Wortkünstlerin. Und selbstverständlich muss der Münchner Literaturpreis nach ihm benannt werden.»

«Schon wieder ein Mann», vernahm man erneut.

«Nun denn, also Paul- und Anna-Heyse-Literaturpreis.»

«Es gibt für ihn nicht einmal eine Plakette am Haus», stellte Herr Bartholomäe fest. «Und sehr gut so. Sonst kämen noch mehr Leute hereingeschneit und trampelten durch die Beete.»

«Was wollen Sie eigentlich alle heute hier?», fragte die Konditorsfrau. «Das Abendbrot steht auf dem Tisch. Ich muss noch arbeiten. Und bald geht's zu Bett.»

War jetzt der Moment, um den Mietern reinen Wein einzuschenken? Ein paar Monate lang könnten sie hier noch ungestört wohnen. Dann kämen die Architekten – vielleicht auch schon früher. Die scheußliche Mauer würde abgerissen, der Garten vorläufig planiert, das Grundstück nach hinten erweitert, die heiße Bauphase würde beginnen. Entkernung der Villa, Anrücken der Bagger und Kräne, Erdaushub für Keller und Untergeschoss, Fundamente für das Atrium, für die Stipendiatenwohnungen. Tiefgarage. Hochziehen der Wände für die Bibliothek, den Konferenzsaal, – die Lola-Montez-Bar. Solarenergie vom Dach, Mooswände zum Luftfiltern. In drei, vier Jahren könnte in Anwesenheit des Bundespräsidenten die Einweihung des Heyse-Zentrums stattfinden. Die Münchner Symphoniker würden Brahms' Akademische Festouvertüre spielen. Sänger, der Chor der Staatsoper würden vertonte Verse des Nobelpreisträgers darbieten –

> *Gesegnet sei, durch den die Welt entstund;*
> *Wie trefflich schuf er sie nach allen Seiten!*
> *Er schuf das Meer mit endlos tiefem Grund,*
> *Er schuf die Schiffe, die hinüber gleiten,*
> *Er schuf das Paradies mit ew'gem Licht,*
> *Er schuf die Schönheit und dein Angesicht.*

Nach den Feierlichkeiten würde das Kulturzentrum seinen Betrieb aufnehmen.

Der Brunnen rauschte.

Nach ursprünglichem Mobiliar musste geforscht werden. Sein Schreibtisch. Es existierten Fotos von einigen Innenräumen. Die Halle mit ihrem Marmorboden, der Knabenbronze. Die Wandreliefs mussten rekonstruiert werden.

Ausstellungen. Mittwochs ermäßigter Eintritt.

Besucher von fern und nah. Schulklassen, die zuvor eine, zwei seiner Novellen durchgenommen und diskutiert hatten, *L'Arrabbiata*, *Erkenne dich selbst*, und nun das Heim des Verfassers aufsuchten.

Im Atrium das Tagescafé *Sorrent*.

Ein veganes Büffet.

Gewiss konnte man den Konditor dazu anregen, eine Heyse-

Torte zu kreieren. Oder wurde sie, angesichts der Hingabe an den Urgeist dieses Hauses, längst bei den Gartenfesten serviert?

Der Süden wäre um ein Glanzlicht reicher.

«Was schauen Sie uns denn so mitleidig an?», erkundigte sich Frau Seishuber. Die Zehen in den Flip-Flops waren pastellfarben lackiert. «Wir hätten jetzt gern unsere Ruhe.»

Freundlich, aber deutlich wies sie der städtischen Kommission, oder was auch immer der Haufen darstellte, den Weg nach unten.

«Sie werden von uns hören.» Antonia Silberstein lächelte bemüht.

«Besser nicht», sagte Herr Deng. Auch er war bei fremden, netten Menschen, die sogar Theater spielten, noch niemals dermaßen ungebeten eingedrungen und wieder hinauskomplimentiert worden.

Die Villa

Wie es sich gehörte und doch rein zufällig, stiegen Professor Bradford und der Lebensgefährte zuerst die Treppe hinab. So konnten die Damen, falls sie ausrutschten und stürzten, von den Männern aufgefangen werden. Der Laptop, den beide abwechselnd schleppten, behinderte sie schon den gesamten Abend. Gingen Bradford und Deng gleich ins Hotel, oder machten sich die Erlanger zuerst noch ins einschlägige Nachtleben auf? Aus unerfindlichen Gründen setzte man ein gleichgeschlechtliches Leben mit sexuellem Hochbetrieb und unablässigen Eskapaden gleich. Aber vielleicht war niemand ruhebedürftiger als die beiden.

Immer noch seelisch derangiert folgte ihnen Ortrud Vandervelt. Sie dachte an Russland und den König Salomo. Ein Abgrund trennte sie jetzt vom konzentrierten Weiterschreiben am Entwurf von *Stuckaturen der Stuckatur*, worin sie auch ein offenes Abbild der gegenwärtigen Welt, ihrer Unübersichtlichkeit und Zerrissenheit, im Ganzen wie im Seelischen, gestalten wollte. Ein irrsinniges Unterfangen, das wusste sie. Doch auch ein Schriftstellerinnenleben war bemessen, und ein verwechselbares Vielerlei – ein Porträt der Großmutter, das Eintauchen in die Kindheit, Sprachlosigkeit zwischen Menschen, Nachwehen der deutschen Wiedervereinigung, eine Migrationsempörung – sollte nicht ihr Schaffen runden. Die *Stuckaturen* mussten kein Verkaufserfolg werden. Auch posthum konnte ein Künstler zu Ehren gelangen. Während des Schreibens durfte es keine Störungen geben, keine Ortstermine, nichts, das

Leben musste langweilig und dünn dahinfließen, damit man sich dann in solcher Leere mit einem Becher Tee an den Schreibtisch setzen und nach einem geatmeten *Om* – bedachtsam ein Wort an das vorherige fügen könnte: *Sie erwachte. Es war noch ein Zustand zwischen Traum und Badezimmer, für den es keinen Begriff gab, hier Ich, dort die Welt, die Macht und Ohnmacht beider noch ungeklärt. Furcht bestimmte alles… Das Sterben ließ sich fürchten, der Tod nicht. Sie tappte barfuß vom Bett weg. O heiliger Ort der Wärme und des Nichts…* Ihren heruntergerutschten Taschengurt zog Ortrud Vandervelt wieder über die Schulter. – Doch eine gute Zeit, in der man schreiben konnte. Ohne Literatur wäre die Welt bestenfalls halbwegs sortierter Staub. Und Autorinnen, Autoren mussten leiden, hatten Schweres zu erkennen. So wurde auch dieser lastvolle Abend vielleicht zu einem Gewinn, der sich jetzt noch nicht erkennen ließ. Stolz auf ihren Beruf, ihre Berufung hob Vandervelt den Kopf. Im Geröll, in der Sternenspreu der Menschheit, gehörte sie zu den leicht blinkenden Elementen, Wesen. Bereits *ein* Leser war ein Lohn, eine Genossin, die einer inneren Stimme lauschte, wissen wollte, Erkenntnis wollte. Noch war nichts, gar nichts verloren.

Die Stadträtin hinter ihr schnaufte auf den Stufen. Endlich ging auch der Antreiberin die Luft aus. Es war fraglich, ob dem so bleiben würde. Womöglich plante sie bereits eine Beratung mit dem Denkmalamt, einigen Architekten, Ingenieuren und Mitgliedern der Rathausfraktionen, vor allem dem Kämmerer.

In zehn Jahren mochten an diesem Ort tatsächlich Menschen in die Abendveranstaltungen strömen.

Ein Hund wuselte plötzlich zwischen ihren Beinen, kläffte spitz, stob wieder hinauf.

Mit heilem Fuß, Aircast und der Gehhilfe nahm Therese Flößer hörbar die Stufen der Holztreppe unter den Dichterporträts. Ein Ausgleiten der Bibliothekarin wäre das Schlimmste gewesen. Sie risse Stadtrat, Literatur und Experten mit in die Tiefe. Aber Flößer bewegte sich behutsam.

Von oben schauten die Mieter dem Entschwinden der Invasoren zu.

«Buona sera!»

Die Haustür stand noch offen. Kühl zog es von dort herein. Die Männerstimme kam aus diesem Abenddunkel.

Die Herabsteigenden hielten inne.

Die Mieter oben reckten ihre Köpfe.

Die Grünpflanzen grünten.

«Buona sera a tutti!»

Im Rahmen der Haustür erschien ein Herr, schon auf den ersten Blick äußerst gepflegt, groß, schlank, um die vierzig, in einem hellen, tadellosen, ja eleganten Anzug, dessen Stoff schimmerte.

«Posso presentami? Gian Galeazzo Grassi.» Er verbeugte sich kurz.

Neben ihm erschien eine Frau, noch ranker, noch eleganter in einem blauen Kostüm, mit brünettem Haar, das ihr, wie eben vom Coiffeur, bis auf die Schultern fiel, das Make-up perfekt.

«La Signora de Luca, la mia assistente e anche la mia interprete, Signora de Luca kanne Deutsch, ich nur wenig.»

«Buona sera», wünschte auch die Dolmetscherin.

«C'è anche la signora Silberstein?»

Mit einem Blick bat Herr Grassi seine Begleiterin um Hilfe.

Sie nickte und wunderte sich, wie auch er, offenbar nur mäßig über die Schar auf der Treppe.

«Wir wollten uns das Grundstück ansehen», sagte die Frau, «für einen Eindruck.» Sie übersetzte für Herrn Grassi ins Italienische und fuhr fort: «Und wir wollten natürlich Signora Silberstein sprechen.»

«Mich?», fragte die Angesprochene zurück.

«Ja.»

«Si», betonte Herr Grassi noch einmal.

«Im Rathaus teilte uns ein Signor Kinnz… meierl mit, dass Sie hier wären.»

«Meglio ancora. Perfetto. Che fortuna!», begeisterte sich der Italiener. – Gian. Obendrein Galeazzo? Wohlklingender konnte man kaum heißen.

«Signor Grassi dirige l'ufficio del turismo, leitet das Tourismusbüro der Kommune von Gardone Riviera», erklärte die Signora. «Sein Urgroßvater war sogar Nachbar von Paul Heyse.»

«Si, Paolo Heyse, il grande poeta, molto famoso. Poeta per metà italiano che canta le lodi del nostro lago di Garda. Jeder am Gardasee kennt Paolo Heyse.»

«Paul Heyse war fast ein italienischer Dichter, meint Signor Grassi. Das Licht, der Glanz –»

«La dolcezza!»

«Die Süße, die Leidenschaft seiner Dichtung sind italienisch, mediterran. Unser Tourismusbüro wird ihre neue Website mit seinen Versen eröffnen.»

«Come il lago posa ridente!
Neanch' un'onda vedi fluttuare.
Di sfaccettati cristalli appare
l'acqua di smeraldi rilucdente»,

sang Signor Grassi fast. Es mochte auch die Melodik der Sprache sein.

Die Assistentin und Dolmetscherin strich ihr Haar zurück. «Und Paul Heyse, vielleicht der bedeutendste Bewohner von Gardone Riviera, der Nobelpreisträger, wird zu wenig geehrt.»

«Troppo poco. Dobbiamo liberarlo dall'oblio.» Signor Grassi wirkte entschieden.

«Die Kommune von Gardone Riviera hat sich entschlossen, das zu ändern.» Signora de Luca trug High Heels. «Und deshalb wollen wir mit der Kommune von Monaco di Baviera, von München verhandeln, Signora Silberstein.»

Die Miene der Stadträtin war nicht zu entschlüsseln. Aber vermutlich verbarg sie eine Mischung aus Perplexität und Ratlosigkeit.

«Alles Nähere und sämtliche Details», de Luca lächelte, «sollen und müssen natürlich noch genau und in Ruhe besprochen werden.»

Grassi bejahte.

«Es ist eine ganz große Sache und beinahe auch ein Politikum.»

Weder Antonia Silberstein noch sonst jemand begriff.

«Gardone Riviera wird die Villa von Paul Heyse, dieses wundervolle Gebäude mit Garten, Grottenrondell und dem Pavillon am See, zu einem Centro culturale di Paul Heyse machen. Schon nachdem er fortgezogen war, war es für eine Weile ein Erholungsheim für deutsche Schriftsteller.»

«Was?», entfuhr es Silberstein.

«Alle Welt kann dort wieder zu Gast sein, im Museum, mit Konferenzen. Ein Treffpunkt für viele und für Touristen.»

«Si, suprattutto per i turisti tedeschi.» Obwohl er offenbar kaum Deutsch sprach, verstand Signor Grassi einiges.

«Das Ganze ist teuer. Aber es dient der Kultur und der Völkerverständigung, am herrlichen Gardasee. Wir möchten auch unser Casino mit seinem Saal einbeziehen. Festspiele. Wie Salzburg. Publikum wird herbeiströmen.»

Gian Galeazzo Grassi, mit dunklem, exakt gescheiteltem Haar und offenbar einem künstlichen Glanz darüber, ein schöner Mann, strahlte glücklich erfüllt und lauschte seiner ebenso vollendeten Begleiterin.

«Das Centro Paul Heyse wird in zwei, drei Jahren eröffnet werden. Aber wir wollen gerne verhandeln. Er ist auch ein deutscher, ein europäischer Schriftsteller. Die Kommune, scusi, die Gemeinde von Gardone Riviera stellt das Gebäude und das Grundstück zur Verfügung.»

Signor Grassi lächelte verbindlich.

«Laufende – wie sagt man korrekt? – Betriebskosten sind eine eigene Sache. Unsere Frage geht dahin, ob und in welchem Umfang die Gemeinde von München sich am Centro, am Zentrum beteiligen will? Wir hätten ein paar Vorschläge.»

«Si. Benissimo.»

Dank

Für ihre kundige und überaus freundliche Beratung in den komplizierten Fragen des Denkmalschutzes im Falle der Paul-Heyse-Villa in München danke ich Herrn Dr. Frank Seehausen und Herrn Lorenz Schröter, M. Sc. vom Bayerischen Landesamt für Denkmalpflege. Dankbar verpflichtet bin ich dem engagierten Heyse-Kundigen Bernd Noelle und Herrn Barry L. Goldman, die aufs Engste mit dem bayerischen Domizil des Dichters vertraut sind. Ein besonderer Dank gilt meinem unermüdlich aufmerksamen Lektor Martin Hielscher – all den guten Geistern im Verlag – sowie Christine Wunnicke, die mit offenem Ohr und präzisem Gespür am Entstehen des Romans Anteil nahm. Hilfreich mit baierischen und italienischen Sprachtipps waren Eva Demmelhuber, Eva Schuster und Antonio Pellegrino. Gratias ago Herrn Dr. Christoph Grube, Literaturwissenschaftler an der Technischen Universität Chemnitz. Als ausgewiesener Heyse-Kenner und Sympathisant vergessener Dichter prüfte er die Stimmigkeit etlicher Passagen des Romans auch mit anregenden Hinweisen.

Wahrlich nicht zuletzt gebührt ein Dank all jenen Bürgern, die sich mit viel Energie und über Jahre hinweg für die Rettung und bisherige Bewahrung des geschichtsträchtigen und bedeutsamen Kulturareals unweit des Münchner Königsplatzes eingesetzt haben.

Hans Pleschinski, München, im Herbst 2020

Inhalt

Bildnachweis